北京文化书系
古都文化丛书

地名——时代印记

中共北京市委宣传部
北京市社会科学院　组织编写

孙冬虎　著

北京出版集团
北京出版社

图书在版编目（CIP）数据

地名：时代印记／中共北京市委宣传部，北京市社会科学院组织编写；孙冬虎著.—北京：北京出版社，2021.12
（北京文化书系.古都文化丛书）
ISBN 978-7-200-15518-1

Ⅰ.①地… Ⅱ.①中… ②北… ③孙… Ⅲ.①地名—文化—北京 Ⅳ.①K921

中国版本图书馆CIP数据核字（2020）第051550号

北京文化书系　古都文化丛书
地名
——时代印记
DIMING

中共北京市委宣传部　组织编写
北京市社会科学院

孙冬虎　著

*

北京出版集团　出版
北 京 出 版 社

（北京北三环中路6号）
邮政编码：100120

网　　址：www.bph.com.cn
北京出版集团总发行
新 华 书 店 经 销
北京华联印刷有限公司印刷

*

787毫米×1092毫米　16开本　18.25印张　251千字
2021年12月第1版　2021年12月第1次印刷
ISBN 978-7-200-15518-1
定价：168.00元
如有印装质量问题，由本社负责调换
质量监督电话：010-58572393；发行部电话：010-58572371

"北京文化书系"编委会

主　　任　莫高义　杜飞进

副 主 任　赵卫东

顾　　问　（按姓氏笔画排序）
　　　　　于　丹　刘铁梁　李忠杰　张妙弟　张颐武
　　　　　陈平原　陈先达　赵　书　宫辉力　阎崇年
　　　　　熊澄宇

委　　员　（按姓氏笔画排序）
　　　　　王杰群　王学勤　刘军胜　许　强　李　良
　　　　　李春良　杨　烁　余俊生　宋　宇　张　际
　　　　　张　维　张　淼　张劲林　张爱军　陈　冬
　　　　　陈　宁　陈名杰　赵靖云　钟百利　唐立军
　　　　　康　伟　韩　昱　程　勇　舒小峰　谢　辉
　　　　　翟立新　翟德罡　穆　鹏

"古都文化丛书"编委会

主　　编：阎崇年

执行主编：王学勤　唐立军　谢　辉

编　　委：朱柏成　鲁　亚　田淑芳　赵　弘
　　　　　杨　奎　谭日辉　袁振龙　王　岗
　　　　　孙冬虎　吴文涛　刘仲华　王建伟
　　　　　郑永华　章永俊　李　诚　王洪波

学术秘书：高福美

"北京文化书系"
序言

文化是一个国家、一个民族的灵魂。中华民族生生不息绵延发展、饱受挫折又不断浴火重生，都离不开中华文化的有力支撑。北京有着三千多年建城史、八百多年建都史，历史悠久、底蕴深厚，是中华文明源远流长的伟大见证。数千年风雨的洗礼，北京城市依旧辉煌；数千年历史的沉淀，北京文化历久弥新。研究北京文化、挖掘北京文化、传承北京文化、弘扬北京文化，让全市人民对博大精深的中华文化有高度的文化自信，从中华文化宝库中萃取精华、汲取能量，保持对文化理想、文化价值的高度信心，保持对文化生命力、创造力的高度信心，是历史交给我们的光荣职责，是新时代赋予我们的崇高使命。

党的十八大以来，以习近平同志为核心的党中央十分关心北京文化建设。习近平总书记作出重要指示，明确把全国文化中心建设作为首都城市战略定位之一，强调要抓实抓好文化中心建设，精心保护好历史文化金名片，提升文化软实力和国际影响力，凸显北京历史文化的整体价值，强化"首都风范、古都风韵、时代风貌"的城市特色。习近平总书记的重要论述和重要指示精神，深刻阐明了文化在首都的重要地位和作用，为建设全国文化中心、弘扬中华文化指明了方向。

2017年9月，党中央、国务院正式批复了《北京城市总体规划（2016年—2035年）》。新版北京城市总体规划明确了全国文化中心建设的时间表、路线图。这就是：到2035年成为彰显文化自信与多元包容魅力的世界文化名城；到2050年成为弘扬中华文明和引领时代潮流的世界文脉标志。这既需要修缮保护好故宫、长城、颐和园等享誉中外的名胜古迹，也需要传承利用好四合院、胡同、京腔京韵等具有老北京地域特色的文化遗产，还需要深入挖掘文物、遗迹、设施、景点、语言等背后蕴含的文化价值。

组织编撰"北京文化书系"，是贯彻落实中央关于全国文化中心建设决策部署的重要体现，是对北京文化进行深层次整理和内涵式挖掘的必然要求，恰逢其时、意义重大。在形式上，"北京文化书系"表现为"一个书系、四套丛书"，分别从古都、红色、京味和创新四个不同的角度全方位诠释北京文化这个内核。丛书共计47部。其中，"古都文化丛书"由20部书组成，着重系统梳理北京悠久灿烂的古都文脉，阐释古都文化的深刻内涵，整理皇城坛庙、历史街区等众多物质文化遗产，传承丰富的非物质文化遗产，彰显北京历史文化名城的独特韵味。"红色文化丛书"由12部书组成，主要以标志性的地理、人物、建筑、事件等为载体，提炼红色文化内涵，梳理北京波澜壮阔的革命历史，讲述京华大地的革命故事，阐释本地红色文化的历史内涵和政治意义，发扬无产阶级革命精神。"京味文化丛书"由10部书组成，内容涉及语言、戏剧、礼俗、工艺、节庆、服饰、饮食等百姓生活各个方面，以百姓生活为载体，从百姓日常生活习俗和衣食住行中提炼老北京文化的独特内涵，整理老北京文化的历史记忆，着重系统梳理具有地域特色的风土习俗文化。"创新文化丛书"由5部书组成，内容涉及科技、文化、教育、城市规划建设等领域，着重记述新中国成立以来特别是改革开放以来北京日新月异的社会变化，描写北京新时期科技创新和文化创新成就，展现北京人民勇于创新、开拓进取的时代风貌。

为加强对"北京文化书系"编撰工作的统筹协调，成立了以"北京文化书系"编委会为领导、四个子丛书编委会具体负责的运行架构。"北京文化书系"编委会由中共北京市委常委、宣传部部长莫高义同志和市人大常委会党组副书记、副主任杜飞进同志担任主任，市委宣传部分管日常工作的副部长赵卫东同志担任副主任，由相关文化领域权威专家担任顾问，相关单位主要领导担任编委会委员。原中共中央党史研究室副主任李忠杰、北京市社会科学院研究员阎崇年、北京师范大学教授刘铁梁、北京市社会科学院原副院长赵弘分别担任"红色文化""古都文化""京味文化""创新文化"丛书编委会主编。

在组织编撰出版过程中，我们始终坚持最高要求、最严标准，突出精品意识，把"非精品不出版"的理念贯穿在作者邀请、书稿创作、编辑出版各个方面各个环节，确保编撰成涵盖全面、内容权威的书系，体现首善标准、首都水准和首都贡献。

我们希望，"北京文化书系"能够为读者展示北京文化的根和魂，温润读者心灵，展现城市魅力，也希望能吸引更多北京文化的研究者、参与者、支持者，为共同推动全国文化中心建设贡献力量。

"北京文化书系"编委会

2021年12月

"古都文化丛书"
序言

　　北京不仅是中国著名的历史文化古都，而且是世界闻名的历史文化古都。当今北京是中华人民共和国首都，是中国的政治中心、文化中心、国际交往中心、科技创新中心。北京历史文化具有原生性、悠久性、连续性、多元性、融合性、中心性、国际性和日新性等特点。党的十八大以来，习近平总书记十分关心首都的文化建设，指出北京丰富的历史文化遗产是一张金名片，传承保护好这份宝贵的历史文化遗产是首都的职责。

　　作为中华文明的重要文化中心，北京的历史文化地位和重要文化价值，是由中华民族数千年文化史演变而逐步形成的必然结果。约70万年前，已知最早先民"北京人"升腾起一缕远古北京文明之光。北京在旧石器时代早期、中期、晚期，新石器时代早期、中期、晚期，经考古发掘，都有其代表性的文化遗存。自有文字记载以来，距今3000多年以前，商末周初的蓟、燕，特别是西周初的燕侯，其城池遗址、铭文青铜器、巨型墓葬等，经考古发掘，资料丰富。在两汉，通州路（潞）城遗址，文字记载，考古遗迹，相互印证。从三国到隋唐，北京是北方的军事重镇与文化重心。在辽、金时期，北京成为北中国的政治中心、文化中心。元朝大都、明朝北京、清朝京师，北京是全中国的政治中心、文化中心。民国初期，首都在北京，后都城虽然迁到南京，但北京作为全国文化中心，既是历史事实，也是人们共识。北京历史之悠久、文化之丰厚、布局之有序、建筑之壮丽、文物之辉煌、影响之远播，已经得到证明，并获得国际认同。

从历史与现实的跨度看,北京文化发展面临着非常难得的机遇。上古"三皇五帝"、汉"文景之治"、唐"贞观之治"、明"永宣之治"、清"康乾之治"等,中国从来没有实现人人吃饱饭的愿望,现在全面建成小康社会,历史性告别绝对贫困,这是亘古未有的大事。中华民族迎来了从站起来、富起来到强起来的伟大飞跃,迎来了实现伟大复兴的光明前景。

"建首善自京师始",面向未来的首都文化发展,北京应做出无愧于时代、无愧于全国文化中心地位的贡献。一方面整体推进文化发展,另一方面要出文化精品,出传世之作,出标识时代的成果。近年来,北京市委宣传部、市社科院组织首都历史文化领域的专家学者,以前人研究为基础,反映当代学术研究水平,特别是新中国成立70多年来的成果,撰著"北京文化书系·古都文化丛书",深入贯彻落实习近平总书记关于文化建设的重要论述,坚决扛起建设全国文化中心的职责使命,扎实做好首都文化建设这篇大文章。

这套丛书的学术与文化价值在于:

其一,在金、元、明、清、民国(民初)时,北京古都历史文化,留下大量个人著述,清朱彝尊《日下旧闻》为其成果之尤。但是,目录学表明,从辽金经元明清到民国,盱古观今,没有留下一部关于古都文化的系列丛书。历代北京人,都希望有一套"古都文化丛书",既反映当代研究成果,也是以文化惠及读者,更充实中华文化宝库。

其二,"古都文化丛书"由各个领域深具文化造诣的专家学者主笔。著者分别是:(1)《古都——首善之地》(王岗研究员),(2)《中轴线——古都脊梁》(王岗研究员),(3)《文脉——传承有序》(王建伟研究员),(4)《坛庙——敬天爱人》(龙霄飞研究馆员),(5)《建筑——和谐之美》(周乾研究馆员),(6)《会馆——桑梓之情》(袁家方教授),(7)《园林——自然天成》(贾珺教授、黄晓副教授),(8)《胡同——守望相助》(王越高级工程师),(9)《四合院——修身齐家》（李卫伟副研究员），（10）《古村落——乡愁所寄》（吴文涛副研究员），（11）《地名——时代印记》（孙冬虎研究员），（12）《宗教——和谐共生》（郑永华研究员），（13）《民族——多元一体》（王卫华教授），（14）《教育——兼济天下》（梁燕副研究员），（15）《商业——崇德守信》（倪玉平教授），（16）《手工业——工匠精神》（章永俊研究员），（17）《对外交流——中国气派》（何岩巍助理研究员），（18）《长城——文化纽带》（董耀会教授），（19）《大运河——都城命脉》（蔡蕃研究员），（20）《西山永定河——血脉根基》（吴文涛副研究员）等。署名著者分属于市社科院、清华大学、中央民族大学、首都经济贸易大学、北京教育科学研究院、北京古代建筑研究所、故宫博物院、首都博物馆、中国长城学会、北京地理学会等高校和学术单位。

其三，学术研究是个过程，总不完美，却在前进。"古都文化丛书"是北京文化史上第一套研究性的、学术性的、较大型的文化丛书。这本身是一项学术创新，也是一项文化成果。由于时间较紧，资料繁杂，难免疏误，期待再版时订正。

本丛书由市社科院原院长王学勤研究员担任执行主编，负责全面工作；市社科院历史研究所所长刘仲华研究员全面提调、统协联络；北京出版集团给予大力支持；至于我，忝列本丛书主编，才疏学浅，年迈体弱，内心不安，实感惭愧。本书是在市委宣传部、市社科院的组织协调下，大家集思广益、合力共著的文化之果。书中疏失不当之处，我都在在有责。敬请大家批评，也请更多谅解。

是为"古都文化丛书"序言。

阎崇年

目 录

前 言 ... 1

第一章 物换星移 ... 1
第一节 古都源流 ... 3
第二节 划野分州 ... 13
第三节 时过境迁 ... 24

第二章 煌煌大城 ... 35
第一节 国都之门 ... 37
第二节 京师诸坊 ... 50
第三节 五坛五镇 ... 72
第四节 官署林立 ... 80
第五节 厂局广布 ... 88
第六节 精神之巢 ... 97

第三章 市井民情 ... 103
第一节 如是京腔 ... 105
第二节 各色人等 ... 119
第三节 柴米油盐 ... 125
第四节 五行八作 ... 137

第四章　眼底风物　　　　　　　　　　　　　151
第一节　山水园林　　　　　　　　　　　　153
第二节　京师门户　　　　　　　　　　　　177
第三节　聚类结群　　　　　　　　　　　　190

第五章　文脉所系　　　　　　　　　　　　　203
第一节　正本清源　　　　　　　　　　　　205
第二节　因势而变　　　　　　　　　　　　227
第三节　留住记忆　　　　　　　　　　　　244

参考文献　　　　　　　　　　　　　　　　　267

后　记　　　　　　　　　　　　　　　　　　272

前　言

在语词的浩瀚汪洋里，地名只是专有名词中的一类，用"沧海一粟"形容亦不为过。尽管如此，它的绝对数量依然相当惊人。仅仅在北京市所辖的范围内，古今地名已是数以万计。人类生存与社会发展都离不开大自然提供的天然舞台，按照语言发展的一般逻辑推断，即使是在数十万年前的周口店猿人时代，他们简单的有声语言里也应当包括对采集野果与集体狩猎地点的称谓。地名在文字发明之后被记录下来，从而具备了音、形、义三要素。

依靠语音作为传播媒介，地名才能在日常生活中充当社会交际的工具，口耳相传的早期知识乃至晚近时代的民间传说也借此被人类记忆，并且在不断加工丰富的过程中得以流布。用文字书写下来的地名，以书籍、碑刻等作为主要载体，是记录地名起源和演变的最稳定、最可靠的文献依据，其中当然也不乏需要去伪存真的内容。

一个结构完整的地名语词，可以分成两个部分。专指"这一个"地方的语词叫作"专名"，表示"这一类"地方的语词叫作"通名"。比如，"王府井大街"中的"王府井"与"大街"，就分别作了这个地名的专名与通名。在使用者彼此都熟悉的有限范围内，尤其是在口语环境下，往往只需要说出专名就能达到交流与传播的效果，边界模糊的地片名称就更不需要后缀的通名了。

地名的含义可以区分为两个方面，首先是作为专有名词用以指称某个地域的"指地意义"，充当它的语言标志；其次是被书写下来的地名的"语词意义"，也就是地名的字形所具有的书面含义。地名既然是语言的产物，它的读音、写法与所指地域也必然会随着时间的推移发生某种程度的变迁。一个地域在不同时代可能会有不同的名称，一个地名在不同时代也可能被用来指称不同的地域，因此需要弄清古今地名及其所指地域是否一致，辨析地名含义与所指地域的特征是否相符，说明地域命名的依据，追寻地名演变的过程和背景，进而挖掘地名的历史文化内涵及其作为非物质文化遗产的价值。

广义的文化通常被定义为人类在社会历史发展过程中所创造的物质财富和精神财富的总和，在这个意义上，用以作为地域指称的地名应当属于精神财富的范畴。地域是从地理空间着眼的语词，如果不做过于严格的限定，众所周知的地方、地点之类显然更容易理解。一个地方的命名自有其必然如此或偶然得来的依据，自然地理与社会人文的任何一种区域特征都能成为地名的语源，命名之后可能接着发生的音形义的演变也无一不是受到这些因素的影响所致。地名因此可以视为地理环境的标志、历史变迁的记录、社会生活的指南，同时也是区域文化的载体。一座山脉、一条河流、一个聚落、一座城市或一条街道，都可以看作一个有生命的活体，都有它的缘起、兴衰。对一个地方曾经拥有的全部名称的记忆，可以串起许多时空交合、人世沧桑的生命历程。北京及其周围成千上万的地名，从不同角度记录着这里的古往今来。即使是徜徉在广阔无垠的密林里随手掇拾几片散叶，也能促使我们唤起历史的记忆，窥见北京地名文化的悠久厚重与千姿百态。

第一章

物换星移

地名是历史的记录，如果把一个地域在不同年代曾经采用的名称按时间先后连缀起来，往往能够显示这个地域在自然地理环境或人文社会发展方面的变迁轨迹。以地名为媒介，可以追溯古都北京的来龙去脉，窥见政区沿革的基本过程，找到治所迁移的准确去向。地名就像古生物化石一样，保存了人事代谢、物换星移的清晰印记。

第一节　古都源流

古都北京三千多年的城市史，在某种意义上也是历代地名的变迁史。从蓟城、幽州到辽南京、金中都、元大都、明清北京、民国北京（北平）以迄当代北京，一连串的地名使古都北京的源流脉络清晰可见，日积月累就变成了留住城市文化记忆的宝贵线索。

一、蓟城时代

北京是具有悠久文化传统的古都，追溯它从一个原始聚落逐步成长为国家首都的进程，人们通常会从西周初年的蓟城开始，实际上它的历史还要早得多。

我国古代文明发展到商朝已经具有很高的程度，百十个方国在商王统治下构成一个以中原地区为重心的国家。商朝后期迁都于殷，即今河南安阳，因此又有"殷"或"殷商"之称。到商朝末年，崛起于陕西关中地区的周人誓师东进，这就是历史上著名的事件"武王伐纣"。此事发生在西周武王十一年，根据夏商周断代工程得到的结果，相当于公元前1046年，距今（2021年）已有3067年。《礼记·乐记》说："武王克殷，反商，未及下车而封黄帝之后于蓟，封帝尧之后于祝。"《史记·周本纪》的叙述与《礼记》略有不同："武王追思先圣王，乃褒封神农之后于焦，黄帝之后于祝，帝尧之后于蓟，……封召公奭于燕。"根据这样的记载，人们通常把武王伐纣之年等同于蓟国与燕国的受封之年，并将其视为历史上的北京作为封国都城的发端。

但是，不论被周武王封于蓟的是黄帝后裔还是尧帝后裔，如果以武王伐纣之年作为蓟城的开始，显然就忽略了司马迁所说"褒封"的含义。这个词固然可以依据字面解释为褒奖封赏，但东汉何休《春秋公羊传注疏》卷一《隐公元年》称："有土嘉之曰褒，无土建国曰封。"换句话说，对于原本就有领土之国予以嘉勉，叫作"褒"；白手起家新建一国，称为"封"。在外来的西周新兴势力看来，蓟国属于商代北方旧族的领地，武王的"褒封"就是对尚未控制的区域在政治上予以承认，从而减少阻力、稳定大局。显然，蓟国的存在至少不会晚于商代后期，否则周武王也就无从"褒封"，作为国都的蓟城更不会晚于同一时代。

此外，司马迁在叙述褒封蓟国之后接着说"封召公奭于燕"，这个比较笼统的"一气呵成"，致使后人往往误以为蓟国南面的燕国也是武王伐纣之年所封，第一任燕君是大名鼎鼎的召公奭。实际上，燕国是周成王所封，时距蓟国受封不足10年，始封之君则是召公奭之子。燕国代表着周人北进的亲嫡力量，是以中原为政治重心的国家政权对今北京地区正式统辖的标志，同时负有监视周边商代旧族的意味，最终灭掉蓟国也是势所必然。位于今北京房山区琉璃河镇董家林的燕都，并不是自然发展的结果，而是有目的、有计划的政治行为。1962年发现西周燕都遗址后，有人将其等同于古代北京城的起源。但是，两座相隔近百里之遥的古代城市断无前后承继之理。西周晚期燕国吞并蓟国之后，采取"鸠占鹊巢"的方式，以地理位置优越的蓟城作为自己的国都，开始了《韩非子·有度》所谓"以蓟为国"的时代。从这个时期开始，蓟城先后作为燕国都城与汉唐时期的幽州治所，辽南京与金中都也是在蓟城旧址上崛起的陪都与首都。作为北京城市历史地理本质的代表者，只有蓟城才是严格意义上的当代北京城的前身。

关于"蓟城"的语源，北魏郦道元《水经注》卷十三《漯水》说："今城内西北隅有蓟丘，因丘以名邑也，犹鲁之曲阜、齐之营丘矣。"由此看来，它是以城内西北角的土丘"蓟丘"为名。对照该书记载的河湖水系，结合现当代的考古发掘，蓟丘位于今北京西便门外的白云观西侧，20世纪60年代中期还保留着一些遗迹。蓟丘既然是蓟城之内的一座土丘，其规模显然不会太大。《战国策》卷三十与《史记·乐毅列传》都记载，名将乐毅在回复燕惠王的书信中，回顾了他当年在燕昭王时期率军攻下齐国七十余城的重大胜利，其中有"蓟丘之植，植于汶篁"之语。裴骃《史记集解》认为这是形容把燕国的疆界推进到了齐国的汶水流域，司马贞《史记索隐》则理解为燕国的蓟丘种上了来自齐国汶水流域的竹子。无论如何，蓟丘一度成了整个燕国的地理象征。

根据城市起源和发展的一般规律，在"蓟"上升为一国都城之前，那里必定早就存在着一个同名的较大聚落。没有这个聚落奠定的基础，商代也不会把一个方国的政治中心放在此处。从地名学角度分析，蓟丘得名于土丘上生长的植物——蓟。北宋时期出使契丹的著名科学家沈括，在《梦溪笔谈》卷二十五记载："予使虏至古契丹界，大蓟茇如车盖，中国无此大者。其地名蓟，恐其因此也。"在现代植物分类系统中，属于菊科的"蓟"有"大蓟"与"小蓟"之分。小蓟就是乡间百姓通常用作猪草的"刺儿菜"，大蓟则是一种多年生草本植物，茎高可达一米以上（图1）。沈括描述的植物叶片支撑开来与车盖相似，在当时的中原地区很少见，所看到的应当就是大蓟。他

图1 大蓟（左）和小蓟（右）
（大蓟，孙冬虎2009年5月22日摄于北京怀柔箭扣村。小蓟，孙冬虎2019年8月4日摄于河北雄县李庄头村）

推测说，蓟城的命名可能以这种独特的植物为依据。由此看来，大蓟（植物）→蓟丘（生长大蓟的土丘）→蓟（从蓟丘派生命名的聚落）→蓟城（从聚落发展起来的城邑）→蓟国（由蓟丘、蓟城得名的封国），这一系列名称的语源，应当具有环环相扣的派生关系。当代北京周围的大蓟一般生长在山区，可能是近千年来的农业垦殖迫使大蓟由平原退向山野所致。

蓟城的中心位置在今北京西南的广安门一带。当代考古工作者1956年在会城门、白云观、象来街、和平门一线，发现了三十六座战国时期的陶井，一百一十五座汉代陶井。1957年在广安门外护城河西岸发现战国时期燕国宫殿的饕餮纹半陶当，在厚达一米的古文化层中出土的陶片，年代接近西周。1965年，在广安门、宣武门至和平门一线，发现六十五座东周至汉代的陶井。这些考古学收获为推测蓟城的位置提供了重要线索，陶井分布最密集的地区在宣武门至和平门一带，当属蓟城的城区范围，但这些仍然不足以明确东周至汉代的蓟城四界。北宋太平兴国年间，乐史《太平寰宇记》卷六十九《河北道·幽州》，引用唐代之前的《郡国志》说："蓟城南北九里，东西七里，开十门。"今莲花河曾有故道作为这座长方形城址西墙与南墙之外的护城河，东墙以内有唐代的悯忠寺，即今法源寺。从宏观角度考察古代北京城址变迁的过程，自春秋战国到东汉、北魏以至隋唐，蓟城的城址并无变化。随后的辽朝在此设置陪都南京，但并无城址迁移或改筑，只是不再使用蓟城这个名称。到了金朝修建中都时，开始拓展四面城墙。元朝在金中都东北郊另选新址改筑大都，古代北京的中心位置这才脱离了燕都蓟城奠定的地理基础。

二、汉唐幽州

战国时人形成了中国疆域自来广大、天下分为九州的观念，假托大禹治水时代的记录写成《禹贡》一篇，以夏朝之作的名义，编入收录上古至周代历史文献的《尚书》中。冀、兖、青、徐、扬、荆、豫、梁、雍九州虽然只是并未实行过的理想化设计，两千多年来却产生了深远的影响。幽州并不在《禹贡》九州之列，大约稍晚些的《吕氏春秋·有始览》提到"北方为幽州"。《周礼·职方》也有幽州，大抵是指今河北北部及辽宁一带地方。《尚书》《庄子》《史记》等文献，记载着上古的舜帝或尧帝把共工流放到幽州之事，"幽州"也称作"幽陵"或"幽都"。《史记·五帝本纪》说，黄帝之孙颛顼的统治范围"北至于幽陵"，唐朝张守节《史记正义》认为，幽陵就是幽州。从词义方面考察，这三个名称同指一地却又有所区别。"幽州"体现了行政区域的概念，尽管汉代之前仅仅是虚拟性的泛指；"幽陵"具有从地形着眼描述幽州的意味，突出了北部地区山岭广布的特点；"幽都"则是从聚落的角度观察这个区域的产物，含有以幽州中心城邑代指整个幽州的意思，虽然它并不是实际存在的城邑之名。

西汉武帝把全国分为十三个州刺史部，今北京地区隶属于幽州刺史部。这时的"州"是相对较虚的监察机构，大约在西汉末年才演变为具有行政职能的政区名称。东汉时期，幽州的治所在蓟县（在今北京西南），今天的京、津、冀、辽、晋诸省市与朝鲜大同江流域，都隶属于幽州刺史部。魏晋以后，幽州的范围日渐缩小，到唐代其辖境减小到今天北京、天津、河北的部分地区。先天二年（713），幽州成为北方重要的方镇之一，天宝元年（742）改名范阳。后来发动安史之乱的安禄山，当年就曾身兼范阳、平卢两镇的节度使。宝应元年（762）恢复了幽州的称谓，建中二年（781）置幽都县。蓟城既是幽州的治所，有时也是蓟县的所在地，它们指代的城邑都是曾经的燕国之都。不管行政区划与政权归属如何变化，幽州所指的范围逐渐缩小，直至限定在以北京为中心的周边区域。五代后晋天福元年（936），石敬瑭把幽、蓟等十六州土地割让给契丹，辽会同元年（938）把幽州提升为陪都南京，持续沿用了近千年的幽州与历史更加悠久的蓟城这两个名称，由此退出官方正式颁布的行政区域与城市名称序列，但"幽州"或"幽燕"依旧是华北地区的代称。

幽州即蓟城扼守着华北平原北部的门户，是中原政权强盛时期经略北方的基地，也是防御北方游牧部族内侵或双方争夺的军事重镇。汉代以此作为诸侯王的封国所在或幽州的治所，东晋时期的前燕慕容儁在此短暂建都。隋炀帝为用兵辽东，开辟了自南而北直达蓟城南郊的大运河，这就是京杭大运河的前身，此举强化了古代北京的水路交通优势。唐太宗远征高丽，曾在蓟城誓师，自辽东退兵后再经蓟城，计划在城内东南隅建寺悼念阵亡将士。这座寺院到武则天时期建成，命名为"悯忠寺"，含有缅怀国家忠勇之意，即今法源寺的前身。依据20世纪50年代以来出土的唐代墓志、房山石经山的唐代石经题记等材料，唐代幽州的四至大体可以推测为：东垣在烂漫胡同稍偏西，西垣在会城门稍东，南垣在陶然亭以西的姚家井以北、白纸坊东西街一带，北垣当在头发胡同一线。

《史记正义》说："北方幽州，阴聚之地。"站在中原地区来看，幽州位于北方。以阴阳五行的理论衡量，这里属于阴气所聚之地。与天气炎热、光照强烈的我国南方相比，以先秦燕国为中心的北方无疑显得寒冷昏暗，所以古人才会以"幽州"泛指北方广大地区。"幽"字也有安静的意思，但它与"明"相对应时代表昏暗或阴间，这个词义的感情色彩显然不被大众喜欢。因此，除了作为府、州、县名称外，"幽"字很少用于其他地名。《大清一统志》称，昌平州西北三十里有幽都山。《光绪顺天府志》记载宛平县有幽州村，就是今天位于永定河北岸、京冀两地交界线附近的河北省怀来县幽州村，这里可能就是幽州在某个时期的北部边界。幽都山与幽州村相距不远，并且都与历史上的幽州具有语源上的关联。除此之外，北京的现代地名里已很难找到幽州的痕迹了。

三、燕山与燕京

在武王伐纣褒封蓟国之后不足十年，周成王把召公奭之子分封在燕国。唐代张守节《史记正义》说，蓟燕二国"因燕山、蓟丘为名，其地足自立国。蓟微燕盛，乃并蓟居之，蓟名遂绝焉"。他所征引的徐才《宗国都城记》称，燕国"地在燕山之野，故国取名焉"。这里的燕山，并不是今天横亘在北京以北的燕山山脉。《山海经·北次三经》记载："北百二十里曰燕山，多婴石，燕水出焉，东流注于河。"西周初年的燕国，是因为地处燕山脚下的原野得名。当代考古发掘已经证实，燕都遗址在今北京房山区琉璃河镇董家林。这样看来，它据以命名的燕山只能是董家林以西的大房山一带山脉，从燕山发源的燕水应当是指出于大房山的大石河及其支流。周初的燕国与今天的燕山之间隔着蓟国，绝没有以蓟国北边的山脉为名的道理。西周晚期，弱小的蓟国被强大的燕国所灭，燕国的都城北移到蓟城，作为燕国命名依据的燕山随之被转移到了蓟城之北，也就是今天的燕山山脉。

秦朝的统一结束了列国纷争，汉代以后的人们谈论地理问题时，往往把《禹贡》九州或西汉十三州与周代的封国并用，用来称说界线未必明确但人人都可意会的地理区域。这样，作为燕国之都的城邑、以此为都的整个燕国、以周代燕国为主体的区域范围，都可以用"燕"作为指称，并且具有超越任何时代、任何政权的意味。《旧唐书·史思明传》记载，唐乾元二年（759）他自称"大圣燕王"，"以范阳为燕京"。这个称谓的渊源，显然出自蓟城曾是燕国都城之一的历史。"京"字具有高、大之意，引申为天子所居之城。史思明的叛将身份无疑不符合古代的正统观念，他一度定名的燕京也往往被史家忽略，但从地名起源而论仍然应当肯定其创始意义。

当契丹升幽州为陪都南京时，燕京之名与南京并行，终于获得了历史的普遍承认。北宋宣和年间与金人（女真）订立"海上之盟"，约定从南北两面夹攻同样岌岌可危的辽朝。金人把劫掠一空的辽南京归还北宋后，北宋以此为治所设立燕山府，不久又被强悍的女真铁骑夺回。金朝在海陵王贞元元年（1153）迁都之前，也一直称这里为燕京。虽然此后改称中都，但金末蒙古军队占领中都城后，燕京、中都两个名称一度交替使用。元世祖忽必烈即位后，可能是意识到中都之名的大气，至元元年（1264）八月下诏改燕京为中都，至元九年（1272）二月又改称大都。自此，燕京不再作为官方名称使用，但明朝洪武年间镇守北平府的朱棣仍然被封为燕王，显示了地名作为文化标志不断延续的历史惯性。直至近现代，燕京大学的建立使"燕京"这个地名在海内外广为传布，校内的燕园、燕南园等居住区域的命名仍然浸润着历史的遗泽。以《燕京岁时记》《燕京杂记》《燕京杂咏》《燕京访古录》《燕京乡土记》等为名的古今著作，以燕京为名的饭店、书画社等，都显示着北京文脉的源远流长。

四、南京与中都

提到北京的建都历程，人们会很自然地想到辽南京、金中都、元大都。不过，把朝代与都城的名称连在一起称呼，只是后世纂修史志或研究历史的学者采用的简约做法，它们在所处的时代无疑只称南京、中都、大都。

唐末与五代时期，长城以南陷入了军阀叛附无常、政权迅速更替的境地，塞北的契丹因此成为能够影响政局走向的一支重要力量。五代后唐清泰三年（936），河东节度使石敬瑭起兵造反。以割让幽州、蓟州等十六州土地（后世俗称燕云十六州）再加数十万岁币为条件，换取契丹出兵支持，由此建立后晋政权，同年改元天福元年。契丹在得到幽蓟地区之前，已按照地理方位命名了上京临潢府、南京辽阳府。辽太宗会同元年（938）把幽州提升为陪都南京，又称燕京，以此为治所设立幽都府，辽阳府遂改为东京。这三处都城与后来设置的中京大定府、西京大同府一起，构成了辽代的五京。幽都府源于先秦时期的幽都，开泰元年（1012）改称析津府，此前一直作为幽州治所的蓟县改为析津县。古老的幽州由此成为历史，继史思明首称燕京之后，历史上的北京再次获得了燕京之号。

金朝迁都燕京并改名为中都，以此为治所设置大兴府，在北京城市史与地名变迁史上都是具有历史意义的重大事件。海陵王完颜亮贞元元年（1153），把都城从上京会宁府（今黑龙江阿城）迁到燕京。《金史·地理志》记载，海陵王"以燕乃列国之名，不当为京师号，遂改为中都"。志在一统天下的海陵王从心理上就不肯像燕国那样局促于一隅，而是要以宏大气魄继续开疆拓土，迁移首都并且采用新名就是具有象征意义的举动。"中都"之名突出了作为整个国家政治中心的地位，用来彰显这里是"国君所居、人所都会"之地，远非此前的辽代陪都南京可比。金代仿效辽代的五京制度，根据各自的地理方位设置了中都大兴府、北京大定府、西京大同府、东京辽阳府、南京开封府，但在整个过程中多次发生行政区域的置废与更名。此外，《金史·地理志》谬称辽开泰元年将幽都府改称"永安析津府"，但《辽史·地理志》等文献在析津府前面却从未冠以"永安"二字。元好问《续夷坚志》记载，金代海陵王天德年间营建中都时，挖出了镌刻着"永安一千"字样的古钱，朝廷认为是祥瑞之兆，遂仿照汉唐长安冠以美名的方式，给中都增加了一个"永安"的别号或雅称。今人或以为历史上的北京在金代曾称"永安府"，显然是翻阅古代文献时粗枝大叶所造成的谬误。

五、大都、北平与北京

忽必烈决心把首都定在燕京时，最初依然属意于金代采用过的"中都"之名。至元元年（1264）八月，他下诏改燕京为中都，与金朝海陵王在111年前的做法完全相同。此后，忽必烈离开蓟城旧址之上的中都城，在它的东北郊以大宁宫为中心的风景区兴建新都，与旧城对应称作中都新城。至元八年（1271）改国号为"大元"，次年二月遂改中都为"大都"，地名语词更显帝都气派。

明洪武元年（1368）八月，徐达率军攻克大都。当时明朝的首都在南京，大都自然失去了全国政治中心的地位。仅仅过了十余天，管辖大片地域的大都路被改为北平府，作为城市的大都也取"北方平定"之义改名北平。镇守北平的朱元璋第四子燕王朱棣发动"靖难之役"夺得皇位，永乐元年（1403）正月就把北平升格为"北京"，与首都南京遥相呼应，这也是当代首都北京最早的语源。明代前期北京曾在作为"京师"还是"行在"之间几度摇摆，但终究确立了作为全国首都的地位。"京师"是明清时期对首都北京更加庄重的官方称谓，正如《春秋公羊传·桓公九年》所说："京师者何？天子之居也。京者何？大也。师者何？众也。天子之居，必以众大之辞言之。"清朝继续定都北京，直至1928年国民政府迁都南京，失去首都地位的北京再次改称北平。1949年9月21日开幕的中国人民政治协商会议第一届全体会议通过决议，中华人民共和国的国都定于北平，并自即日起改名北京。从此，这座历史悠久的文化名城步入了一个新的时代。

第二节　划野分州

历代官方最重视的地名,是国家划定的各级行政区域的名称。一国的领土不论大小,都要划分为数量不等、逐层辖制的若干个行政区域,这是体现国家意志、管理国家事务的重要手段和途径。早期的历史地理主要就是讨论历代行政区划的沿革与疆域伸缩,政区名称的命名、含义和变迁则是地名研究的基本内容。我国的郡县制产生于战国时期,起初是县的行政级别和辖境规模都大于郡,后来变为郡大于县,通常是一郡管辖若干州县。秦始皇统一六国之后,将郡县制推行到全国,以郡辖县是最普遍的政区设置。随着行政区划制度在后世的演变,"州"所表示的区域有时与"郡"相近,有时被"郡"所辖,不辖县的散州的地位与县相同。"郡"的设置逐渐湮废,"州—府—县"或"省—府—州—县"成为常见的政区格局。历史上北京地区的行政区域设置及其名称演变,也是地名作为文化记忆的组成部分。

一、战国秦汉郡县命名

班固《汉书·地理志》为追寻战国秦汉政区的设置提供了基本依据,今北京地区在当时的政区名称由此露出端倪。班固注明有不少郡置于秦代,但并未明确记载下领各县是否也出于秦代抑或西汉所置。秦朝创立的政治制度对中国历史产生了久远的影响,但它历时非常短暂。考虑到这个因素,大致可以笼统地把秦与西汉作为一个时间段对待。

秦汉沿用了战国时期燕国已有的"渔阳郡"之名。在它下辖的十二县中,"渔阳县"与"渔阳郡"一样,都是以治所位于渔水之阳(即河流北岸)得名。《水经注·沽水》记载:"沽水又西南流出山,径渔阳县故城西,而南合七度水。……沽水又南,渔水注之。水出县东南平地泉流,西径渔阳县故城南。应劭曰:在渔水之阳也。考诸地说则无闻,脉水寻川则有自。今城在斯水之阳,有符应说,渔阳之名当属此。秦发闾左戍渔阳，即是城也。"沽水、七度水，分别是今天的白河与怀九河。郦道元告诉我们，渔水从渔阳县故城的南边流过，东汉的应劭说渔阳以位于渔水之阳得名。这个说法在其他地理文献中找不到记载，考察当地河流与城邑的关系却足以证明它完全符合实际的地理环境。北魏时期的渔阳城在渔水之阳，与应劭的说法相符。秦代置渔阳郡和渔阳县，秦二世征发闾左到渔阳戍守，就是指的这里。渔阳旧城在今怀柔区梨园庄之东、密云区统军庄之南。渔阳郡、渔阳县、渔阳城据以得名的"渔水"，显然在秦代之前就已被命名了，"渔"字透露出早年人们在这条河流之上捕鱼的生活场景。

《水经注·沽水》说："沽水西南流，迳狐奴山西，又南迳狐奴县故城西。"由此我们知道，秦汉时期渔阳郡狐奴县以境内的"狐奴山"得名，此山在今顺义东北三十里、潮河之东，狐奴县的治所则在狐奴山以西。关于"狐奴山"的语源，可以从《水经注·㶟水》得到旁证。郦道元写道："㶟水之右，卢水注之，水上承城内黑水池。……余按，卢奴城内西北隅有水，渊而不流，南北百步，东西百余步，水色正黑，俗名曰黑水池。或云水黑曰卢，不流曰奴，故此城藉水以取名矣。"从语音方面分析，"狐奴"与"卢奴"极有可能乃至原本就是同一语词的近音异写。顾祖禹《读史方舆纪要》卷十一《顺义县》指出"狐奴山"亦名"呼奴山"，在征引《水经注》之后说："盖以山前潴泽名也。"潴泽即停水而不流动的湖沼，正与郦道元指出的"奴"字的语义相符。综合这两段文献可以断定，"狐奴山"是因为山前有一处水色较黑且静止不流的小湖泊得名。

除了渔阳、狐奴二县之外，在今北京地区还有渔阳郡的路县、平谷、安乐、犀奚、犷平诸县。路县治所在今通州东八里古城，东汉改名潞县，与流经此地的河流"潞水"有派生关系；以平原和谷地兼备的地形特点得名的平谷县，治在今平谷东北大北关、小北关村南；以意愿得名的安乐县，治所在今顺义西南古城村北；犀奚县治所在今古北口内潮河西，唐代颜师古注："孟康曰：犀音题，字或作䪏。"从语词意义上看，该县可能是以先秦时期活动在潮河流域的一个游牧民族的名称为名；犷平县治所在今密云东北石匣附近，地名语词含有希望民风粗犷之地平安和顺的意思。

上谷郡也是始置于燕国，在秦汉时期所辖十五县中，军都、居庸、夷舆三县在今北京市境内。军都县以位于军都山之南得名，治所在今昌平西十七里。《读史方舆纪要》虽是晚出的文献，但顾祖禹撰写此书时广搜前代典籍加以综合，由此记录了许多早期地名，卷十一《昌平州》写道，军都城在昌平州东，"汉立县于军都山南，或以为秦县也。汉初，周勃屠浑都，即军都矣"。军都山在昌平西北，穿越太行山的孔道"军都陉"是"太行八陉"之一。军都、浑都，应为一音之转。居庸县治所在今延庆区稍东，以居庸塞即居庸关得名，"居庸"意为"处在能够建立庸功的位置"，表示出对镇守关塞者的期望，本书将在讨论居庸关命名问题时再做详细说明。

夷舆县治所在今延庆东北二十里古城村东。这个名称的含义，可以从两个角度推测。首先，从地形上看，这一带属于山间盆地，当地以"北靠山，南连川，中间五条大沙滩"来形容古城一带的地貌特征。与周围环绕的山岭相比，已经算是起伏不大的平地了。"夷"意为"平坦"；"舆"就是"地"，至今人们还在把表示疆域范围的地图称作"舆图"。这样，"夷舆"就是"平坦之地"的意思，以地貌特征得名。其次，从地理位置与民族关系着眼，这里处于历史上以中原汉族为代表的农耕文化与北方少数民族游牧文化的交错带上，也就是传统的所谓"夷夏"分界线附近，"夷"可以作为汉族对周边各族的统称，"夷舆"因此有"北方少数民族居住之地"的含义。这两种解释，都有可能成为"夷舆"的语源。

秦代的广阳郡在西汉先后变为燕国或广阳郡、广阳国，所辖四县也有迹可循。郦道元《水经注·瀑水》说："瀑水又东北径蓟县故城南，《魏土地记》曰：蓟城南七里有清泉河，而不径其北。……秦始皇二十三年灭燕，以为广阳郡。汉高帝以封卢绾为燕王，更名燕国。"《汉书·地理志》记载："广阳国，高帝燕国，昭帝元凤元年为广阳郡，宣帝本始元年更为国。"由此看来，"广阳"之"阳"是根据蓟城位于灅水的清泉河段之北这一地理特征为名，符合"山南为阳、水北为阳"的命名原则。在所辖四县中，蓟县的治所蓟城在今广安门一带，燕国、广阳郡、广阳国的治所也在此处；广阳县治在今房山区东北隅的南广阳城村、北广阳城村一带；阴乡县治当在今大兴区西北的芦城，可能是因为县城位于灅水某条支流以南得名；方城县治所在今河北固安县西南的方城村。

涿郡是西汉初年刘邦所置。《史记·五帝本纪》记载，黄帝"与蚩尤战于涿鹿之野"。南朝宋人裴骃作《史记集解》，引用东汉服虔与张晏的解释，认为作为山名的涿鹿在涿郡，这里在战国与秦代属于上谷郡。唐代颜师古注《汉书·地理志》时说："应劭曰：涿水出上谷涿鹿县。"综合上述文献可以看出，黄帝与蚩尤大战于涿鹿山前的原野上，即今河北与北京交界的怀来盆地，从涿鹿山发源的河流称为涿水。西汉刘邦置涿郡，以流经境内的涿水为名，其治所在今河北涿州。《水经注·圣水》说："涿之为名，当受涿水通称矣，故郡、县氏之。但物理潜通，所在分发……"这就是说，涿郡、涿县都是从涿水派生为名，只要具备相同的事物特征，其他地方也可据此命名。东汉许慎《说文解字》说："涿，流下滴也。"这样看来，涿水在命名初期应当有断续流动的特征。在涿郡所领二十九县内，与今北京相关的有三个：良乡县治在今房山窦店镇西，西乡县治在今房山长沟镇东，阳乡县治在今涿州东北，明清时属宛平县。就语词含义而言，"良乡"以表示意愿得名，"西乡""阳乡"以相对地理方位为名。

秦汉时期还有浑都、上兰、燕郡、博陆等郡县城邑。《史记·绛侯周勃世家》记载，汉高帝末年燕王卢绾起兵造反，周勃以相国的身份取代名将樊哙，在蓟城击败叛军，然后"屠浑都，破绾军上兰，复击破绾军沮阳"。这里的"浑都"就是"军都"，《史记正义》引唐代的《括地志》："幽州昌平县，本汉浑都县。"汉军都县故城，在今昌平西十七里龙虎台附近。

《水经注·灅水》说："清夷水又西，灵亭水注之。水出马兰西泽中，众泉泻溜归于泽。"清夷水大致就是今天的妫水河，延庆西北山前自古多泉水,"马兰"应当就是周勃击破卢绾的"上兰",其地可能在今上阪泉、下阪泉村稍北,得名原因应与此地分布着多年生草本植物马兰(又名马蔺、马莲)相关。上兰与沮阳城(故址在今官厅水库以南的河北怀来县大古城村)南北相望。

汉武帝元朔元年(公元前128),燕王刘定国畏罪自杀,燕国降为燕郡,治所仍在蓟城。《水经注·鲍丘水》载:泃河"水出北山,山在傂奚县故城东南,东南流迳博陆故城北,又屈迳其城东。世谓之平陆城,非也。"博陆城遗址在今平谷西北十里的北城子村东南。《汉书·霍光传》说,汉武帝留下遗诏,封霍光为博陆侯。颜师古《汉书注》引用文颖的解释:"博,大。陆,平。取其嘉名,无此县也。食邑北海、河间、东郡。"他最后归纳说:"盖亦取乡聚之名以为国号,非必县也,公孙弘平津乡则是矣。"综合上述文献,名臣霍光被封为博陆侯,实际上并无博陆县。"博陆"具有广大、平坦之意,符合以美好的字眼为人或物命名的心理要求。封国之名未必一定取自县名,也可以采用某个乡村聚落之名作为封国的称号。汉武帝封丞相公孙弘为平津侯,只是因为赏赐他的爵禄来自高成县平津乡六百五十户上缴的赋税,当时并没有一个平津县。同样的道理,平谷境内在西汉时也只有一个按照"取其嘉名"原则命定的博陆城。

西汉末年王莽建立新朝后全面更改政区名称,是中国地名发展史上的重要事件。这个过程只持续了十余年,随着东汉政权的建立而恢复旧观,对后世的地名发展几乎毫无影响,但在《汉书·地理志》中留下了一份乱改地名的详细记录。东汉时期幽州以及渔阳、涿郡、上谷三郡名称不变,广阳国改为广阳郡但专名依旧。两汉之交的战争破坏使国家户口损耗严重,刘秀采取了省并县级政区、裁减官吏数量的措施,在今北京地区撤销了阴乡、西乡、夷舆三县,在此前后又增加了昌平县。"昌平"有昌盛平安之意,自然是以美好的意愿为名。西汉上谷郡已有昌平县,《水经注·灅水》说,灅水向东经过阳原县故城南、东安阳故城北后,"又东径昌平县,温水注之"。从地理方位衡量,这个昌平县的治所应在今河北省阳原县境内。从《后汉书·耿弇传》描述的建武年间自昌平到洛阳的经行路线看,此前在西汉的某个时期,今北京市境内已经有了昌平县。《水经注·湿馀水》引《魏土地记》:"蓟城东北百四十里有昌平城,城西有昌平河。"这里的昌平城,就是东汉昌平县的治所。

二、隋唐幽州政区变迁

魏晋十六国至北朝时期,在疆土南北分裂、政权频繁更迭的背景下,政区置废及其名称变迁相当复杂,文献记载也显得混乱和模糊。隋唐再度建立强大的统一国家,依据比较丰富的历史文献,政区通名系统的调整与专名用字的变更才转而清晰起来。

隋唐幽州一带行政区域名称的变迁,最突出的表现是作为行政区划系统支柱之一的"州"与"郡"发生了几度转换。隋文帝开皇三年(583)罢天下诸郡,炀帝又改州为郡。唐高祖武德元年(618)罢郡置州,玄宗天宝元年(742)废州称郡,肃宗乾元元年(758)再度废郡称州。这样的总体调整促使政区通名反复变更,地方行政系统则由州、郡、县三级制向着州、县或郡、县二级制简化。

在唐代,由于塞外州县寄治在长城以南,地名与它所指代的地域之间的关系变得复杂起来。所谓寄治,就是把某个行政区域的治所暂时寄放在原本所辖的地域范围之外,通常是一种具有政治象征意义的权宜之计。东晋南朝时期,在北方游牧民族的强烈冲击下,黄河流域的大量人口以及管辖这些府州县的官员被迫迁到江南。为了安抚南来官民之心、显示不忘收复失地的意志,朝廷在江南设立了仍然采用北方旧名的州郡县。这些州郡县已经离开了北方故土,至此也只能把虚应故事的政府机构暂存在南方的某座城邑,通常并没有实际存在的土地和人民需要它们管辖。这种境遇与外来侨民或暂住的过客相似,为他们设置的此类州郡县就称为"侨置"。由于南来的北方州县机构与百姓数量众多,南方的一个城邑可能会有若干个侨置州郡县在此寄治,唐代的蓟城就与此非常相似。

自秦汉至隋代,蓟城曾经是幽州、广阳郡、燕郡以及诸侯王封国的治所，作为政区系统根基的只有蓟县。唐代幽州是与北方游牧民族相互冲突、相互交融的前沿，也是塞外州县难以为继时的暂存之地。武德六年（623），蓟城不仅是幽州和蓟县的治所，还有内徙的燕州及其所领的辽西、怀远二县在此寄治。贞观元年（627）废怀远县，此后某年却又有内徙的顺州及其所领的宾义县前来。这样，蓟城就出现了三州（幽、燕、顺）三县（蓟、辽西、宾义）同治一城的局面。开元二十五年（737），燕州与辽西县从蓟城迁治于幽州北境的桃谷山。至德年间（756—758），废除了寄治的顺州与宾义县。建中二年（781）燕州与辽西县被废，改置幽都县，治所回迁到幽州城内的燕州旧廨。从此，蓟县与幽都县都以蓟城为治所。当契丹从石敬瑭手中得到幽州之后，先后改蓟县为蓟北县、析津县，改幽都县为宛平县。金代再改析津县为大兴县。历元、明、清直至民国十七年（1928），大兴、宛平成为以北京城为治所的附郭县或称京县，其源流可以上溯到唐代。

为维护与契丹、奚、突厥等北方游牧民族的关系，唐代设置了大批羁縻州县。羁縻有束缚控制与笼络怀柔之意，古代朝廷对边远地区往往设置羁縻州县，在政治、经济等方面实行特殊的宽松政策以稳定疆界。武则天时，受到契丹扰乱，营州境内的许多羁縻州县内迁，有的直接寄治在幽州地区，有的先到青州、淄州、宋州、徐州境内，然后再北返幽州。安史之乱爆发后，这些内徙的部落民众大都被裹挟，至德年间进入河朔地区而不知所终。除了燕州归德郡及辽西县演变为幽都县（后为宛平县），归顺州归化郡及怀柔县成为今顺义的前身之外，只有少数村寨之名还保留着唐代羁縻州县的某些痕迹。

三、帝都时代政区格局

自辽代将幽州提升为南京，历史上的北京步入了从陪都到半个中国首都（金中都）再到统一国家首都（元大都、明清北京）的辉煌历程，这个阶段可以称为城市史上的帝都时代。由此得以不断完善的行政区划系统，为当代奠定了直接基础。后代对前代的延续成为政区及其名称变迁的主流，局部范围有些新增或更名的州县。

幽州在先秦时期泛指中国北方地区，到汉唐逐渐有了明确的指代地域。辽会同元年（938）把幽州升为南京，它作为一级行政建置与治所名称的历史宣告结束。辽南京与金中都的出现，标志着蓟城（幽州）的城市性质已经与此前迥然不同，从地方行政中心、北方军事重镇转变为陪都或首都。以国都为治所的辽代南京道与金代燕京路、中都路，成为最高级别的行政建置。在战和交错、关系多变的背景下，府一级建置继续完善。唐代在京城和陪都设府，辽、宋、金又在某些战略要地设府，隶属于道或路，下领若干州县。在唐代幽州（蓟城）所在地，辽置幽都府，不久改为析津府；宋改燕山府，金为大兴府。隋唐时期的幽州总管府或都督府属于军政合一的建置，至此已经变为纯粹的行政区划。

辽、宋、金之间的政权更迭，导致幽州地区的路、府、州、县多次发生增设、废除或更名。金代在县之下设置了非军事意义的镇，其性质与此前大不相同。北魏时期，在北部边境不置州郡的区域所设御夷、怀荒等六镇，负有既管军事又理民政的双重责任。唐代在檀州密云郡设大王等七镇，在妫州妫川郡设淮北等四镇，都是位于边境险要州郡的驻军之地。金代设立的大兴县广阳镇、缙山县永安镇、范阳县政满镇、遵化县石门镇等，已经变为县以下居民众多、商业繁荣的乡间大市镇。为管理都城的民间事务，辽南京设警巡院，金中都进一步扩大为左、右警巡院，独立的城市管理建置正在形成。

元大都在金中都东北郊的新址上崛起，城市行政建置与周边政区系统继续完善。为履行城市管理职责，元代仿照辽金两朝的警巡院，在大都新城和旧城先后设置了五处警巡院，后来省并为左、右警巡院。国都以及以此为治所的政区多次更名，开始是废除金代的中都之名改称燕京，接着又把燕京恢复为中都，最后把中都改为大都。伴随着这个过程，以国都为治所的政区派生命名，先后经历了中都路→燕京路→中都路→大都路的变化。大都路（燕京路）的管辖范围也多次伸缩，在尚未更改国号的蒙古时期，燕京路南部包括保、涿、雄、易等州。太宗八年（1236）升涿州为涿州路，十三年（1241）升保州为顺天路（后改保定路），并把燕京路的雄州、易州归其管辖。世祖中统四年（1263）降涿州路为涿州，仍旧隶属于燕京路。国号更改后的至元十年（1273），雄州、易州割属大都路，二十三年（1286）复归保定路。仁宗延祐三年（1316），把上都宣德府奉圣州的怀来县、缙山县划归大都路，以元仁宗生于缙山县（今延庆）香水园，将该县升为龙庆州。大都路的辖境由此向西北扩展，到达了居庸关外的延庆—怀来盆地。

元代大兴府的职能发生了巨大变化，前期它作为一级行政区域，下辖大兴、宛平、良乡、永清、宝坻、昌平、潞阴、武清、香河、安次、固安等县。后来，所领各县有的直属大都路，有的升为大都路所属之州，或者改为某州所辖的县。例如，升缙山县为龙庆州、密云县为檀州、安次县为东安州、固安县为固安州、潞阴县为漷州。到元代后期，大兴府形同虚设，与在此前后领有实土的金代大兴府、明清顺天府相差悬殊。某些州县的治所几度迁移，这就意味着地名与它所指代的地域之间的关系有所变化。其中，潞阴县升为漷州时，治所在今通州漷县镇，后来迁到今天津武清区河西务，至正间又回到潞阴县故地。昌平县治在今昌平旧县，皇庆二年（1313）向西迁移到新店（今辛店），此后又回迁旧县。此外，《大元混一方舆胜览》在檀州之下有怀柔县、密云县，这是元代已设怀柔县（治今怀柔）的重要证据。

明代北京地区的行政建置与政区名称，在继承元代格局的基础上有所变化，并且被后来的清代沿用。永乐年间迁都后，设东、西、南、北、中五城兵马司，主管北京城区及近郊的社会治安，负责管理街道沟渠、市肆物价等民事，以此取代了金代与元代的警巡院，城市行政建置趋于稳定。京城、省府的名号屡次变更，洪武元年把失去首都地位的元大都改称北平府，以元代的中书省改置北平行省或承宣布政使司（简称北平布政司）。永乐年间决定将来迁都北京之后，改北平府为顺天府，北平布政司为北京行部、京师（俗称北直隶）。洪熙、宣德年间朝廷仍有还都南京的打算，直至正统年间才最终定都北京，这座城市的名称在京师与行在之间几度反复。

在顺天府（北平府）及其周边地区，州县级政区及其治所变化显著。洪武年间，大兴县治由丽正门外迁至北平城内教忠坊（今东城区大兴胡同），宛平县治由平则门外迁至北城丰储坊（今地安门西大街路北），顺州、漷州降为顺义县、漷县，怀柔、平谷等县废而复置。明初有大批军队在长城沿边和塞外守土屯田，洪武三年（1370），废除元代设置的龙庆州（其治所在今延庆东北的旧县），在居庸关设隆庆卫，十二年（1379），增设永宁卫。永乐年间，塞外的大宁都司内迁保定，许多卫所被安置在通州、顺义、平谷、良乡、三河、香河、蓟州、玉田、丰润、遵化等地，十二年（1414），恢复设立同音异词的隆庆州，治所即今延庆，辖永宁、怀来二县，形成州、县、卫并存的格局，卫所成为领有实土、军政合一的建置。隆庆元年（1567），为避讳同名的年号，改称延庆州、延庆卫。景泰年间，昌平县治东迁八里至永安城（今昌平），故治遂称旧县。此外，明代若干州县的隶属关系多次调整。漷州原领武清、香河二县，降为漷县后与武清一同改隶于通州，香河县改属顺天府。昌平县在正德年间升为昌平州，又以原属顺天府的顺义、怀柔、密云三县划归其管辖。

清代继承了明代北京地区层次分明的政区系统，并且将其进一步理顺。直隶省的建置确立之后，产生了三百多年的影响，直到1928年改名河北省。顺天府的辖境比明代略有缩小。康熙年间将清东陵所在的遵化县升为州。雍正六年（1728），除平谷县外，各州辖县都改由顺天府直属。乾隆八年（1743），平谷县亦由顺天府直属，同时升遵化州为直隶州，领玉田、丰润二县。至此，通州、昌平州、涿州、蓟州、霸州都成为不再领县的散州，中国历史上作为一级重要政区的"州"最后萎缩到实际上与县相同，民国初年又一律废州称县。

康熙二十七年（1688），在顺天府之下设东、西、南、北四路同知（即四路厅），分别管辖府内的各个州县。这样的机构在全国各府绝无仅有，专司搜捕盗贼、维护治安，后来兼管钱粮、河务、水利等事务，成为具有一定行政权限的特殊建置，一直延续到清末。康熙以后逐渐废除自明代沿用的都司、卫所，改置府、州、县。北京地区的永宁卫并入延庆卫，继而裁撤延庆卫并入延庆州。

清代北京内外城具有不同的行政管理系统，外城设五城兵马司，隶属于五城巡城御史。内城由八旗分别驻防，八旗都统管理行政事务，步军统领衙门也负责京城及近郊的社会治安以及部分行政事务。光绪末年在京城设巡警总厅、分厅，将北京内外城划分为若干警巡区，成为北京城分区管理的源头所在。

民国以后北京地区行政区划系统的变迁，主要集中在城内各区的设置以及北京市（北平市）所辖区域的伸缩方面，县级政区的范围、治所、名称等大体继承了清代以来的传统。

第三节　时过境迁

一个行政区域设立之后，它的治所自然是所辖地域的政治中心。在足够长的时间段内，政区的名称往往有沿有革，治所的地点也可能发生迁移。这种迁移或者发生在原有辖境范围之内，或者脱离原有辖境迁到一个全新的地方。无论属于哪种情形，治所的迁移都造成了名称与实体之间关系的变化，这就是地名发展史上常见的同名异地问题。

一、边塞郡县内徙

两汉时期的幽州是与匈奴等游牧民族对峙的前沿，长城内外设置了上谷、渔阳等郡，每郡下辖若干县，不少郡县名称被后世沿用。北魏时期虽然增设了更高一级的安州、燕州，但它们所辖的郡县仍然与汉代大致相同。直到东魏时期，塞外州郡县相继入塞，或在长城以南占据一块实土，或者寄治在某个州县，以治所为标志的同名异地现象不乏其例。

《水经注·濡水》说，濡水过渔阳郡白檀县故城后，"又东南流，右与要水合。水出塞外，三川并导，谓之大要水也。东南流迳要阳县故城东"。地理形势的古今对照表明，濡水就是流经今河北承德地区的滦河，要水是滦河的支流兴州河。西汉至北魏白檀县的治所，在今滦平县东北十五里兴州河南岸的小城子。《读史方舆纪要》说，白檀县"以县有白檀山而名"。白檀是山矾科的落叶灌木或乔木，山岭以此为名，当然是因为山上生长着这种树木。从地域派生命名的逻辑推断，从代表性植物白檀开始，生长白檀之山遂称白檀山，治所设在白檀山下的县随之定名白檀县，环环相扣的"树名→山名→县名"构成了一个派生命名的序列。作为命名依据的白檀山，就是小城子附近属于燕山山脉的某处山岭。东魏时期，白檀县隶属于密云郡，内徙后寄治在今北京密云以南二十里南台上、南台下一带。

要阳县自西汉至东魏的变迁历程与白檀县相近，根据《水经注》显示的要阳县与濡水、要水的关系，按照"水北为阳"的命名原则推断，西汉的要阳县应当位于要水之北，也就是今兴州河的北岸。兴州河流经河北丰宁县与滦平县，滦平东北的小城子已是白檀县的治所，要阳县理应溯源而上到丰宁境内寻找。众所周知，山区的河流、峰岭如果没有遇到强烈地震的巨大破坏，它们的相对位置甚至某些形态特征通常不会产生明显的古今差异，因此可以根据相似或相同的地理条件判断历史地名的定位。当代编绘的《河北省地图集》清晰显示，在丰宁县驻地大阁镇正东约47公里，兴州河上游两个河汊之间有凤山村，村北约1公里有北关村，村西南约6公里有海拔1108米的桃花山。已有的地名调查证实，凤山村是清朝顺治年间在古代土城址上建立的村落，群众俗称土城子。"土城子"与"北关"两个地名已经显示了城址及其范围，《魏书》所载的要阳县桃花山至今都未改名。这样，西汉至北魏的要阳县，治所就在今凤山村。东魏时期要阳县南迁，寄治在今北京密云东南六十里、已属平谷辖境的上镇。

"密云"最早作为政区专名，始于北魏皇始二年（397）。时年设立密云郡，下辖密云、要阳、白檀三县，郡治在白檀县而不是专名相同的密云县。北魏密云县的治所，在今河北丰宁县城大阁镇东北。在当代地形图上，大阁镇南12公里有海拔2047米的云雾山。从地理位置、地名含义方面考察，这座云雾山就是当年作为密云郡、密云县命名依据的密云山。古人首先把时常云雾密布的山岭命名为密云山，再由密云山派生出政区名称密云郡和密云县。《晋书·石季龙载记》说，东晋咸康四年（338），鲜卑族首领段辽惧怕后赵石虎的进攻，放弃了令支（治今河北迁安县西）逃到密云山，就是今天的云雾山一带。

北魏皇兴二年（468），设置安州以管辖密云等三郡。东魏天平年间（534—537）战乱频发，实际上已经失去了对它们的控制。元象元年（538），塞外州郡县迁到长城以南侨置。密云郡寄治提携城，"提携"是西汉县名"㢟奚"或"虒奚"的近音异写，"㢟"与"虒"都读作tí。清代汪远孙《汉书地理志校本》考证，"㢟"应当作"虒"，

《后汉书·郡国志》与《水经注》所载傂奚县之"傂"也是"虒"的讹字。这样看来，从 tí xī 到 tī xié，符合谐音渐变的规律，记录语音的地名用字随之也有所变化。《水经注·鲍丘水》显示，今北京密云古北口内潮河西岸有西汉厗（虒）奚县故城，洳水发源地银冶岭西北有东汉傂（虒）奚县故城。东魏密云郡内徙后寄治的提携城应是后者，即今密云区所在地。随之南迁的密云县，大约在今密云以南三十余里的顺义区丁甲庄。

自东魏密云郡、密云县内徙之后，作为地名专名的"密云"才开始与今天的北京密云联系在一起。由于战乱中的郡县南迁寄治，密云郡、密云县从塞外"漂移"到了今北京密云一带，白檀山、密云山、桃花山、要水等也随之被后来者附会到长城以南新的"密云"周边。明代万历《顺天府志》称："白檀山，密云县南二十五里，山之阳有白檀树。魏曹操历白檀破乌丸于柳城。"清初顾祖禹《读史方舆纪要》顺天府密云县部分说，白檀山在县南二十里，密云山在县南十五里；"桃花山即今桃山，在蓟州西南"；要水在县东北，"汉要阳县以此名"。这两种文献都没有注意到以东魏为分界的地名挪移，进而又把此前发生在塞外密云郡的事情系于早已属于异地同名的关内郡县山水之下，致使名实关系背道而驰。清代纂修的《明史·地理志》，也犯了同样的错误。

二、怀柔几度置废

2002年4月，北京怀柔县改为怀柔区。"怀柔"是历史上治理边境地区或处理国家民族关系的基本方略之一，具有以温和的手段加以感化笼络的意味。唐代幽州处在与突厥、契丹等部族接触的前沿，最早以"怀柔"为专名的政区，就是天宝年间设置的归化郡（在此前后均称归顺州）怀柔县，此后又有辽金两朝的顺州怀柔县（金明昌六年改名温阳县），但它们的治所都在今北京顺义。到了元代，废除温阳县而保留顺州，同时有檀州（治所在今密云）与之并存。《大元混一方舆胜览》记载，檀州下辖怀柔、密云二县。这个怀柔县的治所，就是今怀柔区所在地。该书编成于大德七年（1303），显然，在此之前的某一年，怀柔县已经完成了从南向北转移的过程。

明朝洪武年间，怀柔县经历了几次非常迅速的变更。《明太祖实录》记载，洪武元年十一月十五日（1368年12月25日），决定把怀柔、密云二县并入檀州。但是仅仅过了三十五天，十二月二十日（1369年1月28日），朱元璋听取朝臣的意见，鉴于有的州管辖若干县，有的州没有辖县，为了完善国家的行政管理体制，把六十五个不辖县的州改为县。在北平府周边地区，改顺州为顺义县，东安州、固安州都降为县，檀州继续保持领有密云县与怀柔县的格局。由于从归并到复置的间隔太短，此前撤销二县的计划估计还没有来得及实施，一个月后就又恢复旧观了。洪武十七年（1384）编成的《大明清类天文分野之书》卷二十三《北平府》说："怀柔县，本朝洪武十三年分密云、昌平二县地新建怀柔县，在顺义县北，属北平府。"这样看来，怀柔县在洪武元年至十二年之间应当曾被撤销，否则不会有"新建怀柔县"之说。《明太祖实录》没有记载其置废过程，相关文字可能是在永乐年间修改时被删减了。

三、大兴辗转迁移

历史上的大兴县与宛平县是著名的首都附郭县，从明代开始形成了县治位于京城之内、大致均分东西城区及部分郊区的格局。两个"京县"的源流几乎贯穿了北京城市史的所有阶段，辖境范围多次发生伸缩变化，治所的辗转迁移更是堪称行政区域同名异地现象的典型。

在北京的蓟城（或幽州）时代，秦朝设立了以蓟城（今广安门一带）为治所的蓟县。唐代建中二年（781）设立幽都县，以统辖蓟城的西半部，治所在今宣武门外的南线阁、北线阁附近。管理蓟城东部事务的蓟县，治所大致在悯忠寺（今法源寺）之北。

辽代把幽州升为陪都南京后，蓟县改称蓟北县，似乎透露出治所迁到了原址以北的信息。开泰元年（1012）再改蓟北县为析津县，同时把幽都县改称宛平县，二者的治所应当没有变化。金代海陵王迁都后的贞元二年（1154），析津县改称大兴县，这是大兴、宛平二县分别管辖首都东半部与西半部的开端。

元大都选在金中都旧城的东北郊新建，但大兴、宛平二县的设置模式始终不变。《元史·百官志》称它们都是"至元十一年置"，但宛平县"治大都丽正门以西"，大兴县"治大都丽正门以东"。这里的"置"，是指至元十一年（1274）确定大兴、宛平二县着手管理即将建成的大都新城的行政事务。在这之前它们一直管理着中都旧城，并不存在重新设置大兴县与宛平县的问题。这里的"治"不是指县的治所，而是治理之意。两县以丽正门一线为分界，东面归大兴县治理，西面由宛平县管辖。大兴、宛平是传统的附郭县，按照通常的想象，它们在元代的治所应当在大都城内。看似理所当然，实则并非如此。

元成宗大德七年（1303）三月修成的《大元大一统志》称，大兴县"西北至上都八百里。北至大都叁里。东至本县东郊亭东通州界首叁十里。西至旧城施仁门壹里。东（南）至东安州界清润店陆十里。北至大都叁里。东到通州陆十里。西到旧城施仁门壹里。南到东安州壹百里。北到大都叁里。东南到漷州捌拾柒里。西南到固安州壹百贰拾柒里。东北到顺州玖拾里。西北到宛平县拾里"。宛平县"东北至大都平则门五里。东至大兴县界丽正门九里。……东到大都顺承门五里。……东南到大兴县十里"。借助这段记载，可以确定元代大兴、宛平二县治所的位置。

府、州、县的治所既是不同等级的区域政治中心，也是古代地方志以"四至八到"描述所辖范围与地理位置的坐标原点。"四至"是从政区的治所到达辖境东、西、南、北"四面"边界的路程，"八到"是它与"八方"（东、西、南、北、东北、西北、东南、西南）邻近的政区治所、重要城镇或其他标志性地点之间的路程。这样得出的里程往往不是实际测量的结果，而是大众生活经验积累的模糊性估算。再加上道路的曲折，往往比地图上量算的直线距离略长一些。当然，短距离的统计数字自然要精确得多。据此分析，既然大兴县"北到大都三里""西至旧城施仁门壹里",它的治所肯定不在大都新城内,而是在大都以南、中都旧城东北门以东。考古和历史地理学已经证实,元大都丽正门在今天的天安门正南、长安街南侧;金中都施仁门大致在今宣南骡马市大街与魏染胡同相交处。按照元代1尺折合今0.9216市尺推算,大兴县治位于丽正门以南1.38公里、施仁门以东约0.46公里,它的位置大约在今琉璃厂街稍南一点。根据同样的道理,宛平县的治所在今复兴门外大街南侧的真武庙头条附近。今天能够见到的《大元大一统志》残本,是至正六年(1346)杭州刻本,距元顺帝撤离大都城只有22年,这也证明宛平、大兴的治所在整个元代就一直没有迁入大都城内。考虑到元代政区设置对金代的继承性,金代大兴、宛平二县的治所可能也在上述两个地方。

　　循着《永乐大典》抄本《顺天府志》的线索,可以看到明初编纂的《北平图经志书》关于大兴、宛平的一些记载。两县的衙署都是洪武三年(1370)依照法定的样式"创盖",这是它们的治所转移到城内的标志。永乐年间迁都北京后,就成了名副其实的"京县"。大兴县治在教忠坊,书中误写为都忠坊。在嘉靖年间张爵《京师五城坊巷衚衕集》里,北城教忠坊有"大兴县"。清代称作"大兴县署胡同"或"大兴县胡同"。1965年改作"大兴胡同"。洪武年间的宛平县治"在府城内西北丰储坊",位于今西城区地安门大街北侧东官房胡同。由此直到清代以至民国前期,两县的治所都没有变动。

　　民国前期的行政区域调整,没有波及大兴、宛平二县。1928年国民政府迁都南京,北京改为北平特别市。大兴县虽然改属河北省管辖,县署却仍在北平城内的大兴县胡同。当时有民众代表呈文要求把大兴县署迁到黄村,河北省政府训令民政厅妥善处理,但当年并没有真正实施。档案文件显示,大兴县署1935年3月由北平城迁到城南十一里的北大红门,在南苑旧奉宸院官署房办公。1937年卢沟桥事变后北平沦陷于日本侵略者之手,大兴县维持会改组成立伪政府,办公地点由大兴县胡同移到南苑万字镇(旧营市街),中华民国政府理所当然地不予承认。从1945年抗战胜利到北平和平解放,大兴县署仍驻南苑镇,办公地点在今丰台区南苑街道新华路5号南苑第二旅馆。与此同时,1945年后共产党领导的大兴县委和县政府,先后驻在礼贤镇、安定小营(今安定乡兴安营)、青云店。1953年决定大兴县政府迁往黄村镇,1954年夏完成迁移工作。1958年3月设大兴区,1960年复称大兴县,2001年2月再次设置大兴区。

四、宛平日渐式微

辽开泰元年十一月初一(1012年12月16日),幽都县改名宛平县。过了142年之后,金贞元二年(1154)将析津县更名大兴县,由此开启了宛平与大兴先是驻在首都之外,明初同时成为京城附郭县的历史。

明朝万历年间的宛平知县沈榜,有《宛署杂记》一书传世。他在谈到"宛平"的词义时说:"盖取《释名》云:燕,宛也。宛然以平之义。"这个解释有以土地比较平坦或局势平稳安定得名的意味,显然与辖境内北京西山一带的地理形势完全不符。实际上,东汉刘熙《释名》中的《释州国》篇,原文是:"燕,宛也,北方沙漠平广。"大意是说:"燕"字的读音和"宛"字相近,先秦时期的燕国位于北方,那里有平坦广阔的沙漠。所谓"燕,宛也",是刘熙从字音出发解释事物命名原因的统一行文方式,两字之间并没有必然联系,"宛"字只是为阐发"燕"字的某种特征而作的转折或铺垫。尽管如此,选字组合而成的"宛平"毕竟含有表达良好愿望或赞美之意,不失为一个可取的名称。

宛平县从辽开泰元年(1012)十一月更名设立,一直到1952年9月被撤销,连续存在了940年。梳理大兴县的沿革过程,通常绕不开长期与它东西并峙的宛平县。通过前面的讨论可以知道,宛平县的治所几经变迁:辽代在今宣武门外南线阁、北线阁附近;金代与元代移到今复兴门外大街南侧的真武庙头条;明洪武三年(1370)与大兴县一同进入北平府,驻在城内西北丰储坊,即今西城区地安门大街北侧的东官房胡同。1929年3月,已经划归河北省管辖的宛平县,离开驻扎长达560年之久的北京内城治所，迁到卢沟桥拱极城内清代西路厅旧署。拱极城始建于明崇祯十一年（1638），至此，由于宛平县衙署的到来，又有了"宛平城"的名号。1937年的"七七事变"或称"卢沟桥事变"就在宛平城打响，标志着全面抗战爆发，宛平县署随后迁往长辛店镇老爷庙。抗日战争期间，中国共产党在平西根据地的斋堂等处数次建立宛平县政府。1949年宛平县隶属河北省通县专区，驻在大台（今门头沟区大台）。1952年7月，经华北行政委员会批准，宛平县划归北京市。同年9月撤销宛平县与门头沟区，设立京西矿区。至此，宛平县结束了940年的历程，给今天的丰台区留下了宛平城、宛平城地区等具有历史文化韵味的地名。

府州县等行政区域的治所迁移，是造成同名异地的重要原因之一。《水经注·鲍丘水》记载了两个平谷县故城，一个有独乐水（今平谷北寨沟石河）从东边流过，城址在今平谷东北的大北关、小北关，是西汉平谷县治所；另一个有沟河从东南流过，城址即今平谷区所在地，周边发现的多座汉墓证实此地应是东汉平谷县城。名与地之间的关系随着时代发生变迁，诸如此类的事例在北京地区俯拾即是。

五、古城旧县寻踪

历史上的政区撤废与治所迁移，往往导致曾经辉煌的治所或城邑变为相对落寞的普通乡村，或者成为不知其名的旧时遗迹。与新的治所或城邑相比，它们被笼统地称为古城、旧县或其他名号，地名用字透着几分时过境迁的味道，北京市境内就有若干这类地名。

石景山区中部有古城村，东边是古城大街，还有1940年开辟的居民住宅区，这个聚落因此又称老古城。明代这里归宛平县管辖，成书于万历年间的沈榜《宛署杂记》卷五已记载了鲁国、南下庄、八角庄、古城村等众多村落，相当于今天的鲁谷、下庄、八角、古城等村落或居民区，它们形成与命名的年代显然应当更早。《光绪顺天府志》说，宛平县城西"三十五里古城村，亦呼城子村"，有人认为可能是唐末至辽代的玉河县旧址。但《辽史·地理志》记载："玉河县……

在京西四十里。"这个定位，指辽南京（在今北京西南）以西四十里。另据明代《永乐大典》本《顺天府志》引《洪武北平图经》说："玉河城，城在（北平府）城西南三十五里。故老相传，金章宗宿顿之所，因立县曰玉河。今遗址尚存。"民间传说所谓金章宗置县无疑是牵强附会，这里有价值的线索在于，它证实了玉河县遗址位于北平府城的"西南"而不是"西"或"西北"。明初北平府城及其前身元大都，已经移向辽南京的东北，位于其"西南三十五里"的玉河城，从相对方位、相距路程推断，最符合上述两种文献记载的地点，应是位于今阜成门西南约16公里的门头沟区永定镇东辛秤、西辛秤村（明代称新城）。石景山区的古城在阜成门正西约12公里，可能是唐代分蓟县（治所在幽州城内）析置的广平县或广宁县的所在地，其历史比辽代更早。

通州城东八里的古城村，是西汉初年路县的治所。秦代从蓟城通往碣石的驰道经行此处，这应是路县的命名之源。流经路县境内的河流随之称作潞河，东汉时县名又依据河名改作潞县，为渔阳郡治所。但是，此时的潞县已经离开了西汉路县旧址即《水经注·鲍丘水》所谓"潞县故城"，而是移到了它的东南方向。河北省三河市西南、潮白河西岸有村落叫作"城子"，20世纪80年代初编纂《北京历史地图集》的学者来此考察，根据地面上的汉代瓦砾与已有历史地理研究，认定该村为东汉潞县所在地。县治迁移后的路县旧治降为普通聚落，后世据此称作"古城"。

顺义西南二十八里的古城村，是西汉渔阳郡安乐县旧治，城址遗迹在村北一里。尹钧科《北京建置沿革史》指出，三国魏黄初元年（220）撤销安乐县，景初二年（238）撤销狐奴县，复置安乐县，治所移到今顺义西北六里衙门村。衙门村旧称安乐庄，就是源于这里曾为安乐县治所。古城村北的两汉安乐县旧治，后世称为安乐故城。《北京历史地图集》辽太平六年（1026）幅标有"古城"，此前应当有此称谓。延庆东北二十里有"古城村"，西汉上谷郡夷舆县的治所在村东。东汉撤销夷舆县，旧治变为普通聚落，后世遂以古城相称。

以"旧县"为名的聚落，清楚地记录着本地曾是县级政区治所的历史。延庆东北二十八里，有村落称为"旧县"。唐天宝年间，将怀戎县（治所在今河北怀来县旧城）的一部分析出设置妫川县，不久即废，治所即今旧县，唐末在此改置儒州缙山县。到元代，由于元仁宗生于缙山县香水园，延祐三年（1316）将缙山县升为龙庆州，州治却迁到今天的延庆。这样，唐代以来曾经作为妫川、缙山县治的地方就成了"旧县"，现在是延庆区旧县镇所在地。

昌平以西八里，也有以"旧县"为名的村落。元大德四年（1300）立碑的宋渤《重修狄梁公祠记》称：昌平县"治在燕山南麓"，"邑外旧有唐梁国公废祠，不知始建何代"。该碑现存昌平六亭公园，但从前一直竖立在旧县村北，足以证明该村是元代前期的昌平县治。皇庆二年（1313）十月移治新店（今昌平西南十二里辛店），至正二年（1342）重回旧县。明景泰二年（1451）迁治永安城（今昌平区所在地），旧县从此一直作为普通聚落存在，只有它的名称还在提醒人们这里曾是昌平县的治所。

第二章

煌煌大城

城市是地名密集的区域，历史上长期作为都城的北京尤其如此。不论是城门、坊巷名称，还是由坛庙、官署、厂局、寺观派生的街巷或区片名称，都是反映北京城市发展历程与地域文化风格的重要媒介。

第一节　国都之门

辽南京虽然仅是陪都之一，金中都也只是北半个中国的首都，但它们毕竟是北京从区域行政中心和军事重镇过渡到全国政治中心和文化中心的显著标志。元大都与明清北京进一步成为统一国家的首都，具有独一无二的政治地位。城门是进出城市的必经之路，它们的命名无疑经过了精心选择，通常都采用富有文采的语词体现国都气派，表达政治文化的某种象征意义。由于建筑布局的东西对称或南北对称，城门的名称也往往随之体现语义上的对称。

一、辽金城门命名的文雅之气

辽南京四面有八座城门，每面城墙两座。地名语词的含义与四方对应，有的与四季相关。东面二门，"安东"指明其位置在东墙，寄托着对安定的期望；"迎春"是四方与四季相配的反映，东南西北分别对应着春夏秋冬，东方的城门恰好迎接春天的到来。西面二门，"显西"与"安东"的语词结构一致，含有指示或突出它是西方城门之意。它们虽然分处东西城墙，但并不在一条直线上，这也是陪都的城门命名不如后来的首都那样讲究的反映。另一城门以"清晋"为名，它在其他古代文献中难寻踪影，应当不是固定搭配的语词。古时以"清都"指称天帝居住的宫阙或帝王所在的都城，以"清禁"指代皇宫。东汉应劭《风俗通·十反》云："臣愿陛下思周旦之言，详左右清禁之内，谨供养之官，严宿卫之身。""晋"有前进、上升之意，"清晋"与"清禁"同音，有由此接近皇宫之意，与清晋门紧挨着辽南京皇城西北角这一地理特点相符。此外，西方属秋，正如北宋欧阳修《秋声赋》所云，秋天"其容清明，天高日晶"，"清晋门"之"清"也可能是取其时天朗气清之意。

南面二门，"开阳"有开启大门迎接灿烂的阳光之义。一天之内光照最强时，太阳挂在南边的天空，南门因此以"开阳"命名。皇宫及其附属建筑往往涂成红色，因此宫禁内廷称作丹禁、丹阙，殿前台阶称作丹墀、丹陛。"凤"是传说中的瑞鸟，与皇帝或皇宫有关的不少事物都冠以"凤"字，如凤车、凤邸、凤纸、凤诏、凤阁、凤辇、凤楼、凤驾之类。"丹凤"就是赤色的凤鸟，以此命名宫城的南门恰如其分。北面二门，靠近西侧的通天门，向南正对着皇城的子北门，有通达天子所居宫殿之义。东侧的拱辰门，意思是拱卫着北极星的城门，这是它位于北面城墙之上的另一种表达。

　　金中都的大城有十三座城门，从东墙最北的城门开始，沿着顺时针方向开列，东边有施仁、宣曜、阳春门，南边是景风、丰宜、端礼

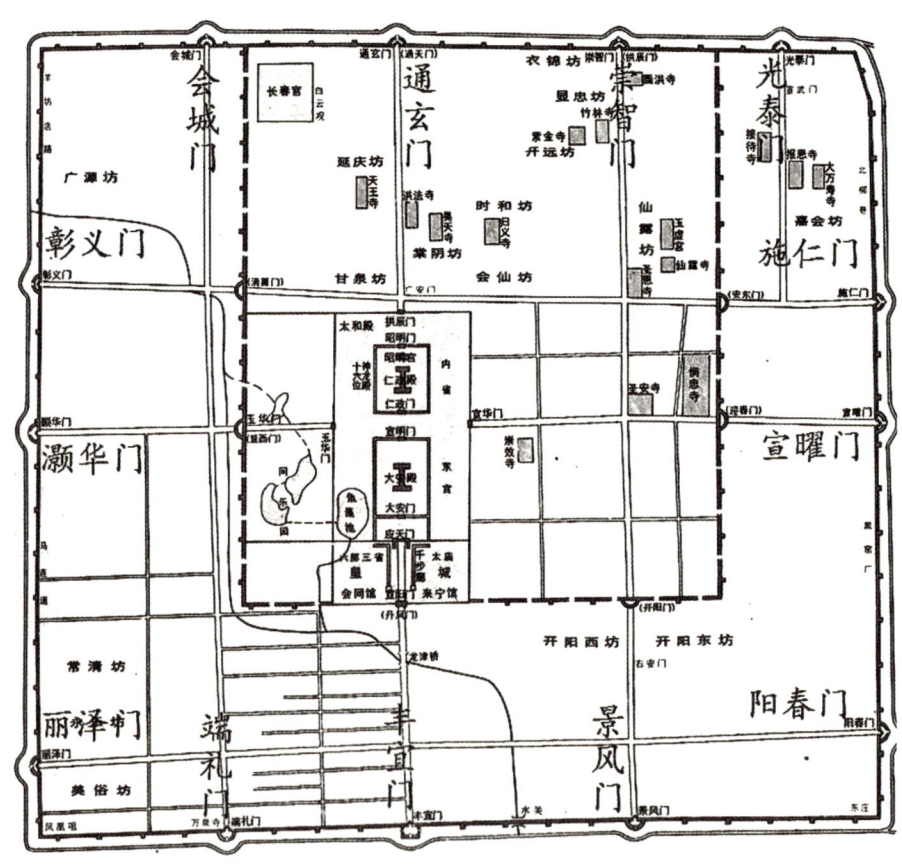

图2　金中都城门
（据《北京历史地图集》北京出版社1988年版改绘）

门，西边为丽泽、灏华、彰义门，北边有会城、通玄（辽南京通天门稍北）、崇智（辽南京拱辰门稍北）、光泰四座城门。东北一隅的光泰门是金代后期增开，另外十二座城门在地理位置上东西对称、南北呼应。"施仁"与"彰义"，"宣曜"与"灏华"，"阳春"与"丽泽"，南城墙"丰宜门"两侧的"景风"与"端礼"，每一组城门的语词含义也是两两对称（图2）。

二、元大都城门名称的《周易》色彩

宏伟壮丽的元大都，崛起于金中都旧城东北郊，其规划建设最接近《周礼·考工记》设计的理想化的城市布局："匠人营国，方九里，旁三门。国中九经九纬，经涂九轨。左祖右社，面朝后市。"按照这种模式，都城要设计成边长九里的正方形，每边有三座城门。城内南北向与东西向的干道各有九条，沟通两端彼此对应着的城门，相互垂直构成经纬相交的棋盘式干道系统，每条干道的宽度是九轨即七丈二尺。王宫的左方（东部）是供奉帝王祖先的太庙，右方（西部）是供奉土地神与五谷神的社庙，前面（南部）是朝廷所在地，后面（北部）是商业市场。政治中心放在全城的核心位置，中轴线在城市主体结构中非常突出。

元大都不仅在方形城墙之内的建筑布局有一条左右对称的南北中轴线，城门名称的语词含义、结构形式、地理位置同样具有对称之美。以中轴线为参照，东西两侧的光熙门与肃清门、崇仁门与和义门、齐化门与平则门，北侧的健德门与安贞门，南侧以丽正门为中心，两边的顺承门与文明门，每一组在这三个方面都彼此对称，字面上也能显示出庄重典雅的国都气派（图3）。

大都城的主要设计者刘秉忠，青年时期曾经出家为僧。《元史·刘秉忠传》说他"于书无所不读""天文、地理、律历、三式、六壬、遁甲之属，无不精通"，对儒家经典《周易》以及北宋哲学家邵雍《皇极经世》等著作，尤其做过深邃的研究。邵雍的哲学以《周易》为基础，同时掺杂了不少道教学说。这样一来，刘秉忠受到了儒、道、佛三种思想文化的影响，由他主持甚至可能亲自拟定的大都城门名称，有不少就出自《周易》或其他古代经典。

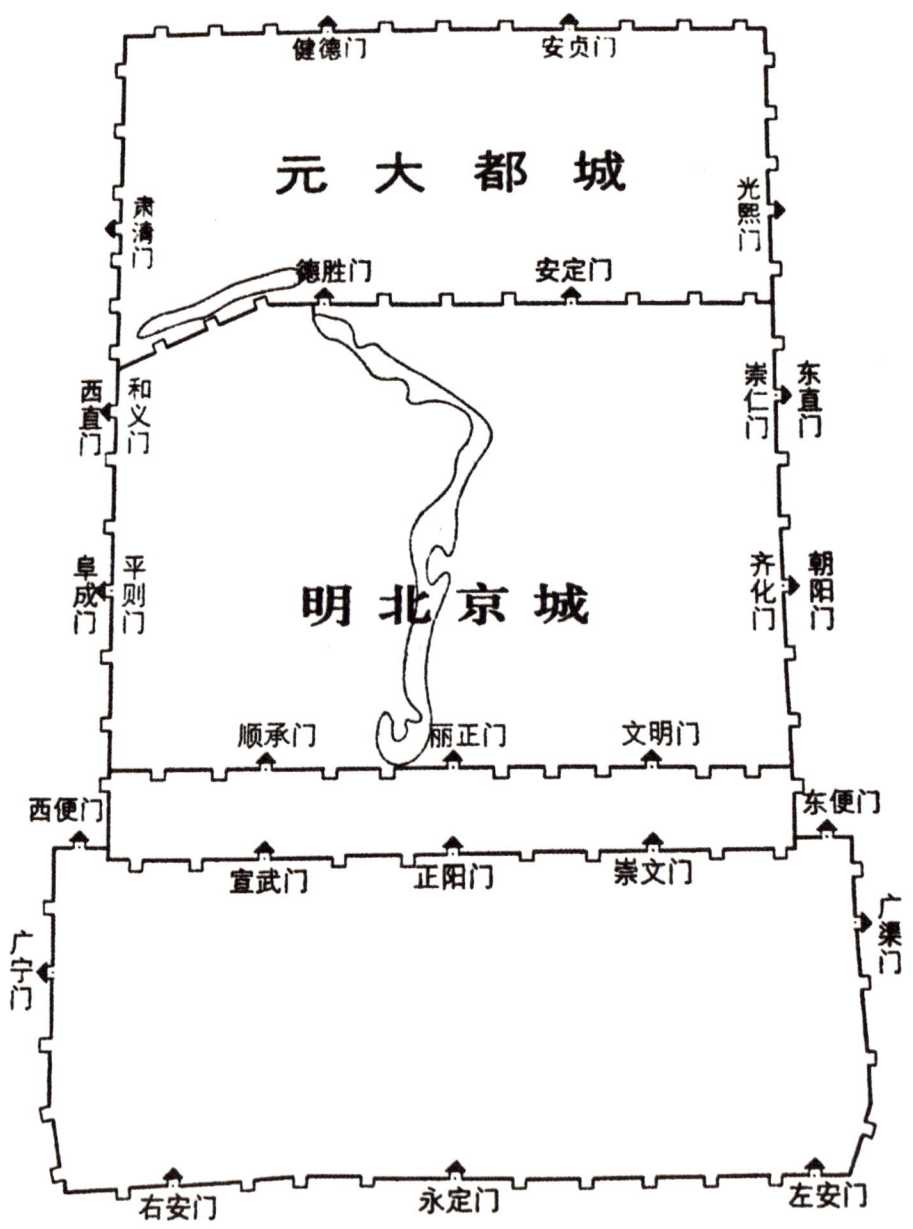

图3 元大都与明北京城门示意图
（选自侯仁之主编《北京历史地图集》，北京出版社，1988）

《周易》以八卦(乾、坎、艮、震、巽、离、坤、兑)象征八种自然现象(天、水、山、雷、风、火、地、泽),与八方(西北、正北、东北、正东、东南、正南、西南、正西)及四时(春、夏、秋、冬)相配,用来推测自然界和人类社会的发展变化(图4)。这种学说把阴阳两种力量的相互作用视为万物形成的根源,包含着朴素的

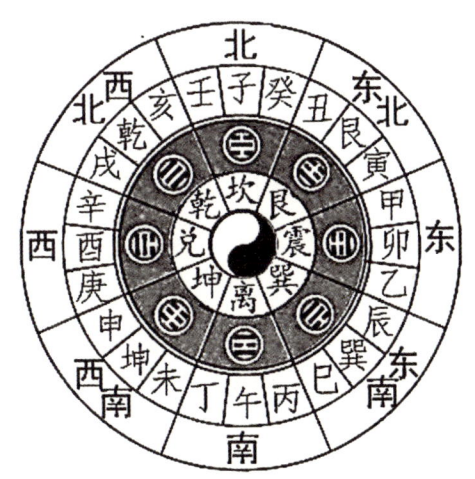

图4　八方与干支、八卦对应示意图(孙冬虎绘)

辩证法,在我国古代思想史上具有深远影响。相传上古的伏羲氏画卦、周文王做卦辞予以解说,历史上研究《周易》的学者数不胜数。即使是寻常百姓的阴阳宅选址乃至建筑布局设计,都免不了要依据八卦的象征意义占卜吉凶,做出符合上天意志也就是万物发展规律的选择,不少江湖骗子也往往披上《周易》的玄妙外衣四处唬人。元大都城门的命名,也是中国传统文化源远流长的见证。

丽正门是元大都的正南门,位置在今天的天安门金水桥前。"丽正"一词出自《周易·离》:"日月丽乎天,百谷草木丽乎土。重明以丽乎正,乃化成天下。"这段话的大意是:日月附着在天上,百谷草木附着在地上,双重光明附着在真理之上,由此化育为天下万物。以"丽正"为正南门的名称,寄托着《说卦》表达的思想:"离也者明也,万物皆相见,南方之卦也。圣人南面而听天下,向明而治,盖取诸此也。"换句话说,"离"与"丽"同音,都代表着明亮。按照卦象判断,它是关于南方的一卦,表示世间万物彼此都看得清清楚楚。智慧高超的圣人面朝南方处置天下事务,把社会治理得秩序井然,就是根据这样的卦辞制定了行为准则。以"丽正门"命名大都城的正南门,与北面的皇城彼此呼应,显然是行文恰当、寓意深远的选择。

以丽正门为参照，大约位于今天的东西长安街一线，东侧的文明门与西侧的顺承门相对称。《周易·乾》："见龙在田，天下文明。"意思是说，占卜时如果遇到龙出现在田野里的卦象，就如同中正有德之人暂时住在民间，象征着天下富有文采、前景光明。文明门的"文明"之源，就是出于乾卦的卦辞。《周易·坤》："至哉坤元，万物资生，乃顺承天。"它的大意是：坤卦的本原已经达到了至臻至善的境界，万物之所以能够生长，正是因为顺应和遵循着自然界的法则。顺承门的命名，就选用了坤卦中的"顺承"二字。城门名称中蕴含的这些治国理念，当然符合大都城中皇帝的心愿。文明门俗称"哈达门"，有的以近音写作"哈德门"或"海岱门"。元代熊梦祥《析津志》解释说："文明门即哈达门。哈达大王府在门内，因名之。"哈达大王究竟是何人，迄今已经无从考证，哈达门这个名称无疑是流行于民间的俗称。明代把文明门改为崇文门，哈达门这个俗称却一直存在于大众口语之中。

健德门与安贞门，是大都北城墙上的两座城门。这两座城门的名称，最能体现《周易》对命名过程的深刻影响。健德门位于西北方，《说卦》称："乾，西北之卦也，言阴阳相薄也。"意思是说：乾是代表西北方向的一卦，象征着阴阳二气在秋末冬初的互相搏斗。从地理方位的一致性考虑，西北城门的命名当然应该从西北之卦的卦辞中选取合适的字眼。《周易·乾》说："天行健，君子以自强不息。""君子以成德为行。"这些话的大意是：天道的运行代表着刚健的力量，君子按照它的规律行事，因此要努力向上、永不懈怠；君子把达到完美的道德境界作为自己一切行动的最高追求。《周易·系辞下传》又说："夫乾，天下之至健也，德行恒易以知险。"它的意思是：乾，代表着天下最刚健的事物，它所象征的道德与行为平易持久，由此也能够预知未来的艰险。从上面这些语句中选择"健德"二字为西北的城门命名，显得恰如其分、水到渠成。健德门在明洪武元年（1368）被废弃，故址位于今京藏高速与北土城西路交叉口以南的土城沟南侧，附近的一座立交桥以"健德门桥"（亦称健德桥）为名，地铁有健德门站，公交线路有健德门桥东站等，都保存了这个历史悠久的城门名称。

安贞门是元大都的东北门，与健德门东西对称，故址位于今安定路与北土城东路交叉口以南、安贞桥以北的土城沟南侧。东北方向对应着八卦中的艮卦，但"安贞"这个词却取自与它反向相对、代表西南方向的坤卦的卦辞。《周易·坤》写道："君子攸行，先迷失道，后顺得常。西南得朋，乃与类行。东北丧朋，乃终有庆。安贞之吉，应地无疆。"大意是说：君子远行，起初心中迷惑，不知选择哪条道路；后来头脑清醒，顺利找到正确方向。坤卦占卜的结果，有利于在西南方向得到朋友，因此可以与同类之人一起前行；卦辞虽然显示朝着东北方向出行将会失掉朋友，但最终能够获得吉庆。君子安于人间正道而得到的福分，就像广阔无边的大地那样没有止境。根据这个道理，元大都的东北城门从坤卦的卦辞中，选取了"安贞"二字命名，蕴含着对君子自觉遵循正道而迎来吉庆的期望。在这个意义上，与城门方位一致、代表东北方向的艮卦，实际上与坤卦并不矛盾。《周易·艮》写道："艮，止也。时止则止，时行则行，动静不失其时，其道光明。"大意是说：艮是说明如何适时静止的一卦；客观环境要求静止就安心静止，要求行动就马上行动；无论行动还是静止，都不能违背自然与社会的具体条件，这样才能赢得光明的前途。从这里可以看出，艮卦的卦辞告诫人们要懂得因时而动、因时而止，与最终获得"安贞之吉"的坤卦相辅相成。在元代安贞门故址以南，今天的安贞桥、安贞里、安贞路、安贞街道、安贞医院等，与七百多年前的城门名称在语源上一脉相承。故址西北的地铁10号线安贞门站，更是直接沿用了城门的名称。

在元大都东西城墙上，每面各有三座城门，两两平行，左右对称。最北端一组，东为光熙门，西为肃清门。"光熙"有光明和暖或明亮兴盛之意，与城门向着太阳升起的东方这一地理特点相符。光熙门与安贞门，在宽泛的意义上都属于艮卦所对应的东北方位，《周易》卦辞所谓"动静不失其时，其道光明"，应是光熙门得名的语源之一。"肃清"是常见语词，西晋陆机《汉高祖功臣颂》有"二州肃清，四邦咸举"等句，意思与"清平"相近，具有希望社会安定、国家太平的意味。与辽南京的清晋门一样，肃清门也是西城墙的北门，位于《周易》兑、乾二卦之间。《说卦》称："兑，正秋也。"秋天既是喜获丰收的季节，也是万物凋零的前奏，对应着西方。欧阳修《秋声赋》称，"其容清明，天高日晶"，《周礼》秋官司寇为刑官，"是谓天地之义气，常以肃杀为心"。肃清门的命名，寄托了对法纪严明的愿望。

中间一组，东为崇仁门，西为和义门。它们的语源来自儒家的道德观念，就像金中都"施仁"与"彰义"二门的命名依据一样，"仁义礼智信"与"东西南北中"逐一相配，仁在东、义在西，因此东门称"崇仁"、西门称"和义"。崇仁门是正东门，对应着震卦，象征春雷震动万物萌生。和义门是正西门，对应着兑卦，象征秋风送爽万物丰收。《说卦》解释圣人作《易》的宗旨，"和顺于道德而理于义"，"立人之道曰仁与义"，这也是两座城门命名的文化之源。

最南端一组，东为齐化门，西为平则门。齐化门对应着巽卦，《说卦》称，万物"齐乎巽，巽，东南也。齐也者，言万物之絜齐也"。万物在东南风吹拂下整齐生长，再配以六十四卦之一贲卦的卦辞"观乎人文以化成天下"，构成了以"齐化"命名城门的词源，有百姓一齐接受化育之意。平则门在西南，其语词来自六十四卦之一谦卦的卦辞："君子以裒多益寡，称物平施。""扬谦，不违则也。"意思是说，君子取多补少，根据实际情况，做到施予均衡；发奋而谦虚，不违反法则。从中凑成"平则"二字，表示法则平正公允之意。值得注意的是，"夷则"是古代音乐用以确定音律的十二律之一。十二律与一年十二个月相配，夷则属于七月。七月是秋季（七至九月）的开始，夏季的炎热刚刚过去，万物即将受到阴冷之气侵犯，所对应的方位是西方。此即欧阳修《秋声赋》所言："天之于物，春生秋实。故其在乐也，商声主西方之音，夷则为七月之律。""夷"有平坦、平和之意，"夷则"的字面含义在这个前提下与"平则"近似。平则门是西城墙上排在最南端的城门，正处在"夷则"所对应的七月与西南方，刘秉忠也可能根据乐律、五方、四季等因素之间的关系，借助同义词的替代命名了平则门。他的思想来源相当庞杂，当年为城门命名时也未必严格按照单一的经典从事。

　　元代确定的这些城门名称，大部分被明代沿用了七十年之久，在民间口头传播中的历史影响尤其根深蒂固。20世纪上半叶的儿童歌谣，就有类似"平则门，拉硬弓，隔壁儿就是朝天宫"，"齐化门，修铁道，南行北走不绕道"之类的"北京地理图"。在林海音的小说《城南旧事》中，女仆宋妈所说的"齐化门儿"等民间惯用称呼，其实早在此前五百多年就已被官方改为"朝阳门"了。

　　至于元代的皇城以及宫城内的城门和宫殿名称，大多选用象征敬天法祖、君权神授、安宁祥和等思想的语词构成。比如，皇城的隆福宫与兴圣宫；隆福宫里的翥凤楼与骖龙楼，崇华门与膺福门，寿昌殿与嘉禧殿；兴圣宫里的弘庆门与宣则门，凝辉楼与延颢楼，芳碧亭与徽青亭；宫城之内的星拱门与云从门，日精门与月华门，凤仪门与麟瑞门，景福门与延春门，懿范门与嘉则门等，每组建筑在地理空间上都是对称分布，命名它们的语词也是对仗非常严谨、辞藻华丽雅致，体现了命名者极高的文化水准。

三、明清北京城门的国都气派

　　明洪武元年八月初二（1368年9月14日），徐达率领的军队攻克元大都，随后将其改称北平府。初九（9月21日），命令指挥华云龙负责整修元朝故都，把北城墙的位置向南缩进五里，元大都时代位于东西两面城墙上的光熙门、肃清门被甩在新墙以外。九月初一（10月12日），徐达为新修的北城墙上的两座城门命名。西北门以北五里，正对着已被废弃的元大都健德门，徐达命名为"德胜门"。两个城门名称中都有"德"字，地名语词仍然保持着一定的联系，但"德胜"已变得比较通俗易懂，大致有以德取胜之意。东北门以北五里，遥对着被废弃的元大都安贞门，被命名为"安定门"。新旧城门都有"安"字，但"安定"二字更加明白如话，寄托着对天下太平的期望。德胜门与安定门命名之后，一直沿用到今天，并且据此派生了许多其他类型的地名。即使城门早已消失，它们仍然是具有悠久文化传统的地片名称。

北平府的北城墙定在何处，决定了安定门与德胜门的地理位置。有一种似乎比较流行的观点认为，徐达把北平府的北墙向南移动，是为了缩小城市规模以节省守城兵力，便于防止元朝势力的反扑。但是，在明朝大军抵达通州准备攻城之前，元顺帝就已经连夜出健德门，经居庸关逃到元上都。明军占领大都后，按照大将军徐达的命令，副将军常遇春、参政傅友德等率兵继续向山西及塞北进军，席卷山后及大宁等军事要地。这时的北平已经从战争前线变为后方，虽然偶尔有蒙古军队的骚扰，但亡国之后的屡挫之兵迅速被守将以计吓退。北平府城南缩五里后所减少的那么一点点守军，对于需要大量军队戍守的城池而言几乎毫无意义。相反，古代城市规模在礼制上的象征意义更为重要。《左传·隐公元年》："先王之制，大都，不过叁国之一；中，五之一；小，九之一。"意思是说，大、中、小城邑的范围，依次不能超越国都的三分之一、五分之一与九分之一。后世的城邑当然没有拘泥于这样刻板的具体数字，但一般城市通常都不僭越国都的规模。元朝的大都降为明朝的北平府之后，尽管已经无法把它缩小到国都南京的三分之一，却依然要遵守最起码的礼制要求，使城市规模比当时的国都南京略小一点。这样，鉴于元大都的北部比较空旷，截取一段甩到新城墙之外，就成为最容易做到的事情。《洪武北平图经志书》记载："克复后以城围太广，乃减其东西迤北之半。"但这并不意味着是因为防守吃力才觉得"城围太广"。仓促修建的北城墙在经过积水潭以北时，需要顾及高梁河从西向东汇入积水潭的河道，拐角处的城墙就修成了一个略偏于西南的斜角而不是直角形状。俗传如此做法是象征"天倾西北，地陷东南"，这显然属于后来者完全无视沿途地理环境的牵强附会而已。《明太祖实录》记载，元至正二十六年（1366）八月初一，朱元璋拓展建康即南京的城墙，"延亘周回凡五十余里"。到徐达攻克元大都时，南京城的周长未变，还是两年前的"五十余里"。这样,"元大都城方六十里",北墙南移五里后,东西两面合计缩短了周长十里,北平府的城墙周长变为五十里,恰好略小于南京的"五十余里"。徐达在战争尚在继续的形势下改造北平府,以最小的代价达到了礼制要求,安定门、德胜门由此定位在元代北城墙以南五里处。

永乐年间迁都之前营建北京城,为获得更大的建筑布局空间,把南城墙向外拓展了大约二里,但墙上三座城门的名称依然沿用元代大都的丽正门、文明门、顺承门。直到明英宗正统二年(1437),它们才分别改为正阳门、崇文门、宣武门,东墙的齐化门、崇仁门改为朝阳门、东直门,西墙的平则门、和义门改为阜成门、西直门。再加上明初徐达在北墙南移之后开辟与命名的安定门、德胜门,形成了北京内城九门的规制,这些名称经过明清与民国时期,一直沿用至今。

明北京新命名的城门名称,同样讲究左右两门语义对称,成为儒家思想观念和礼法制度的象征。北面的"安定"与"德胜",反映出对国家长治久安、以德为先的期望。南墙中间的"正阳门"与元大都"丽正门"都含一个"正"字,语义也都有居于全城正中、面对艳阳高照的正南方治理天下之意。左右两侧的"崇文"与"宣武",表明文治、武功是维护江山社稷的两块基石,正符合孔子所谓"有文事者必有武备,有武事者必有文备"的主张。左崇文、右宣武的设置,与朝堂上官员们文站东、武列西的规定一致;正阳门内皇城两侧的东华门与西华门,又是文武大臣上朝时的必经之路。以四季与四方相配,朝阳门位于太阳升起、代表春天与播种的东方,阜成门位于太阳降落、代表秋天与成熟的西方。前者寄托对大地回春的希望,后者赞美物阜年丰的收获。东直门与西直门的"直"字,具有正当、面临之意。两座城门之间没有皇城阻隔,彼此可以直视无碍,城门名称正反映了这个特点。

嘉靖三十二年(1553)增筑外城之后,北京内外城合在一起的轮廓由口字形变成了凸字形。《明史·地理志》记载,外城的城门"正南曰永定,南之左为左安,南之右为右安;东曰广渠,东之北曰东便；西曰广宁，西之北曰西便"。修建外城是为了防御逃到塞北的蒙古军队的持续袭扰，因此，城门命名的基本思想也是以期望安定与和平为主旨。外城南门正中为永定门，以永定门至正阳门的中轴线为基准，"左安门"与"右安门"，"广渠门"与"广宁门"，"东便门"与"西便门"，分别构成地理位置与地名语义东西对称的格局。广渠门面对着北京的漕粮通道通惠河，"广渠"二字含有宽广的水道或拓宽水道之意。广宁门是出北京外城再过卢沟桥奔向太行山东麓大道的必经之地，自然也希望到处安宁，这就是"广宁"的寓意所在。清朝道光年间，皇帝并不主张为避讳自己的名字"旻宁"（简化后为"宁"）而改字，朝臣却在旧传统的惯性推动下悄然进行着"非正式"的避讳，道光四年（1824）以后形成了"广宁门"与语义相同的"广安门"混合使用的局面，官修的《清宣宗实录》与《光绪顺天府志》以及民国年间的不少著作都是这样，此后"广安门"才成为民众普遍使用的名称。本书第五章第一节《正本清源》，将详细说明这个过程。

我国古代天文学把天空的恒星分为若干个区域，众星拱卫着以北极为中枢的"紫微垣"，人们因此用"紫微"比喻皇帝居住的地方，"紫禁城"则表示皇宫禁地像紫微垣一样处于天下的中心位置。明代紫禁城内的众多建筑，最重要的是前朝三大殿和后宫三宫。永乐年间营建的三大殿称为奉天殿、华盖殿、谨身殿，后三宫命名为乾清宫、交泰殿、坤宁宫。嘉靖四十一年（1562）九月，三大殿依次改称皇极殿、中极殿、建极殿。除此之外，不乏"文华殿"与"武英殿"之类文采斐然的嘉名，不论建筑的地理位置还是地名的语词含义都彼此对称。明代在宫廷以南的承天门前安排了封闭的T字形广场：东、西两翼开辟长安左门、长安右门，形成了东西向的道路，称作"天街"；向南突出的一端修建"大明门"，大致在今毛主席纪念堂的位置。大明门——天街——承天门处在城市中轴线上，形成狭长的中心御道"千步廊"，两侧对称分布着中央官署。这样，大明门就成了名副其实的国门，是明朝统治的政治象征。

清朝定都北京后，完全继承了明代确立的城市格局。作为改朝换代的显著标志,顺治元年(1644)把"大明门"这个象征明朝统治的名称改为"大清门"。顺治八年(1651)把紫禁城南门"承天门"改称天安门,此后又把北门"玄武门"改为"神武门",皇极、中极、建极三大殿依次改名太和殿、中和殿、保和殿,与天安门对应的地安门,在明代称为"北安门"。

到了中华民国时期,清朝留下的"大清门"又成为新政权更改的对象。延续历史的惯性,根据国号更名"中华门"。从大明门、大清门到中华门,国门的名称更改成了时代变迁的直接反映。中华人民共和国成立后,随着1958年天安门广场的改造,中华门被拆除。辽金元明清以迄民国时期,城门、宫殿等建筑屡有兴废,但它们的名称仍然留存在历史文献和民众记忆中,展现着北京地名雍容大气的国都风韵。

第二节　京师诸坊

在北京城市发展的历史上，至少自唐代到清代这个漫长阶段，城市行政与治安管理一直实行坊巷制。彼此相邻的若干条街巷组成一个"坊"，各坊之间以围墙或栅栏隔开，居民出入的坊门每天按时在早晨开启、晚上关闭，众多封闭的居民小区联合起来构成了封闭型的城市。随着城市人口增加与经济发展，封闭的坊巷逐步被开放式的街巷所代替。不论作为区域政治军事中心还是一国之都，北京历史上的坊名都是由官方命定，选用的地名语词绝大多数颇具文采，至今已成为文化底蕴相当深厚的一类历史地名。

一、唐幽州与辽南京坊名钩沉

唐代幽州治所在古老的蓟城，记载城中各坊情形的传世文献寥寥无几，房山石经题记与考古发现的唐代墓志为此提供了更为具体的材料。比如，房山石经题记有"大唐幽州蓟县蓟北坊檀州街西店弟子刘师弘、何惟颇、侯存纳、贾师克等造大般若石经两条"之类的记载，由此可知幽州城内有蓟北坊、檀州街，前者以所处方位命名，后者派生于街道遥对的幽州以北的檀州。至今已经证实的幽州坊名，有卢龙坊、肃慎坊、花严坊、辽西坊、铜马坊、蓟北坊、燕都坊、军都坊、劝利坊、平朔坊、开阳坊、罽宾坊等。

北宋大中祥符初年，路振出使契丹。按照惯例，使者完成外交任务后，要把沿途见闻整理出来，上交朝廷备考。路振撰写的《乘轺录》说：辽南京"城中凡二十六坊，坊有门楼，大署其额，有罽宾、肃慎、卢龙等坊，并唐时旧名"。他看到，城里各坊都有门楼，门楼上方钉着木牌或匾额，用很大的字体写上本坊的名称，做成了非常醒目的地名标志。辽南京城是唐代幽州的直接继承者，人们通常根据路振的记载推定唐代幽州同样有二十六坊。但是，仔细推敲路振的上述文字，他所说的"并唐时旧名"的那些坊，是二十六坊都沿用了唐代名称吗？还是仅限于他列举出来的那几个呢？这似乎很有可斟酌之处。唐代设置的各坊是否都被契丹沿用下来了，迄今并无充分的文献依据。路振出使的年份假如定在北宋大中祥符元年（1008）也就是契丹统和二十六年，此时距离五代晋天福元年（936）割让幽州已有72年之久。在这个比较漫长的时期之内，坊的设置难免有所增加或减少。目前只能说，辽南京城设置二十六坊，坊的数量可能与唐代幽州一致，各坊名称有一部分沿用了唐代的称呼。

在已知的唐代幽州各坊中，肃慎坊以古老的北方部族名称为名，卢龙坊、辽西坊、蓟北坊、燕都坊、军都坊的名称，是从地理区域、行政区域以及城邑之名派生而来。铜马坊的命名，源自前燕慕容儁（348—360在位）的一段史实：他把都城从和龙（今辽宁朝阳市）迁到蓟城，在这里铸铜为马，并把一座城门命名为"铜马门"。铜马门的历史影响延续到唐代，转而成为城内坊名的来源。开阳坊以北斗七星的第六星"开阳"为名，具有开辟光明的寓意。平朔坊字面上有平定北方的意味，劝利坊的命名则含有勉励向善的寄托。花严坊之"花"，应是"华"字的异写。"花"是北朝时期后起的字，分担了"华"字解为"花朵"时的部分义项，二者在这个意义上可以彼此通用。佛教的华严宗在隋唐时期逐渐发展起来，幽州城内完全可能就有一座华严寺，附近的坊则从寺院名称派生命名为"华严坊"，亦即"花严坊"。

罽宾坊之"罽"，指的是毡子一类的毛织物品，汉代有西域诸国之一叫作"罽宾"。以这两个字作为坊名，应当含有欢迎从毛织帐幕里远道而来的宾客之意。这个相对生僻一点的语词，还有另外的解释。宋代编纂的《翻译名义集》说："罽宾，此云贱种。《西域记》云，迦湿弥罗旧曰罽宾，讹也。北印度境，末田底迦既得其地，立五百伽蓝，于诸异国买鬻贱人，以充役使，用供众僧。末田底迦入寂灭后，彼诸贱人自立君长。邻境诸国鄙其贱种，莫与交亲，谓之讫利多，唐言买得。"这段话的大意是：末田底迦统治印度北部时，从别国买来一批地位低贱的人，为五百座寺院里的僧人充当奴仆。末田底迦死后，这些被买来的人们建立了自己的国家。种姓高贵的周边各国鄙视他们，不与这些"贱种"交往。羯宾，就是对这些"贱种"的称谓，而不是像《大唐西域记》所说的那样。但是，尽管古代印度种姓制度下有这样的历史，古代中国大多数人主要是通过文献认识外部世界，因此把"羯宾"视为有代表性的西域国名，无须了解它在翻译之前的其他意思。非常凑巧的是，"羯宾"在汉语环境中约略可以解释为来自毡幕之地的宾客，因此成了唐代幽州的坊名之一，使用者毫无必要也绝不可能把这两个字理解为对种姓低贱者的称呼，而只能是从积极友好的方面去命名。从名称推断，羯宾坊应当是以西域诸国为主的外来人口在唐代幽州集中分布的区域。

  辽南京基本维持了唐幽州的城市格局，城内的许多坊名也被沿用下来。前面所述唐代十二坊依然存在，房山石经题记与辽代墓志铭又透露了另外十多个坊的踪迹。比如，有一条题记是契丹重熙九年四月十一日（1040年5月24日）所刻："燕京北军都坊住人、故秦晋国王府前行摄涿州录事参军王寿等，合家施财镌此经字。"据此可知，燕京即辽南京有北军都坊，其他题记还显示城内有归厚、南永平、南卢龙、敬客、玉田、县南、市骏等坊。《全辽文》收录的墓志铭、题记、卖地券，也是寻找辽南京坊名的重要来源，比如：《赵德钧妻赠秦国夫人种氏墓志铭》载，应历七年五月二十二日（957年6月22日），种氏"薨于燕京隗台坊之私第"，可见当时有隗台坊；《妙法莲花经题记》显示，这篇经文是太平五年（1025）八月"燕京檀州街显忠坊门南颊住冯家印造"，由此证实了显忠坊的存在；咸雍元年（1065）《卖地券》称"今卖自己在京宣化坊门里面街西小巷子内空闲地。内有井一眼，槐树两株"，表明燕京有宣化坊。在《全辽文》收录的墓志里，还提到永平、北罗、棠阴、齐礼等坊。通过上面两个途径得到了十五个坊，加上此前确认的唐代幽州十二坊，则比路振《乘轺录》所说的"城中凡二十六坊"多出一个，这应当是其中某些坊曾经改名所致。

  从地名语词含义考察上述十五坊的命名，北军都、南永平、南卢龙三坊，自然是与唐代幽州的军都、卢龙、永平坊的方位对应命名。县南、北罗二坊，取相对方位为名。辽代南京城内设置了蓟北县（后改析津县）与幽都县（后改宛平县），县南坊应是位于析津或宛平县衙署以南的一坊。棠阴坊，应是此地海棠婆娑、树阴凉爽的表示。归厚、敬客、玉田、显忠、宣化、齐礼诸坊，地名语词体现传统道德观念或敬仰赞美之情。市骏坊，"市"是买卖、交易的意思，就像《木兰辞》里"愿为市鞍马，从此替爷征"的"市"一样。坊名用字有买卖骏马之意，其间可能有马匹交易市场。隗台坊，以建筑得名。《战国策》记载，郭隗建议燕昭王广招贤才，"于是昭王为隗筑宫而师之"，由此引得乐毅、邹衍等贤士纷纷前来投奔燕国。明崇祯年间刊行的《帝京景物略》考证：《史记》等文献都说燕昭王为郭隗筑"宫"，到东汉末年孔融改称筑"台"，可见"隗台"自身就是个虚拟的名称。辽代乃至此前的唐代命名隗台坊，其文化渊源即在于此。《水经注》记载，易州、固安与今北京朝阳门外东南，都有依托燕昭王招贤纳士的故事衍生出来的"黄金台"。元代迺贤《黄金台》诗称黄金台在"大悲阁东南，隗台坊内"，后世显然已经把二者视为同一处建筑的两个名称了。

二、《元一统志》所载金中都诸坊

金中都是在蓟城旧址上崛起的最后一座大城，以辽南京为基础四面拓展，坊的数量随之明显增长。金中都在元代被称为"旧城"，《元一统志》记载：

> 旧城中西南、西北二隅，坊门之名四十有二：西开阳坊、南开远坊、北开远坊、清平坊、美俗坊、广源坊、广乐坊、西曲河坊、宜中坊、南永平坊、北永平坊、北揖楼坊、南揖楼坊、西县西坊、棠阴坊、蓟宾坊、永乐坊、西甘泉坊、东甘泉坊、衣锦坊、延庆坊、广阳坊、显忠坊、归厚坊、常宁坊、常清坊、西孝慈坊、东孝慈坊、玉田坊、定功坊、辛市坊、会仙坊、时和坊、奉先坊、富义坊、来远坊、通乐坊、亲仁坊、招商坊、馀庆坊、郁邻坊、通和坊。

东南、东北二隅，旧坊门之名二十：东曲河坊、东开阳坊、咸宁坊、东县西坊、石幢前坊、铜马坊、南蓟宁坊、北蓟宁坊、啄木坊、康乐坊、齐礼坊、为美坊、南卢龙坊、北卢龙坊、安仁坊、铁牛坊、敬客坊、南春台坊、北春台坊、仙露坊。

与唐代幽州或辽代南京一样，金中都也在各坊的门口设立地名标志。通常是在门楼上悬挂书写本坊名称的匾额，或者把坊名写在木板上。"隅"的本义是角落，但《元一统志》所谓"西南、西北二隅"与"东南、东北二隅"，并不意味着这些坊分布在中都城的四个墙角，而是一种分区的名称。将城墙东西、南北两面的中点分别相连，由此划出的纵横两条相互垂直的分界线，就把城市分成了"田"字形的四部分，上述四隅就是这样的四个分区。鉴于西南、西北两区多达四十二坊，东南、东北两区只有二十坊，纵向的分界线肯定不应把城市平分为大小相等的东西两部分，而是应当大幅度向东移动。东南、东北两区的西界比较合理的划法，大致应在全城偏东的大约三分之一处。

在金中都六十二坊中，铜马、归厚、敬客、玉田、显忠、棠阴、齐礼、南卢龙、南永平诸坊，沿用了辽南京时代的坊名。辽代的开阳坊，到金代分解为西开阳坊、东开阳坊；卢龙坊改为北卢龙坊，与南卢龙坊对应；永平坊改为北永平坊，与南永平坊对应；罽宾坊改为同音异写的蓟宾坊，地名用字变得更容易被普通居民认识。

金代其他坊的命名，有不少是以同一个专名为基础，加上东、西、南、北之类的方位词派生而成，标志着两坊之间的相对位置。从各坊命名的依据看，东曲河、西曲河、西甘泉、东甘泉诸坊以河流或泉水为名；北揖楼、南揖楼、南春台、北春台诸坊以楼台得名；东县西、西县西二坊之名源于它们与衙署之间的相对方位；铁牛、仙露、石幢前诸坊以寺庙（铁牛庙、仙露寺）等宗教建筑得名；辛市、招商二坊是交易市场或商业活动的反映；啄木坊可能出自某个典故；其余三十二坊则采用了表示和顺、富足、安宁、康乐、慈孝等美好愿望与思想道德的语词命名。

由于文献资料不足，关于金中都诸坊所在位置的考订结果，彼此之间差别很大。这里选择赵其昌先生《金中都城坊复原示意图》，以见其大概（图5）。

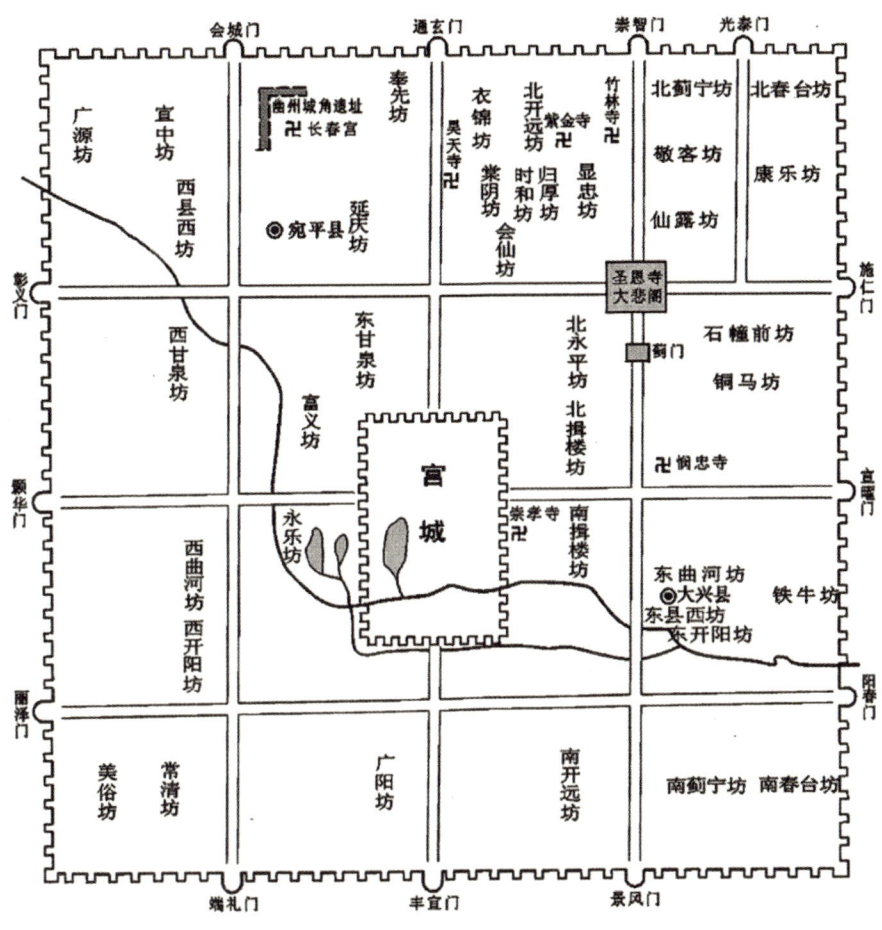

图5　金中都城坊复原示意图
（选自赵其昌《京华集》，文物出版社，2008）

三、元大都四十九坊及其命名之源

元大都是在没有旧城限制的区域规划出来的都城，因此能够最充分地体现《周礼·考工记》的城市规划思想，城中各坊的设计得以构成一个完整的系统，每个坊的命名也都具有相当丰富的历史文化内涵。

　　元末熊梦祥《析津志》说，大都有五十个坊名，也就是最初规划时设计了五十个坊；之所以安排五十个坊，是因为要符合《周易》里的"大衍之数"；命名者是翰林院侍书学士虞集（字伯生），此外还有若干个坊，是他做大都路教授时所立。但是，经过我们的研究，"五十坊"与"虞集所立"之说都不能成立。

　　《元一统志》明确记载，大都各坊门之上书写的名称，是治理民事的大都路都总管府提出请求，中书省予以批准，至元二十五年（1288）由翰林院拟定。《元史·虞集传》说，虞集在大德初年才到大都城，经过大臣推荐，担任大都路儒学教授。至元二十二年（1285）开始纂修《元一统志》时，虞集还是个十四岁的少年，而且未在大都，根本不可能参与为各坊定名的事情。此后大都各坊有所调整，虞集可能是由此产生的那些新坊名的命名者。《日下旧闻考》征引《元一统志》对大都坊名的解释只有四十九个，这不是元代与清代编纂者粗枝大叶的疏漏，也不是文献流传过程中恰好出现了涉及某一坊的文字缺佚，而是依据"大衍之数"只能设置四十九坊。

　　《周易·系辞上》说："大衍之数五十，其用四十有九。"三国时期的经学家王弼认为："演天地之数，所赖者五十也。其用四十有九，则其一不用也。"这就是说，演算天地万物的变化，占卜吉凶祸福，只需要五十根蓍草（也就是"策"）就够了，但在推衍时真正用到的只是其中的四十九根。元代依据《周易》设置大都各坊时，势必严格遵循圣贤经典，以"大衍之数五十"的原则做出宏观规划，再依"其用四十有九"之言确定实际的数量，这就形成了载于《元一统志》的大都四十九坊而不是与"大衍之数"相等的五十坊。自元末熊梦祥开始，历经明清以迄当今，六百多年间对大都坊数究竟是多少的问题一误再误，根源就在于论者都像《析津志》那样只盯住了《周易》的"大衍之数五十"，却忽略了紧接着还有一句"其用四十有九"。

元大都四十九坊的名称，有的源于《尚书》《周易》《诗经》《论语》《孟子》《左传》等古代典籍，有的取自元代之前的著名掌故，还有的采用了表示某种意愿的嘉言美辞。《日下旧闻考》征引《元一统志》对此逐一释义，这里据此稍作疏解，以体会大都坊名雍容典雅的文学色彩与广博厚重的文化内涵：

"福田坊，坊有梵刹，取'福田'之义以名。"坊内有佛寺，佛家认为积善可以得到幸福的回报，就像辛勤的耕田者到秋天能够收获果实一样。坊以"福田"为名，有引导人们礼佛向善之意。

"阜财坊，坊近库藏，取虞舜《南风歌》'阜民财'之义以名。"《孔子家语》记载，舜帝弹奏着五弦琴，唱出了《南风歌》，其中两句是："南风之时兮，可以阜吾民之财兮。"大意是说，南风适时地吹来，能够增加我的人民的财富。这个坊靠近国家仓库，因此以"阜财"即增加财富为名。

"金城坊，取圣人有金城，金城有坚固久安之义以名。"此语出自《汉书·贾谊传》："故曰圣人有金城者，比物此志也。"贾谊在给汉文帝的奏疏中，提出了以廉耻礼义统御天下的主张。他认为，圣人如果能够施行此道，则人人勠力同心，国家能够像金属铸就的城墙一样坚不可摧。"金城坊"之名，寄托着对大都的类似期望。

"玉铉坊，按《周易》：'鼎玉铉，大吉。'以坊近中书省，取此义以名。"《周易·鼎》："上九，鼎玉铉，大吉，无不利。《象》曰：玉铉在上，刚柔节也。"大意是：鼎卦最上的阳爻，表现为鼎上用着镶玉的杠，预示大吉而没有不利。《象传》说，玉铉在上位，刚与柔之间能够得到很好的调节。玉铉坊靠近元朝行政系统的核心——中书省，除了希望大吉之外，更需要在处理纷繁的国家事务时做到刚柔并济，坊名的象征意义与中书省的职责结合得天衣无缝。

"保大坊，按《传》曰：'武有七德，保大定功。'以坊近枢密院，取此义以名。"古代汉语里的"大"字在很多场合与"太""泰"相通，清初孙承泽《天府广记》就直接将"保大坊"写为"保泰坊"，有维护国家安泰、保持宁靖和平之意。《左传》记载，鲁宣公十二年（公元前597），楚军打败晋军后，潘党建议把埋葬晋军尸体的地方筑成高丘，在旁边树立某种标志以昭示武功。楚庄王否定了他的意见："夫文，止戈为武。……夫武，禁暴、戢兵、保大、定功、安民、和众、丰财者也，故使子孙无忘其章。……武有七德，我无一焉，何以示子孙？"这里提出的"武有七德"，体现了古人在政治、道德、价值等观念上对武力的认识。七种武德分别是制止暴力、消除战争、维护安泰、建立功业、安定百姓、绥服万邦、增加财富。《元史·百官志》说，枢密院"掌天下兵甲机密之务。凡宫禁宿卫，边庭军翼，征讨戍守，简阅差遣，举功转官，节制调度，无不由之"。以武德之一的"保大"命名枢密院旁边的坊，与这个机构掌管全国武装力量的性质完全相符。

"灵椿坊，取燕山窦十郎'灵椿一株老'之诗以名。丹桂坊，取燕山窦十郎教子故事、'丹桂五枝芳'之义以名。"唐宋时期，习惯于以某人在家族兄弟中的排行作为对他的称谓，燕山窦十郎名叫窦禹钧，唐末五代蓟州渔阳（今天津蓟县）人。渔阳地近燕山，故有"窦燕山"之称。范仲淹《窦谏议录》记载了窦禹钧的生平事迹。《三字经》里的"窦燕山，有义方。教五子，名俱扬"，就是指他的儿子窦仪等"五子登科"的故事。《宋史·窦仪传》写道："冯道与禹钧有旧，尝赠诗，有'灵椿一株老，丹桂五枝芳'之句，缙绅多讽诵之，当时号为窦氏五龙。"冯道是五代时期历事唐、晋、汉、周四姓十君的政坛不倒翁，他的这首《赠窦十》被广泛传诵。其中以"灵椿"之老形容窦燕山的长寿，取《列子·汤问》"上古有大椿者，以八千岁为春，八千岁为秋"之意；以"丹桂"的芬芳比喻窦仪五兄弟美名远扬。灵椿坊、丹桂坊的语源，就是冯道的这两句诗。

"明时坊，地近太史院，取《周易·革卦》'君子治历明时'之义以名。"《周易》这句的原文是"君子以治历明时"，意思是君子修明历法、明确时令，从而合理地安排生产活动。元代的太史院掌管天文历法等方面的事务，旁边的坊以"明时"为名恰如其分。

"凤池坊，地近海子，在旧省前，取'凤凰池'之义以名。"这里接近元大都城内的海子（即今积水潭），位于旧中书省之前。凤凰池是禁苑中的池沼，魏晋南北朝在禁苑设置掌管机要、接近皇帝的中书省，"凤凰池"因此成为中书省的别称。唐代杜佑《通典·职官三》说："魏晋以来，中书监令掌赞诏命，记会时事，典作文书，以其地在枢近，多承宠任，是以人因其位，谓之凤凰池焉。"元代的中书省既是由中书令带领百官处理政务的中央最高行政机构，也是统领山东、山西、河北之地的全国最大的地方行政区域。凤凰是传说中的百鸟之王，以凤凰池为名的"凤池坊"象征着中书省的重要地位，也多少体现了邻近海子的地理特点。

"安富坊，取《孟子》'安富尊荣'之义以名。"此句出自《孟子·尽心上》："君子居是国也，其君用之，则安富尊荣。"大意是说，君子来到这个国家，如果得到国君的重用，他就能够使君主安定、国力富强，从而保持自己的尊贵和荣耀。"安富坊"有期盼安定富强之意。

"怀远坊，取《左传》'怀远以德'之义以名。"此语出自《左传·僖公七年》，管仲对齐桓公说："臣闻之，招携以礼，怀远以德。德礼不易，无人不怀。"大意是：对于立场摇摆的国家，要根据礼制使其宾服；对于边远地区的人们，要依靠德政加以安抚。如果不违背德政和礼制，那就无人不归附了。"怀远坊"之名，有以德治国使远方宾服的寓意。

"太平坊，取'天下太平'之义以名。大同坊，取'四方会同'之义以名。"这两个坊名语义相当浅近，表示对社会安定、天下大同的期盼。"会同"在古代指诸侯朝见帝王的行动，《诗经·小雅·车攻》所谓"赤芾金舄，会同有绎"，就是描写诸侯穿着赤色花纹的礼服和金色的靴子，排列整齐一同朝见周宣王的情形。

"文德坊，按《尚书》'诞敷文德'，取此义以名。"此语出自《尚书·大禹谟》："帝乃诞敷文德，舞干羽于两阶。"意思是：大禹广泛推行文德，在宾主之间的台阶上表演修阐文教的舞蹈，显示抑制武事、招徕远方之人的诚意。

"金台坊，按燕昭王筑黄金台以礼贤士，取此义以名。"《战国策》记载，燕昭王听从郭隗的建议招揽天下贤才，"昭王为隗筑宫而师之，……士争凑燕"。在故事的传播过程中，宫室演变为黄金台，成为帝王礼贤下士的象征。

"穆清坊，地近太庙，取《毛诗》'於穆清庙'之义以名。"此句出于《诗经·周颂·清庙》，是祭祀周文王的一首乐歌，意思是："啊，庄严清静的宗庙！"以"穆清"为坊名，与此地靠近太庙的位置相称。

"五福坊，坊在中地，取《洪范》'五福'之义以名。"这个坊位于大都城的中间位置，词源出于《尚书·洪范》："五福，一曰寿，二曰富，三曰康宁，四曰攸好德，五曰考终命。"意思是：人生有五种福分，一是长寿，二是富贵，三是平安无疾病，四是遵行美德，五是老而善终。"五福坊"有五福汇聚之地的寓意。

"泰亨坊，地在东北寅方，取《泰卦》'吉亨'之义以名。"《周易》第十一卦说："泰，小往大来，吉，亨。"意思是：泰卦，小的去了大的来，吉利，通顺。六十四卦与十二地支代表的方位相配，东北对应的是寅方与泰卦，根据卦辞命名为"泰亨坊"。

"八政坊，地近万斯仓、八作司，取《洪范》'八政食货为先'之义以名。"八政，指国家施政的八个方面。《尚书·洪范》说："八政：一曰食，二曰货，三曰祀，四曰司空，五曰司徒，六曰司寇，七曰宾，八曰师。"八政坊靠近大都贮存粮食的万斯仓以及工部所属的提举左右八作司，掌管着国家的粮食供应与其他经济活动，这也就是所谓"食货"的基本内容。坊以"八政"为名，显示出这里是大都的经济重心所在。

"时雍坊，取《尚书》'黎民于变时雍'之义以名。"此语出于《尚书·尧典》："百姓昭明，协和万邦，黎民于变时雍。"大意是：尧帝辨明了各族的政事，协调各邦诸侯，天下众民也相继变得友善和睦。"时雍"即友善和睦之意。

"乾宁坊，地在西北乾位，取《周易·乾卦》'万国咸宁'之义以名。"乾宁坊位于大都的西北部，西北是《周易》八卦中的乾卦所对应的方位，解释卦辞的《象》说："大哉乾元，……首出庶物，万国咸宁。"意思是：天的元气多么盛大啊！……天开始生出万物，使万国得到安宁。"乾宁坊"取方位与卦辞结合为名，有西北方安宁之意。

"咸宁坊，取《尚书》'野无遗贤，万国咸宁'之义以名。"《尚书·大禹谟》的原文与此略有区别："野无遗贤，万邦咸宁。"意思是，有才能的人都被任用而无所遗漏，天下万国都得到安宁。

"同乐坊，取《孟子》'与民同乐'之义以名。"此语出于《孟子·梁惠王下》："此无他，与民同乐也。"君王施行仁政，与百姓同享欢乐，就能够得到民众拥护。

"寿域坊，取杜诗'八荒开寿域'之义以名。"八荒，指距离中原地区极远的地方。此句出于杜甫《上韦左相》，期望天下之人都能享有福寿绵长的太平盛世。

"宜民坊，取《毛诗》'宜民宜人'之义以名。"《诗经·大雅·假乐》："假乐君子，显显令德。宜民宜人，受禄于天。"这是赞颂周成王的诗句，大意是：贤明快乐的君子，具有崇高的美德。使民众与百官各安其位，接受天神赐予的福禄。从字面上看，"宜民坊"当然也可以理解为有利于民众。

"析津坊，燕地分野，上应析木之津，地近海子，故取析津为名。"辽南京设析津府与析津县，元代的析津坊由此派生命名。"析津"一词，源自我国古代天文学中的分野之说。古人把天上的星宿与地上的州域——对应起来，这就是所谓"分野"。春秋战国时期燕国所在的地域，对应着天上二十八宿中的尾、箕二宿，它们就是燕国的分野。星宿的分野有的也以"十二次"为纲与列国相配。古人为了说明日月五星的运行和节气的变换，把太阳运行的轨道"黄道"附近一周天由西向东分为十二等份，叫作"十二次"，每"次"也以二十八宿中的星宿为标志，其中与燕国相配的是"十二次"中的"析木"。此外，在我国古代的"太岁纪年法"中有"十二辰"的概念，就是把子丑寅卯等十二支由东向西排列，与由西向东排列的"十二次"逐一相配,"十二辰"中的"寅"正与"十二次"中的"析木"相对应。这样,析津府与析津县"以燕分野旅寅为析木之津,故名",大致是说此地原属燕国境内,其"分野"与"十二辰"中的"寅"相对应,又是太阳运行中到达"十二次"之一的"析木"时必经的津渡,因此称作"析津"。析津坊之名,记录了辽代曾设析津府与析津县的历史。

"康衢坊,取尧时老人'击壤康衢'之义以名。"西晋皇甫谧《帝王世纪》说:尧帝时"天下大和,百姓无事,有八十老人击壤于道,观者叹曰:大哉,帝之德也!老人曰:吾日出而作,日入而息,凿井而饮,耕田而食,帝何力于我哉?"他的另一著作《逸士传》有类似内容:"尧时有壤父五十人,击壤于康衢。或有观者曰:大哉,尧之为君!壤父作色曰:⋯⋯"天下太平的上古时代,老人在大道上玩起了投掷土块的乡间游戏。康衢,也就是康庄大道。

"进贤坊,取'贤才并进'之义以名。"此语出于欧阳修《乞外任第二表》:"贤才并进,圣治惟新。"大意是:各种贤明的人才汇聚到朝廷,皇上治理下的国家面貌焕然一新。

"嘉会坊,坊在南方,南方属礼,取《周易》'嘉会'之义以名。"《周易·乾·文言》:"亨者,嘉之会也,⋯⋯(君子)嘉会足以合礼。"大意是说:"亨"是美的集合,君子能使万物之美集合在一起,足以符合礼的要求。所谓"坊在南方,南方属礼",是把儒家的道德观念"仁义礼智信"与五个方位"东西南北中"逐一相配的结果。西汉董仲舒《春秋繁露·五行相生》指出:"东方者木,农之本,司农尚仁";"南方者火也,本朝,司马尚智";"中央者土,君官也,司营尚信";"西方者金,大理,司徒也,司徒尚义";"北方者水,执法,司寇也,司寇尚礼。"这个时代的南方尚智、北方尚礼之说,后来被调整为南方属礼、北方属智。金中都已是端礼门在南、崇智门在北,可见此前早已完成了上述调整。元代沿袭了南方属礼的传统,并据此从《周易》中选择了"嘉会"作为坊名。

"平在坊,坊在北方,取《尚书》'平在朔易'之义以名。"《尚书·尧典》有"平在朔易"一句,《史记·五帝本纪》把这一句改作"便在伏物"。据今人王宁《〈尚书·尧典〉缺文举例》考证,"平在朔易"既有次序颠倒又有文字缺佚,原文当为"□在易□,平□朔□"。根据相关文献把缺文补足,就是"寅在易日,平秩朔伏"。这两句的大意是:恭敬地祭祀祖先,乞求神灵把太阳赐予人间,辨别北方藏伏之物。这样看来,平在坊只是从残缺的古书中取了两个看起来并无贬义的字组合在一起命名,尽管它们与这个坊处在元大都偏北的位置相关,但当时对其含义却不甚了然。

"和宁坊,取《周易》'保合太和、万国咸宁'之义以名。"《周易·乾·彖》:"乾道变化,各正性命。保合大和,乃利贞。首出庶物,万国咸宁。"卦辞的大意是:天道的变化,使万物各自顺应自己的本性。保持冲和之气,就有利于维持事物发展的正道。天开始生出万物,万国得到安宁。从两句话中各取一字构成"和宁",有和顺宁静之意。

"智乐坊,地近流水,取'智者乐水'之义以名。"《论语·雍也》:"子曰:知者乐水,仁者乐山。"大意是:智者乐于像水流一样灵活变通,运用自己的才智治世;仁者喜欢像大山一样安然不动,坚守为仁的准则。

"邻德坊,取《论语》'德不孤必有邻'之义以名。"此言出自《论语·里仁》:"子曰:德不孤,必有邻。"意思是:有道德的人不会感到孤单,一定会有志同道合的人来相伴。

"有庆坊,按《尚书》:'一人有庆,兆民赖之'。取其义以名。"此语出于《尚书·吕刑》:"一人有庆,兆民赖之,其宁惟永。"大意是:帝王施行德政,是亿万百姓的保障,这是天下安宁长久之道。

"清远坊,地在西北隅,取'远方清宁'之义以名。"语出《老子》:"昔之得一者,天得一以清,地得一以宁。"这里的"一"指"道",也就是万物的本原、事物发展变化的普遍规律。"清远"含有使远方清明宁静、世间太平之意。

"日中坊,地当市中,取'日中为市'之义以名。"《周易·系辞下》:"日中为市,致天下之民,聚天下之货,交易而退,各得其所。"上古之时,中午进行物与物的交换,招引天下民众,聚集天下货物,交易完毕即行退出,各自得到所需的东西。日中坊处在大都的集市区域,因而以此为名。

"寅宾坊,在正东,取《尚书》'寅宾出日'之义以名。"《尚书·尧典》:"寅宾出日,平秩东作。"意思是:恭恭敬敬地迎接日出,辨别测定太阳从东方升起的时刻。寅宾坊位于正东,处在迎接太阳升起的方向,于是以此为名。

"西成坊,在正西,取《尚书》'平秩西成之义'以名。"《尚书·尧典》:"寅饯纳日,平秩西成。"大意是:恭敬地为落日送行,辨别测定太阳西坠的时刻。西成坊在正西,是日落的方向,故而以此为名。

"由义坊,西方属义故。居仁坊,地在东市,东属仁。取《孟子》'居仁由义'之言,分为东西坊名。"命名之源出自《孟子·尽心上》:"居仁由义,大人之事备矣。"大意是:胸怀仁爱之心,遵循行义之道,这就是大丈夫所崇尚的志向。仁义礼智信五种道德观念与东西南北中五个方位相配,东方对应着"仁",西方对应着"义",东西对应的两个坊据此得名"居仁坊"和"由义坊"。

"睦亲坊,地近诸王府,取《尚书》'以亲九族、九族既睦'之义以名。"《尚书·尧典》:"克明俊德,以亲九族。九族既睦,平章百姓。"这里在赞颂尧帝能发扬美德,使家族亲密和睦,家族和睦之后,又公允地处理其他各族的政事。靠近诸王府的睦亲坊,显然是以希望诸王和睦亲密之意为名。不过,解释其命名缘由的"以亲九族、九族既睦",在《尚书》中并不是一个连贯的句子,而是分别处在语义递进的两句话中。古人征引典籍往往取其大意,但在求简的同时难免破坏文字或语义表述的完整性,《元一统志》在这里对《尚书》的征引就是一例。

"仁寿坊,地近御药院,取'仁者寿'之义以名。"此语出自《论语·雍也》:"知者乐,仁者寿。"智者快乐,仁者长寿。《元史·百官志》说，御药院"掌受各路乡贡、诸蕃进献珍贵药品，修造汤煎"。可见，"仁寿坊"之名与御药院治病延寿的职能丝丝入扣。

"万宝坊，大内前右千步廊，坊门在西属秋，取'万宝秋成'之义以名。"所谓"万宝秋成"，就是万物在秋天成熟。《周易·说卦》："兑，正秋也，万物之所说也。"大意是：兑卦对应着正秋的季节，万物成熟而喜悦。按照四时、八卦与八方相配之说，东南西北四个方位依次对应着春夏秋冬四个季节，所以，《元一统志》才说坊门在西边的万宝坊"属秋"，并根据《周易》卦辞的含义取名。

"豫顺坊，按《周易·豫卦》：'豫，顺以动，利建侯行师。'取此义以名。"引用的这句卦辞，与原文次序不同。大意是：豫卦表示顺应自然时势而采取行动，有利于封建侯国、出兵作战。以此为坊名，取卦辞有顺遂之意。

"甘棠坊，按燕地乃周召公所封，诗人美召公之政，有《甘棠》篇，取此义以名。"这就是说，元大都所处的燕国之地，从前是周朝给召公奭的封国；后来的诗人赞美召公的德政，作了《诗经·召南》里的《甘棠》篇，"甘棠坊"之名即源于此。

"五云坊，大内前左千步廊，坊门在东，与万宝对立，取唐诗'五云多处是三台'之义。"在大内前的左右千步廊，分别有位置对称、名称对偶的五云坊与万宝坊。五云坊据以命名的唐诗，出自杜甫《送李八秘书赴杜相公幕》："南极一星朝北斗，五云多处是三台。"五云，指青、缙、白、黑、黄五色瑞云。三台，是星宿名，以此比拟人事，把位高权重的三公（太师、太傅、太保）喻为三台。象征祥瑞的五彩云霞，隐含着官运亨通的吉兆。以"五云多处是三台"命名"五云坊"，也是千步廊左右高官云集的写照。元朝以中书省总览全国政务，这个最高行政机构就在五云坊内。

"湛露坊，按《毛诗·湛露》为锡宴群臣沾恩如湛露，坊近官酒库，取此义以名。"《左传·文公四年》云："昔诸侯朝正于王，王宴乐之，于是乎赋《湛露》。"周天子赐宴招待前来朝觐的诸侯，所赋之诗的前四句是："湛湛露斯，匪阳不晞。厌厌夜饮，不醉无归。"

大意是：清莹的夜露，不见朝阳不蒸发；和乐的夜宴，不到大醉不回家。《元一统志》认为，群臣得到周天子赐宴饮酒的恩惠，就像草木得到雨露滋润一样。湛露坊靠近官府的酒库，因而取与饮酒相关的这个典故为名。

"乐善坊，地近诸王府，取汉东平王'为善最乐'之义以名。"《后汉书·东平宪王苍传》记载，东汉永平十一年（68），东平宪王刘苍进京朝拜归国后，汉明帝刘庄在诏书里回忆："日者问东平王处家何等最乐，王言为善最乐。"大意是：前几天问东平王在家做什么事情最快乐，他说行善最快乐。刘苍才能出色、深孚众望，但他懂得进退、不恋权位。元朝把靠近诸王府的地方命名为"乐善坊"，应当有劝诫诸王仿效刘苍的寓意。

"澄清坊，地近御史台，取'澄清天下'之义以名。"在元朝的政府机构中，御史台负责决定官员的升降赏罚，掌管纠察百官善恶与理政得失。所谓"澄清天下"，就是整肃政治、清除奸佞，使天下复归太平，这正是御史台的职责。此语出自《世说新语·德行》："陈仲举言为士则，行为世范，登车揽辔，有澄清天下之志。"陈仲举，就是东汉后期的名士陈蕃，字仲举。

元大都各坊的命名，以古代经书和史籍作为取词的渊薮，选择地名语词时既考虑各坊在大都城中所处的地理位置、河湖水文等自然特点，又仔细斟酌坊内分布的官署、仓库、府邸等建筑或机构的性质，力求使坊名的语词含义、文学色彩与坊内具有的某种特点密切关联。即使是直接表达某种美好意愿的坊名，也无一不是深思熟虑的结果。这些坊名构成了一个主题清晰、风格一致、文采斐然的命名系统，使各坊都达到了"名皆切近"的理想境界。到元代后期，大都的坊名有所增加或更改，但仍然是从经典文献里选取表示思想观念或某种意愿的语词为名，具有与至元年间四十九坊之名相近的传统文化色彩。

历史文献对元大都各坊的具体位置记载不够完整，把它们落实到历史地图上并不容易。《北京历史地图集》元大都幅，反映的是元末至正年间的情形（图6）。福田、阜财、金城、保大、灵椿、丹桂、明时、凤池、安富、怀远、太平、金台、穆清、泰亨、时雍、乾宁、析津、平在、清远、寅宾、西成、由义、居仁、仁寿、万宝、五云、澄清二十七坊见于《元一统志》；可封、善俗、里仁、招贤、居贤、发祥、永锡、丰储、昭回、鸣玉、蓬莱、咸宜、明照、思诚、皇华、南

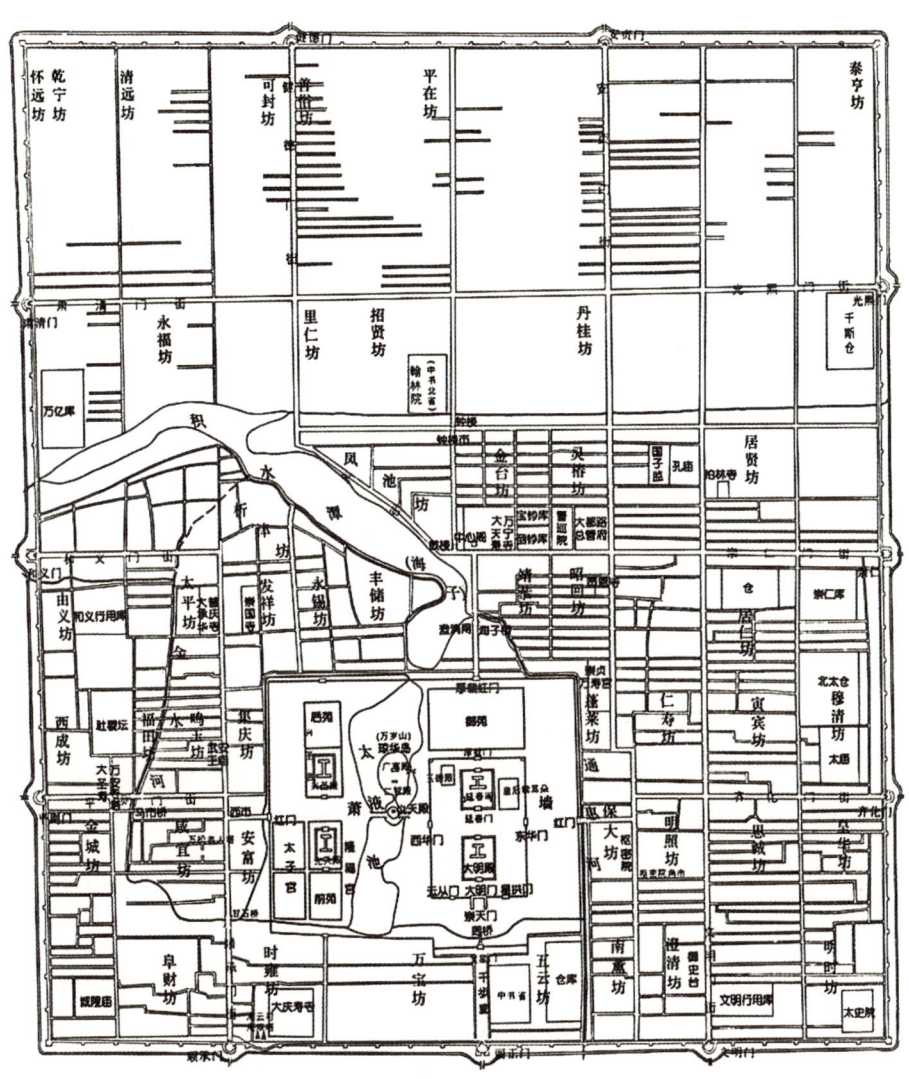

图6　元大都
（选自侯仁之主编《北京历史地图集》，北京出版社，1988）

薰十六坊见于《析津志》；永福、靖恭、集庆三坊，不见于上述两种文献。上述三类坊名总计四十六个，尚且不足四十九坊之数。图上没有标示《元一统志》所载其余二十二坊以及《析津志》提到的善利、乐道、好德、展亲、惠文、请茶、训礼、迁善八坊，应当是定位资料欠缺所致。至于元大都从至元年间的四十九坊开始如何演变到至正年间各坊的过程，还有待今后继续探寻。

四、明代北京坊名的继承与更替

明初北平府的北城墙向南缩减五里之后，元大都时代的北部数坊被甩出了城区。永乐年间北京的南城墙前移二里，又为新坊的设置与命名提供了地理空间。尽管经历了这样的变动，明北京与元大都之间的大部分地域仍然重合，内城的坊名既有对元代的继承，也有本朝确定的新名。

洪武年间北平府诸坊，是元大都坊名的直接继承者。洪武年间编纂的《北平图经志书》记载："北平府设坊三十三：五云坊、保大坊、南薰坊、澄清坊、皇华坊、贤良坊、明时坊、仁寿坊、思城坊、明照坊、蓬莱坊、湛露坊、昭回坊、靖恭坊、金台坊、灵椿坊、教忠坊、居贤坊、寅宾坊、崇教坊，凡二十坊，属大兴县。万宝坊、时雍坊、阜财坊、金城坊、咸宜坊、安富坊、鸣玉坊、太平坊、丰储坊、发祥坊、日中坊、西城坊，凡十三坊，属宛平县。"其中，宛平县十三坊不知何故缺少一个。上述三十二坊中，见于《元一统志》所载四十九坊的有五云、保大、澄清、明时、仁寿、湛露、金台、灵椿、寅宾、万宝、时雍、阜财、金城、安富、太平、日中、西城（应作西成）十七坊。见于《析津志》所增诸坊的有发祥、昭回、居贤、鸣玉、咸宜、思城（应作思诚）、皇华、明照、蓬莱、南薰、丰储十一坊。明代新命名的只有贤良、靖恭、教忠、崇教四坊，仅占所有坊名的八分之一。

明朝迁都北京后，内城坊名有所变化。嘉靖三十九年（1560），在锦衣卫供职的张爵写了《京师五城坊巷衚衕集》这本类似当代地名录的小册子。当时北京内城的坊名有：中城的南薰、澄清、明照、保大、仁寿、大时雍、小时雍、安富、积庆坊；东城的明时、黄华、思城、南居贤、北居贤坊；西城的阜财、咸宜、鸣玉、日中、金城、河漕西、朝天宫西坊；北城的教忠、崇教、昭回、靖恭（图上写为"靖功"）、灵春、金台、日忠、发祥坊。其中，与元大都坊名有直接或间接继承关系的多达二十三个，明朝创立的新名只有洪武年间命名的教忠、崇教坊，永乐以后命名的河漕西、朝天宫西、日忠、靖恭坊（图7）。

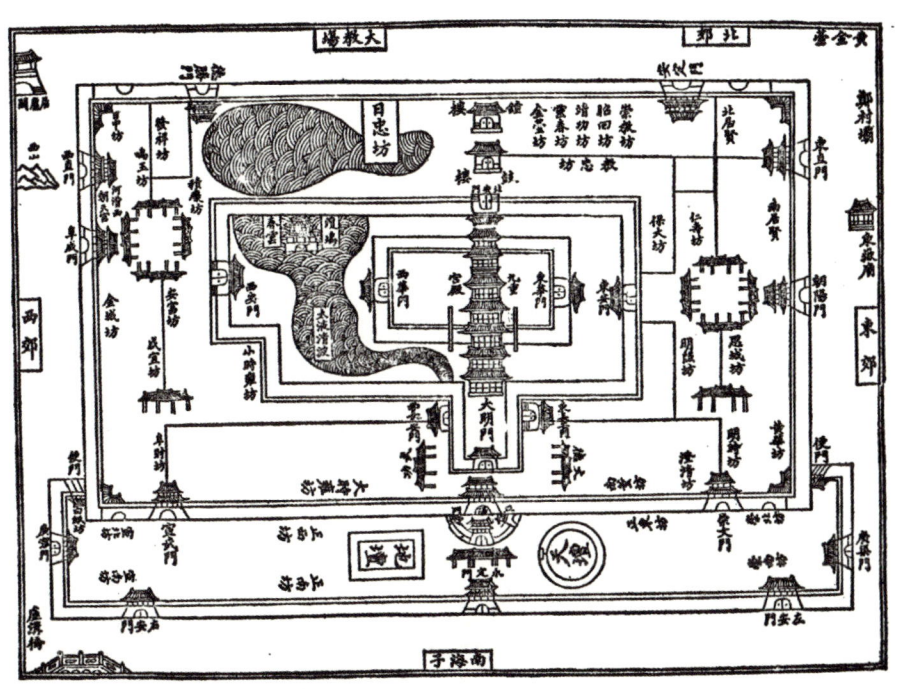

图7　张爵《京师五城坊巷衚衕集》附图
（选自北京古籍出版社1982年版）

教忠坊内有文丞相祠，《京师五城坊巷衚衕集》记载："元杀宋臣丞相文天祥于此处，故名曰教忠。"这个坊的名称，具有教导臣民忠心耿耿之意。崇教坊之内有国子监、文庙，坊名寄托了崇信儒学、重视教育的思想。河漕西坊、朝天宫西坊，以地理方位命名。日忠坊可能源于《论语·学而》："曾子曰：吾日三省吾身，为人谋而不忠乎？与朋友交而不信乎？传不习乎？"含有每天督促自己为人忠诚之意。昭回坊与靖恭坊毗邻，张爵书中写作"昭回靖恭坊"，附图则分为两个坊，符合坊的专名一般为二到三个字的规律。"昭回"语出《诗经·大雅·云汉》："倬彼云汉，昭回于天。"大意是：天河中闪光的星辰在运转，使得夜空晴朗。昭回坊内有文昌宫，供奉着专门掌管士人功名前程的禄星（文昌帝君），坊名即依此而定。"靖恭"语出《诗经·小雅·小明》："靖共尔位，正直是与。"大意是：恭谨地履行你的职责，正直的人就会成为你的同道。"共"与"恭"相通，《韩诗外传》有"靖恭"一词。从街巷分布的情形、胡同排列的次序、昭回坊得名的原因看，东面的昭回坊与西面的靖恭坊大致应以南北向的锣锅巷（今锣鼓巷）为分界线，此线西侧文昌宫以南的雨笼胡同、裘衣寺胡同、福祥寺街，也应当属于昭回坊。位于鼓楼至北安门一线以东、安定门大街以西的这两个坊，共同构成了一个正方形的城市街区，靖恭坊只占据了其中大约四分之一的西北一隅。张爵之所以把它们联合起来统计，可能就是考虑到靖恭坊范围过小，于是在它所毗邻的昭回坊之后附带列出。

嘉靖三十二年（1553）修建北京外城之后，在那里设置了八个坊，其中七个按照地理方位命名。以北京中轴线上的正阳门大街为参照，东边有正东坊，西边有正西坊，正西坊之南有正南坊。正东坊以东有崇北坊、崇南坊，都位于崇文门外，一北一南相接。正西坊及正南坊以西，设置宣北坊、宣南坊，它们都位于宣武门外，一北一南为邻。外城西南一隅，有唯一不以方位为名的白纸坊。这里在明代就有纸房胡同，清光绪年间朱一新编纂《京师坊巷志稿》时，仍然说当地居民惯于以造纸为业，可见其手工造纸行业的历史是何等悠久。清初张远《隩志》说，白纸坊在南城诸坊里面积最大，元代在这里设税副使，北起善果寺，南至万寿宫，西到天宁寺，都是它收税的范围。朱一新感到不解的是，白纸坊既然在元代位于金中都旧城内，为什么没有列入《元一统志》所载旧城六十二坊之中呢？事实上，他把元代礼部所辖的机构"白纸坊"误作城市区片名称了。"坊"在充当街市、里巷、店铺的称谓之外，还被用作官署、工场的名称。《元史·百官志》记载，至元九年（1272）礼部下设白纸坊，负责制造颁布诏书所用的纸张，设大使、副使各一员，级别为八品。这个机构在金中都旧城范围内建立的造纸工场，与主管机构一样都叫"白纸坊"，进而变为群众约定俗成的地片名称。洪武《宛平图经志书》有白纸坊社，白纸坊在嘉靖年间又成为外城八坊之一，与元代礼部所辖的白纸坊早已是"同名异实"。

万历二十一年（1593）刊刻的沈榜《宛署杂记》称宛平县所属北京西城有朝天日中坊，这相当于内城西北角的朝天宫西坊与日中坊的合称；北城有北日中坊，所指区域相当于此前位于德胜门以南、什刹海沿岸的日忠坊，可能是为区分同音的"日中"与"日忠"两坊所做的变通。清初孙承泽《春明梦余录》与《天府广记》，记载了明代后期北京坊名的一些变化。到清代八旗军民分驻北京内城，从唐朝幽州时代延续了千年上下的"坊"，基本失去了作为城市街区单位的功能。尽管光绪年间朱一新《京师坊巷志稿》依然列出了10个坊名，但它们已经没有多少实际意义了。

第三节　五坛五镇

近千年来北京城市发展的最显著特点,就是基本连续地作为陪都与首都。坛庙是京师体现传统礼制要求的代表性建筑,以这类地标为基础派生出来的地片、街巷等名称,反过来记录着京师文化对地域命名的深刻影响。综合明清两代的北京坛庙,有"五坛八庙"或"九坛八庙"之说,五坛指天坛、地坛、日坛、月坛、先农坛,九坛则是把天坛区分为祈谷坛与圜丘坛,先农坛区分为先农神坛与太岁坛,再加上社稷坛、地坛(方泽坛)、日坛(朝日坛)、月坛(夕月坛)以及清代康熙年间所修的先蚕坛。八庙指的是历代帝王庙、太庙、火神庙、堂子、寿皇殿、昭显庙、凝和庙、宣仁庙,也是到清代才形成完备的格局。从建筑名称派生其他类型地名的影响衡量,五坛最重要也最具代表性。"五镇"与五坛不属于同一范畴,它们是从五行观念出发、在北京的五个方位选定的五种地物的总称。进入这个系列之后,每个地物的原有名称就增加了一个附带的义项,丰富了其间蕴含的历史文化信息。

一、天坛地坛法天象地

北京在帝都时代的象征,不仅限于建筑巍峨、气势宏大的紫禁城,还包括众多的皇家坛庙。《左传·成公十三年》称:"国之大事,在祀与戎。"祭祀神灵与祖先是领受上天意志、秉承祖上荫庇的表示,与军队开拓疆土、保家卫国同等重要。《明实录》记载,永乐年间营建北京时,"凡庙社、郊祀坛场、宫殿门阙,规制悉如南京,而高敞壮丽过之",由此奠定了北京坛庙的基本格局。嘉靖九年(1530)颁给礼部的谕旨说:"南郊之东坛名天坛,北郊之坛名地坛,东郊之坛名朝日坛,西郊之坛名夕月坛,南郊之西坛名神祇坛。著载《会典》,不得混称。"按照古代的观念,向日为阳、背日为阴,南为阳、北为阴,天为阳、地为阴,所以,天坛在紫禁城南、地坛在城北。因为太阳从东方升起、月亮在西方降落，祭祀太阳的朝日坛位于城东，祭祀月亮的夕月坛位于城西。神祇坛是先农坛建筑群的组成部分。这五坛是国家的祭祀之地，不论是坛庙的空间布局还是各坛的名称，都已形成一个完整的系统。后世只是对建筑予以维修或扩建、对名称稍加调整或继续沿用，从而为坛庙周围派生出的其他地名奠定了命名基础。

  天坛位于前门外，由此派生出天坛路、天坛东路以及居民区、电影院、体育场、医院、大厦、饭店等名称。古代帝王号称天子，居住地紫禁城的正门在明代叫作承天门、清初改为天安门，诏书往往以"奉天承运皇帝诏曰"开头，处处强调自己上应天命，祭天因此成为国家大典之一。永乐十五年至十八年（1417—1420）建成天地坛，将天与地放在一起祭祀。嘉靖九年（1530）确定五坛的正式名称，十三年（1534）二月才真正把天坛与地坛分开。按照天干地支计算的正月第一个辛日，皇帝到天坛祭天祈祷五谷丰登，四月再来祈雨，冬至日前来禀告本年已经丰收。清朝绘画显示，浩浩荡荡的队伍走出皇宫，穿过正阳门中间的门洞，再经前门大街来到天坛。如果皇帝因故不能亲临现场，就派遣王公大臣来替代祭祀。

  天坛的设计，体现了华夏古老文明的精髓。整个建筑分为内坛和外坛的两重坛墙，都是北部为圆形，南部为方形。内坛的圜丘、皇穹宇、回音壁、祈年殿等圆形建筑与周围的方形建筑相配，都象征着古代天圆地方的宇宙观。圜丘台分为三层，每层各有一道栏杆环绕，三层栏板总计360块，象征周天三百六十度。每层四周各有九级台阶，台面上铺艾叶青石。在中心石周围，从里到外由九重扇面形石块围成，从第一重的9块到第九重的81块，象征着天为九重的天文观念，也反映了对于一位数中最大的奇数"九"的推崇（图8）。圜丘台北面圆形围墙的内壁俗称回音壁，精巧的设计使声波能够沿着墙体的边缘传递，显示了古代能工巧匠对声学原理的准确把握。

图 8　圜丘
（选自卡斯特《一个德国飞行员镜头下的中国：1933—1936》，台海出版社，2017）

永乐年间作为天地坛主体建筑的大祀殿，嘉靖年间改建后更名大享殿。清乾隆十六年（1751）重修后改名祈年殿。光绪十五年（1889）遭受雷击被毁，七年以后按原貌重建。天坛祈年殿作为当代北京的标志，多次出现在旅游宣传以及申办奥运会等国际活动中。2004年4月开辟的从台基厂大街南口到天坛公园北门的道路，因为正对着天坛祈年殿，而被命名为祈年大街。

地坛位于紫禁城东北、安定门外，与天坛南北呼应，由此派生出医院、体育馆、住宅区等名称。大地是万物生长的基础，人们对土地怀有母亲般的情感。明清时期，皇帝每年夏至日到地坛祭祀地祇神。与天坛的圆形建筑象征"天圆"相对，地坛以汉白玉砌成的二层正方形祭台象征"地方"。上下两层四面各设八级台阶，与大地有"四面八方"相呼应。上层祭祀皇地祇神位以及皇帝祖先的神主牌位。下层南侧，东西两边设置摆放五岳、五镇神位的石座，凿成山形；下层北侧，东西两边摆放四海、四渎神位的石座，凿成水形。环绕着祭坛的水渠长167米，宽2米，深约3米，从暗沟贮水以备祭祀之用。这条水渠叫作方泽，地坛最初的名称因此称为方泽坛。

按照阴阳五行观念，天属阳，地属阴。单数为阳，偶数为阴。正如天坛的建筑显示着对最大的一位奇数（阳数）"九"的推崇，地坛的建筑则蕴含着对最大的一位偶数（阴数）"八"的尊崇。《周易正义》称"八"是"不变之阴爻"，再与"六爻八卦"的观念相对应，地坛的坛面铺设的正方形石块，就形成了有趣的数量关系：中心是6×6=36块，暗含"六爻"之数；围绕这个中心，祭台上层由8圈石块组成，由内向外每圈递增8块，暗含"八卦"之数，最里圈为36块，最外圈即第八圈为92块，共计548块；下层也是铺设8圈、每圈递增8块，最里层100块，最外层156块，共计1024块。上下两层用8级台阶相连，贯穿的也是"八卦"的概念。《周易》的思想文化悄然融入天坛、地坛的建筑中，体现了古代设计者的精巧构思与高度智慧。

二、日坛月坛崇仰光明

太阳和月亮是历代崇仰的一对神祇。太阳普照大地，给人间带来光明。早在新石器时代，我国就已形成了对太阳神的崇拜。随着东方升起的太阳在西方坠落，黑夜降临后又有月亮给人间照亮，好像与太阳轮流值班，这一点对于电灯发明以前的古代尤其重要。明清时期祭祀大明神（太阳神）的朝日坛，简称日坛，位于北京朝阳门外东南的日坛公园。祭祀夜明神（月亮神）的夕月坛，简称月坛，位于阜成门外西南的月坛公园。日坛和月坛一东一西，在城市中轴线两端对称分布。日坛附近有日坛路、日坛北路、日坛东路等派生街巷名称以及宾馆等建筑名称，在月坛附近据此命名的有月坛北街、月坛南街、月坛西街等街巷以及体育馆、体育场等建筑的名称。

明清两代皇帝在春分日卯时，即早上五点至七点祭祀大明神。举行活动的朝日坛坐东朝西，祭祀者面向太阳升起的东方行礼。每年秋分日，则在夕月坛祭祀夜明神，凡属地支为丑、辰、未、戌的年份由皇帝亲祭，其他年份由大臣代替祭拜。月坛坐西朝东，祭祀者要面向月亮高悬的西方行礼。

  上古有夸父逐日、羿射九日、嫦娥奔月、月中蟾蜍之类的传说，人们对太阳颇多敬畏，与月亮的感情更显亲切，表达赞美、寄托情思的诗作不胜枚举。在唐代充满浪漫主义情怀的大诗人李白笔下，"举头望明月，低头思故乡"，"举杯邀明月，对影成三人"，"暮从碧山下，山月随人归"，"我寄愁心与明月，随君直到夜郎西"……如汩汩甘泉喷涌而出。《古朗月行》中的"小时不识月，呼作白玉盘。又疑瑶台镜，飞在青云端。仙人垂两足，桂树何团团。白兔捣药成，问言与谁餐？蟾蜍蚀圆影，大明夜已残"，更是表现了儿童对月亮的神奇想象。北宋大文学家苏轼的《水调歌头·明月几时有》，一直是引发人们从月圆联想到团圆的名篇。电灯的出现大大降低了月亮照明的重要性，但月球作为地球的卫星与人类的联系仍然最密切，关于月亮的传说、诗文、礼仪等也早已成为我国传统文化的组成部分。

三、先农之神泽被华夏

  先农坛位于永定门内大街以西，周围有先农坛街、先农坛北里等街巷、居民区名称，还派生出先农坛体育场等建筑名称。

  明永乐十八年（1420）修建山川坛，嘉靖九年（1530）改建，后称天神地祇坛，万历年间定名先农坛。明清两代皇帝在此祭祀先农、山川、神祇、太岁等神灵，乾隆十九年（1754）重修。先农坛有两重垣墙，整个建筑群分为内坛的先农坛、太岁坛、观耕台、具服殿、神仓，外坛的天神坛、地祇坛、庆成宫（斋宫）等两部分。

  传说上古的神农氏尝百草、后稷教给人们种植五谷，他们被民众尊为先农之神。先农的祭坛是一座方形平台，坐北朝南，砖石结构，周长60米，高1.5米，神位供奉在坛北的正殿里。每年农历三月第一个亥日，皇帝要在先农坛东南的观耕台行籍田礼。他在观耕台东面的一块地里亲耕三趟,接着登台观看三公九卿继续耕作。时值春耕之前,这是奉祀宗庙、鼓励农耕的象征。演习籍田礼的地方有1.3亩大小,这就是民间熟知的皇上的"一亩三分地"。先农坛东北的太岁坛,又叫太岁殿,祭祀值年之神。在太岁殿正南,嘉靖十一年(1532)修建了由天神坛和地祇坛组成的神祇坛。天神坛奉祀云、雨、风、雷诸天神,地祇坛奉祀五岳、五镇、五山、四海、四渎诸地神。1930年以后拆除外垣墙,神祇坛也已被毁。先农是开创华夏农业文明的始祖,先农坛及其周围的若干地名就是对上古圣贤的永久纪念。

四、五镇呼应五位五行

先秦时期的思想家把金、木、水、火、土看作构成各种物质的五种基本元素,《尚书·洪范》把它们叫作"五行"。战国时代出现了五行相生相克的原理,医学名著《素问》在《天元纪大论》中,把五行作为上天统领"五位"即东、西、南、北、中五个方向的力量,这就是"天有五行御五位"。唐代孔颖达为《礼记》作疏时指出:"五色,谓青、赤、黄、白、黑,据五方也。"最晚在唐代之前,人们已经将五位、五行、五色相配:东方属木、青色,西方属金、白色,南方属火、赤色,北方属水、黑色,中央属土、黄色。这些观念与阴阳风水等学说相混合,在我国古代思想史上产生了久远的影响。在古代地理学领域,一个区域内最突出的名山往往被推举为保佑平安的"镇山",全国范围内的五座镇山称为"五镇"。具有悠久建都史的北京,也按照五行与五位相配的思想,在北京的四方与中央找到了分别代表金、木、水、火、土的镇物,合起来构成北京的"五镇"。原本没有任何关联的五个地方,由此被视为一个群体,元明时期比较模糊的五镇到清代变得明晰起来。

东方属木,选择京城东南广渠门外神木厂(皇木厂,今黄木厂)的神木为镇物。明永乐年间营建北京,此地为皇木(皇家专用木料)储存之地,是工部所属"大五厂"之一,时称"大木厂"。从湖广、四川等地采伐的巨大木料被誉为神木,清初这里就有神木厂之名。乾隆二十三年（1758）御制《神木谣》序称："都城东有巨木焉，其长六十余尺，卧于地，骑者隔木立，弗相见也。相传前明时所置，以应甲乙生气云。"乾隆帝咏《神木谣》并立碑建亭，进一步扩大了神木与神木厂的影响。以天干与五方五行相配，东方为甲乙木。所谓"应甲乙生气"，即以神木充当东方镇物之意。

西方属金，采用西直门正西方的万寿寺铜制永乐大钟为镇物。永乐大钟铸成后，万历年间从汉经厂（今景山公园以东的嵩祝寺）移至万寿寺，清乾隆八年（1743）又移到觉生寺即今大钟寺珍藏。大钟寺位于西直门的西北，仍然符合对西镇的大致方位要求。

南方属火，以永定门外大街西侧的烽火台"燕墩"为镇物。火能生烟，"燕"与"烟"同音，因此又作"烟墩"。北京历史上有燕京之称，以燕墩为南镇似乎是妙手偶得。燕墩始建于元代，最初是一座土台子，明嘉靖三十二年（1553）修筑北京外城时改为砖砌。正方形的墩台高约9米，上有高约8米的石碑。到清代，南北两面镌刻了乾隆十八年（1753）《御制皇都篇》和《御制帝都篇》，满汉文字对照，皆为乾隆帝手笔。清代杨静山《燕墩》咏道："沙路迢迢古迹存，石幢卓立号燕墩。大都旧事谁能说，正对当年丽正门。"1984年，燕墩被列为北京市文物保护单位。

北方属水，选取位于紫禁城北偏西的什刹海为镇物。什刹海由前海、后海、西海（积水潭）组成，在元代之前与北海、中海构成互相连通的一片水域。元代以金朝营建的琼华岛（今北海公园白塔山）一带的宫殿为基础建设大都城，这片水域的南半段（今北海和中海）被圈进皇城。北段（今什刹海）被甩到城墙以外，称为积水潭、西海子、海子。明代积水潭逐渐萎缩成几个彼此相连的小湖泊，万历年间，陕西僧人三藏在后海西岸建立了一座称为"十刹海"的寺院，后海因此得名"十刹海"，同音异写为"什刹海"。清代以后，前海、后海、西海泛称"什刹海"，但西海还是常被称为"积水潭"。这片水域与北京城市命脉相连，作为北京的北方镇物，在地理位置与历史文化方面都比较合适。

中央属土，以紫禁城北面位于北京城中心的景山为镇物。这里在元代是后宫延春阁的所在，明代将开挖筒子河、南海以及宫殿地基的泥土陆续堆积在此形成了景山，具有以此镇住前朝王气的寓意。景山俗称"煤山"，传说下面埋藏着煤炭，经勘测已知是虚构的故事。

五、八旗分布五行相胜

崇祯十七年五月初二（1644年6月6日），摄政王多尔衮率领清兵进入北京，第二天即强令内城汉人在三天之内迁到外城或其他地方，内城成为旗人居所。《八旗通志》说："镶黄居安定门内，正黄居德胜门内，并在北方。正白居东直门内，镶白居朝阳门内，并在东方。正红居西直门内，镶红居阜成门内，并在西方。正蓝居崇文门内，镶蓝居宣武门内，并在南方。"

内城八旗驻防的上述分布，是五行、五位、五色相配的结果，按照五行相生相克、相胜相镇的理论做出的安排。北方属水，土能胜水，其色为黄，因此以正黄旗与镶黄旗镇守在北面的德胜门与安定门之内。东方属木，金能克木，其色为白，于是将正白旗与镶白旗布置在东面的东直门与朝阳门之内。正南属火，水能胜火，其色为青，青出于蓝而胜于蓝，所以安排正蓝旗与镶蓝旗驻扎在南面的崇文门与宣武门之内。正西属金，火能克金，其色为红，因此将正红旗与镶红旗布置在西面的西直门与阜成门之内。八旗拱卫的紫禁城，位于中央的土位。

八旗驻军如此布局，充当了一些地名的形成背景。崇文门内以"营房"为专名的二十多条街巷胡同，其命名依据就是清代正蓝旗驻扎期间修建的一片营房。北京城内与西郊三山五园直接以"旗"为名的街巷、区片或聚落，大致都与此前是八旗驻防之地相关。

第四节　官署林立

官署林立是北京作为国家政治中心的一大特色,众多的中央与地方行政机构、军队营房、官员府邸,都可能成为地域命名的社会背景和语词来源。经过数百年来的自然演变和晚近时期的刻意调整,当代正在使用的地名与明清时期已有明显不同,但仍有一部分保存着生动的历史信息,使我们能够从中体验出北京地名的京师味道。

一、六部口与明清六部

在中南海新华门向西不远,北京音乐厅西南,北新华街西侧,有大六部口街、小六部口胡同。"六部口"是人们对这一带的泛称,即使是北新华街北口的汽车站牌,上面所标的也是"六部口"。这个地名始于清代,六部就是位于天安门前千步廊东西两侧的吏、户、礼、兵、刑、工六部。

清代中央官署的设置,大部分沿袭了明代的做法。在千步廊东侧,明清两朝都是吏、户、礼、兵、工五部以及宗人府、鸿胪寺、钦天监、太医院等;在千步廊西侧,明代分布着中、左、右、前、后五军都督府以及太常寺、通政使司、锦衣卫,到清代则变为銮仪卫、太常寺、都察院、刑部、大理寺。机构名称有所差别,但东边各衙主持国计民生,西边各衙管理监察、审案、行刑等政务,俗语所谓"东边掌生、西边掌死"的格局依然如故。六部从隋唐开始已成为历代中央行政机构的基本部门,只是隋代的"民部"到唐代为避太宗李世民的名讳而改为"户部"而已。由于设置历史久远而且相当稳定,"六部"往往作为中央行政系统的代称,到清代更是成了对中央官署统而言之的叫法,实际设置的行政部门当然远不止这些。

清朝实行旗汉分置,北京内城被八旗分区驻扎,汉人只能住在外城或郊区,靠近内城的宣武门外就成了汉族官员聚集的区域。他们每天清晨上朝或到衙署办公,需要沿着宣武门外大街向北,穿过宣武门进入内城。今天的北新华街一线,当时是一条与护城河相通的排水渠,隔断了宣武门与千步廊之间的交通。官员们北行到绒线胡同西口之后,沿着胡同向东经过排水渠上的"板桥",到达水渠东侧的"拴马桩",也就是今天的东拴胡同与西小拴胡同一带,由此下马前往千步廊两侧的官署,途中通往兵部的一带地方叫作"兵部湾"或"兵部洼"。板桥西北侧、绒线胡同以西的地段,正扼守着由宣南通往六部官署的出入口,旁边的"板桥"又多少有些渡口或出入口的意味,因此,这里被称为"六部口"(图9)。

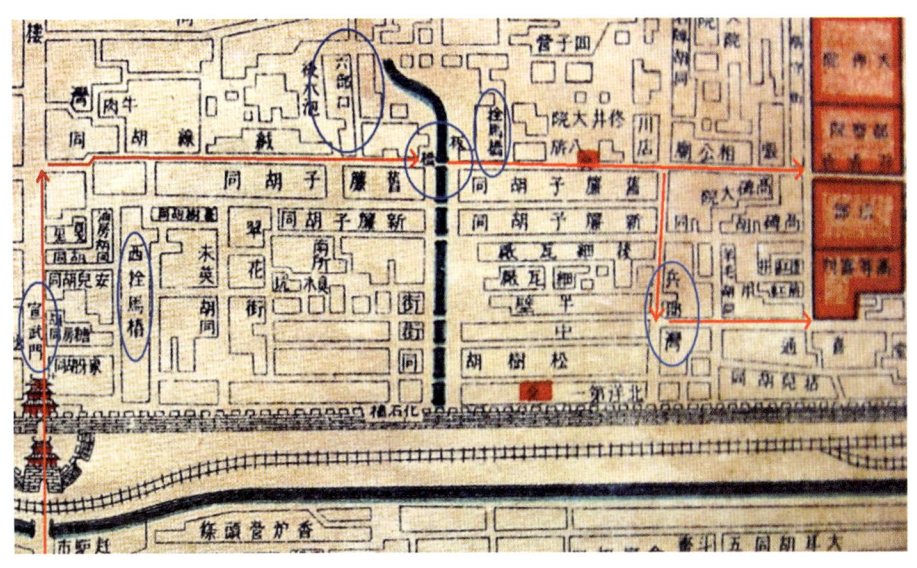

图9　从宣武门外经六部口至千步廊两侧路线
(据清宣统年间《最新详细帝京舆图》改绘)

　　光绪二十六年(1900)八国联军入侵北京,按照次年签订的《辛丑条约》,英、美、俄、荷兰的兵营与使馆占据了前门以东区域,兵部街以东的官署不得不易地办公。中华人民共和国成立后,天安门广场进行了大规模改造,千步廊与当年的五府六部都已成为过去,历史的痕迹却保留在"六部口"与"兵部洼"等地名语词之中。

二、多种机构派生胡同名称

历代机构名称转化为地名,元大都时代已相对遥远,清代又是继承多于新创,处于二者之间的明代更具奠基意义。除了六部等中央机构外,明代还有宦官掌管的十二监、四司、八局,统称"二十四衙门",其中的内官监、惜薪司、钟鼓司、宝钞司、巾帽局、内织染局、酒醋局等,已经直接或间接地融入北京地名之中。许多以官署名相称的地域,到清代一般都缀上了街、巷、胡同之类的通名,并且由此延续到现当代。

在西城区西长安街一带,六部口东南、东绒线胡同南侧的兵部洼胡同,是明初兵部所在地。西长安街北侧的太仆寺街,是明代专司马政的官衙太仆寺的旧址,这个机构负责处理养育战马的事务。西安门大街南侧的惜薪胡同,是明代惜薪司衙署所在地,它掌管着对皇宫、皇陵以及二十四衙门所用木柴、木炭的供应。西华门大街北侧的会计司胡同,以清代内务府会计司署设在此处得名,它是掌管内府户口、地亩、征收皇庄粮食等事务的衙门。

丰盛胡同附近的南太常胡同、北太常胡同,在明代称作太常寺街,属咸宜坊,负责祭祀礼乐的机构太常寺设在此处,后来演变为胡同名。在民族文化宫一带,西北方向的按院胡同、学院胡同,西南的察院胡同,北邻的中京畿道、后京畿道、东京畿道、新京畿道,分别是明代巡按察院、提学察院、巡关察院、京畿道御史的衙署所在地;东南方向的教育街,是民国初年教育部所在地,原名教育部街,1928—1949年改称市党部街,1965年改为今名。

在厂桥地区,位于地安门外大街南口的帽局胡同,明代是巾帽局署衙的所在地。在它的南侧,北海与地安门内大街之间的恭俭胡同,明代是内官监署衙所在地,清代称内官监胡同,光绪末年讹为内宫监胡同,民国初期谐音改为恭俭胡同。作为二十四衙门之一,内官监掌管木、石、瓦、土、塔材、东行、西行、油漆、婚礼、火药十大作坊,还有米盐库、营造库、皇坛库。凡是国家营造宫室、陵墓,使用铜、锡、妆奁、器用,以及修建冰窖、储存冰块等事务,都由内官监负责。因此，在恭俭胡同周围，还有以明代的上述作坊、仓库为名的油漆作胡同、米粮库胡同、房钱库胡同、大石作胡同。

在东城区，交道口南大街东侧的大兴胡同，是明清大兴县衙的驻地。清代北京以鼓楼为界，东部属大兴县，西部属宛平县。大兴县的驻地、归属历经多次变动，最终移到黄村，即今大兴区驻地。宛平县衙驻在地安门西大街东官房，1928年划归河北省后，迁到卢沟桥旁的拱极城，抗战期间多次变动，1952年宛平县被撤销。景山公园东北的钟鼓胡同、织染局胡同、火药局胡同，分别是明代二十四衙门的钟鼓司、内织染局以及内官监之下的火药作的所在地。东四南大街东侧有相邻的三条街巷：中间的本司胡同，是明代管辖宫廷音乐戏曲活动的教坊司旧址；北面的演乐胡同，是教坊司所属乐队演奏的地方；南面的内务部街，原称勾栏胡同，是官妓、艺人聚集的地方，宣统年间称民政部街，民国时期称内务部街，都是以当时驻在此处的官署命名。东单北大街东侧的外交部街，是民国时期外交部所在地。

三、卫营厅司融入地名语词

明代在北京设置了东、西、南、北、中五城兵马司，但它们并不像军队机构那样真正掌管兵马，只是与巡捕厅一起维护城市治安，负责巡捕盗贼、疏通沟渠、管理囚犯等事务。北京还设置了屯驻卫戍部队的卫和京营，军队在校场操练或阅兵。清代也在内外城建立了若干兵营、校场。在这些机构附近形成的街巷，有些地名语词记录着相关的历史过程。

在西城区，丰盛街道范围内，全国政协礼堂东面的兵马司胡同，是明代西城兵马司所在地；西南角的机织卫胡同，明代是金城坊的济州卫新房，戍卫京师的济州卫署驻在此处，后来演变为济州卫胡同，清代谐音变换为机织卫胡同。位于西长安街北京电报大楼西侧的武功卫胡同，明代是小时雍坊武功左卫胡同，清代以谐音称为吴公卫胡同、蜈蚣街，民国时期称武功卫，1965年改今名。属于德外街道的教场口街，明代是通往五军神枢营教场的道路。厂桥街道的教场胡同，前身是明代训练禁军的内教场，清代称教军场。新街口街道的东教场胡同、西教场胡同，也是以明清教场为基础发展起来的街巷。

在东城区，交道口街道南侧的北兵马司胡同，明代是北城兵马司的所在地。鼓楼东大街北侧的分司厅胡同，明代是中央官员在顺天府履行职务的分司厅。东单北大街东侧的西总布胡同、东总布胡同，在明代是总捕衙署所在地，统称总铺胡同。后来分为东西两条胡同，地名用字也发生了谐音变换。在王府井大街，东侧的校尉胡同，明代是澄清坊的校尉营，在明清两代都是京营驻防地之一；北段西侧的东厂胡同，则是众所周知的明代特务机构东厂的所在地。

在北京外城，今崇文门外幸福大街西侧的东厅胡同，明代是崇南坊东西巡捕厅衙署所在地，当时直接以机构为名，清乾隆年间改为厅儿胡同。民国时期以南河漕为界，将胡同分为东厅胡同、西厅胡同两段。在东厅胡同以南、北京体育馆以北的一片地方，营房东街、营房宽街、营房新街三条南北向的主要街道之间，排列着两组东西向的小胡同。东边一组从"营房东头条"延伸到"营房东十条"，西边一组从"营房西头条"直至"营房西十一条"。清顺治十八年（1661）在这一带设立正蓝旗营房，在头条胡同至四条胡同安置驻军。民国初年营房全部改为民宅，逐渐发展到营房以东有十四条胡同、以西有十四条半胡同的格局。此后再经调整，形成了一个以"营房"为共同特征的地名群。

宣武门外菜市口东南，有相邻的前兵马街、中兵马街、后兵马街，明代是南城兵马司衙署所在地，属宣南坊。清代区分为兵马司前街、兵马司中街、兵马司后街，1965年调整为现在的名称。宣武门外大街西侧，集中分布着校场口胡同、校场头条至五条、校场小五条至小八条、校场大六条等十一条街巷，构成了一个以"校场"为核心语词的地名群。根据《京师五城坊巷衚衕集》的记载，明代宣北坊有"将军教场一二三四五条胡同"，以军队演武的校场为名，其他胡同显然派生于嘉靖年间以后。校场口或写为教场口，地处明清校场出入口，光绪年间已有记载，1965年以此为胡同名。前门外珠市口西大街东口的校尉营胡同，明代是正南坊的校尉营，前身也是驻扎军队的兵营。

四、文治象征国子监与贡院

"有文事者必有武备，有武事者必有文备。"古代北京作为教育科举中心，在武备之外建立了相应的文化机构，因此也对街巷胡同命名产生了一定影响。东城区张自忠路北侧的府学胡同，因为明永乐元年（1403）把这里的大兴县学改为顺天府学得名。西城区西长安街以南的宗学胡同，清雍正三年（1725）在此建立专门教育宗室子弟的宗学。但是，最容易让人联想到古代文化教育与科举机构的地名，是国子监街与贡院头条等街巷。

国子监街位于安定门内大街与雍和宫大街之间，命名渊源来自元代大德十年（1306）修建的国子监。国子监之名始于隋炀帝时代，此前各朝有国子学、太学、国子寺等名目，制度虽然不尽相同，但都是国家教育管理机构与最高学府。建筑布局坐北朝南，东面与孔庙毗连，符合古代"左庙右学"的礼制，二者共同构成了传承古代思想文化的殿堂。明清增修后的国子监，中轴线上的主要建筑有辟雍、彝伦堂、敬一亭，东西两厢为率性、诚心、崇志、修道、正义、广业六堂，六堂北面为绳愆厅、博士厅等。辟雍是皇帝讲学的地方，彝伦堂是国子监的藏书处，六堂是学生学习的场所。清乾隆年间刻石、江苏金坛贡生蒋衡手书的《十三经》石碑，连同《御制告成碑》共一百九十座，原置于六堂内供学生观摩，1956年移到国子监与孔庙之间的夹道内，1981年加盖屋顶妥为保护。它与西安碑林的唐开成石经，是我国目前仅存的两部完整的十三经刻石。光绪三十一年（1905）设学部以后，国子监作为最高学府的使命宣告完结。

1949年以后，国子监长期作为首都博物馆所在地。东西走向的国子监街，目前保存着四座精美的过街牌楼。东、西街口竖立的牌楼，额枋题"成贤街"，取养成贤才、为国所用之意，这是它在1965年之前的名称。中段位于国子监两侧的牌楼，额枋题"国子监"，路北是清代竖立的下马碑，用满汉文镌刻"文武官员到此下马"，以示国家最高学府的威严以及对孔圣人的尊仰。国子监又称国学，受其影响，国子监与孔庙东边的两条胡同，1947年被命名为国学胡同与官书院胡同。

国子监历经元、明、清三代，为我国以及朝鲜、缅甸、俄国等培养了大批人才。国子监的学生统称"监生"，起初是通过各地学政主持的考试或由皇帝特许后录取，清代乾隆之前考课颇为严格，此后越来越流于形式。科举被视为明清两朝仕进的正途，如果没有进过府、州、县学而打算参加乡试考取举人，或者没有通过科举取得功名又打算进入官场，都要先出钱买一个监生资格，即所谓"捐纳"。如此出身的监生叫作"捐监"或"例监"，通过捐纳买到官职的人叫作"捐班出身"。文凭、学位与官职皆成商品，由此孳生的教育腐败与吏治腐败自是古今一体。《戴斗夜谈》有明代民谣《京师十可笑》："光禄寺茶汤，太医院药方，神乐观祈禳，武库司刀枪，营缮司作场，养济院医粮，教坊司婆娘，都察院宪纲，国子监学堂，翰林院文章。"这几句顺口溜，在嬉笑怒骂间刻画了各衙门官员尸位素餐的形象，国子监不幸列在其中。

在科举时代，各省乡试与京城会试的场所都叫作"贡院"（图10）。人们认为东方是人文所会之地，贡院通常选在城内的东南方，大致也有祝愿应考者紫气东来、脱掉蓝衫换紫袍的意味。大门正中悬挂"贡院"匾，内有龙门，象征得中者好比鱼跃龙门一样。今北京建国门立交桥西北，有东西向的贡院头条、贡院二条，南北向的贡院东街、贡院西街，这四条街道所指示的范围，大致就是明清贡院的位置。这里本是元代的礼部所在地，明永乐年间改为贡院，万历二年（1574）予以扩建。孙承泽《天府广记》记载，扩建后形成了"东西号舍七十区，区七十间"的庞大格局。这四千九百间号舍是应试者参加考试期间所住的单间房屋，进场后上锁，交卷后才被监考者开锁放出。北京贡院的老照片显示，数十间号舍为一列，数十列号舍排出一条条长巷，场面颇为壮观。号舍的顺序根据《千字文》依次编排，从"天地玄黄，宇宙洪荒"一直排下去。比如"天字第一号"，就是指第一列的第一个号舍，也就是第一考场的第一个考生应试之处，后来却往往被用作定语来形容天下最笨的人了。历史悠久的科举制度已在清末消亡，与贡院相关的几个地名还在默默指示着这种文化现象发生的地点。

图 10　清末贡院
（选自山本赞七郎《北京名胜》，日本东京制版所，1909）

乡试得中的各省举人，每三年一次会聚京城参加考试，称为会试。逢辰、戌、丑、未年为正科，如果乡试有因为皇帝即位与皇室庆典而增加的恩科，第二年也要举行会试，称为会试恩科。在贡院参加会试之后考中的人，被称为贡士，习惯上称为进士。贡士再通过皇帝亲自主持的殿试，分别被赐予一甲前三名——状元、榜眼、探花"进士及第"，二甲若干名"进士出身"，三甲若干名"同进士出身"。这些人都被笼统地叫作"进士"，浏览一下北京孔庙的《进士题名碑》就会一目了然。当代不少报道体育比赛的记者或解说员，将获得某个项目前三名的团队或个人称为"位列三甲"，显然是对"三甲"之意不甚了了却非要套用故典而闹出的笑话，就像他们往往把表示大体上还能使人满意的成语"差强人意"拿来形容某项成绩相当糟糕一样，都暴露了历史文化常识的明显欠缺。

第五节　厂局广布

国都北京聚集了大批不事生产的人口，不论宫廷、官署还是军队，都必须依赖全国各地的供应。不论哪个朝代，朝廷都要在城里设置储藏粮食的"仓"、囤积备用物资的"库"，建立贮存或生产某些物品、同时兼具管理职能的"局"和"厂"。这些机构和相关建筑，最容易成为附近形成街巷胡同之后的命名之源，当代北京的许多地名仍然可以反映历史的某些片段。

一、营建北京储存物料的大五厂

沿着当代地名的线索，很容易找到明代永乐年间"大五厂"留下的踪迹。《大明会典》记载，营建北京需要充足的木料、砖瓦等建材，工部设置了大五厂：神木厂、大木厂，堆放木料、兼收苇席；黑窑厂、琉璃厂，烧造砖瓦及内府器用；台基厂，堆放柴薪及芦苇。此外还有称为"小五厂"的营缮所、宝源局、文思院、王恭厂、皮作局，分别负责木工、金工、丝工、革工事宜。

在东长安街南侧、王府井大街对过的台基厂大街，是明代台基厂所在地。嘉靖年间成书的《京师五城坊巷衚衕集》载，在中城南薰坊有相邻的台基厂南门、红厂胡同、台基厂西门，澄清坊有相邻的台基厂北门、柴炭厂、运薪厂。这六条街道的名称，已经清晰地表明了台基厂的范围及其作为柴薪基地的性质。今天自台基厂大街至光华路、从台基厂三条以南到东长安街乃至街北的部分地段，在明代都应是堆放木柴、杂草、芦苇的场所。"台基"就是台阶，芦苇柴薪易燃怕湿，因此把它们储存在四面修了台阶的高台之上，这应当就是台基厂得名的缘由。清代把地名写作同音的台吉厂，1949年后定名为台基厂大街，并且派生了台基厂头条、二条、三条。

从和平门沿南新华街前行500米，有琉璃厂东街、琉璃厂西街。外城的琉璃厂在明朝大五厂里最著名，完全依赖于它在清代成为书画、古玩交流中心之后所获得的巨大声望。明代南城正西坊有琉璃厂东门，宣北坊有琉璃厂西门，两者之间的街道就是今天的琉璃厂街。琉璃厂自明初开始烧造宫廷器用，占据了今大栅栏街道与椿树街道的大片地域，窑厂则在今北京和平门中学一带。自内城护城河的响闸桥向南流出的河道，从窑厂中间部位穿过，其地相当于今南新华街一线，将琉璃窑厂、琉璃厂街分为东西两部分。河上的小桥称为"厂桥"，向东西两侧分别通达琉璃厂东门与琉璃厂西门，清代又将厂桥以北、琉璃窑厂以南的三四亩隙地称为"厂甸"。这些原本没有清晰界线的地片名称，后来用以指称琉璃窑厂周围的街巷，成为反映城市发展过程的文化标记。大致在清乾隆年间纂修《四库全书》以后，琉璃厂一带开始以经营图书、玉器、古玩为主要特色的文化街区而闻名。与此同时，烧制内府器用的琉璃窑并未停止生产。乾隆五年（1740），寓居琉璃厂附近的张尹看到工部窑厂的琉璃瓦"黄碧盈目，悉成龙凤花卉之状"。乾隆三十五年（1770），窑户在琉璃厂掘土时发现了辽代李内贞墓。直到光绪二十六年（1900）以后，琉璃窑厂才全部移到京西琉璃局，即今门头沟区琉璃渠村。宣南的琉璃厂一带，一直是北京古都文化的荟萃之地。

宣南陶然亭公园北侧，有黑窑厂街、黑窑厂东街、黑窑厂西里、窑台胡同以及另外七条由"黑窑厂"派生命名的街巷。这一带就是明代大五厂之一黑窑厂的大致范围，窑厂旧址在今陶然亭公园西湖附近。《京师五城坊巷衚衕集》记载了正南坊黑窑厂，永乐年间开始在此烧制营建北京所需的砖瓦。清康熙年间窑厂转为民办后渐成街巷，乾隆年间称为黑窑厂胡同。这一带相对荒凉，砖瓦厂常年取土留下的众多窑坑，导致地势低洼，积水成湖，芦苇丛生。清代有人在此修建园林，屡遭破坏后渐渐变为坟场，民国以后人口才逐渐稠密起来，黑窑厂之名一直沿用下来，并且据此命名了多条街巷。

神木厂在今崇文门外东花市大街与西花市大街一带，明代是南城崇北坊神木厂大街。大五厂中的神木厂与大木厂，都是永乐年间营建北京时储存木材的地方，这些木材大多采自南方各省。明代中期的何孟春说："其最巨有樟扁头者，围二丈，长卧四丈余，骑而过其下，高可以隐。"《明史·食货志》记载，永乐四年（1406）奉命到四川采木的工部尚书宋礼报告说，一天傍晚，有数根巨木自动从山谷漂到了长江上。皇帝听了感到神异无比，下诏把采木的这座山命名为"神木山"，并派官员到那里建祠祭祀。这样，从神木山砍下的木料运到北京后，储存它们的木厂随之叫作"神木厂"，附近形成的街道叫作"神木厂大街"。

这个颇有神秘色彩的故事还有另外两个版本。曾棨撰写的宋礼墓志说，当年宋礼在四川马湖府（今雷波县大凉山一带）得到大木，有一天晚上这批木头自动前移了若干步。《神木山神祠碑文》则说，宋礼本来计划用大量民夫开通道路，将大木运出深山。不料，一天傍晚它们忽然自动移到了平坦的大道上。沿途只听见吼声如雷，山岩巨石不能阻挡，大木本身却毫发无损。伐木的民夫欢呼雀跃，千年古木迫不及待地要走出深山为皇都的建设所用，这真是当今盛世的大吉之兆啊！显然，如果不是凑巧有山洪暴发冲走了大木，就是宋礼编造了一段漏洞百出的谎言为皇帝歌功颂德。没有成千上万民众的劳苦和生命，南方原始森林的树木绝对不会自动跑到山外乃至北京为皇上献礼。永乐帝趁机封神木山、建神木厂，无疑是愚民的手法。这样的大木从云贵川漂运到北京，不知要花费多少民力！到清代乾隆年间，神木厂大街成了纸花贸易集市，街道名称渐变为花儿市大街。

明初设在朝阳门外的大木厂，位于今建国门外国贸桥以南的黄木厂一带。当年是收贮皇木之地，因此亦称皇木厂，晚近同音异写为黄木厂、黄木庄。明代的一株巨木被誉为神木，作为北京在东方的镇物。清初这里已有"神木厂"之称，逐渐取代了崇文门外神木厂的地位。《大清一统志》记载："神木厂在广渠门外二里许，有大木偃侧于地，高可隐一人一骑，明初构宫殿遗材也。相传其木有神，因名。"乾隆二十三年（1758）皇帝慕名到此，作《神木谣》一首并刻碑建亭，由此大大提高了城外神木厂的知名度。

1952年，北京乐器厂（北京钢琴厂）由西城迁到黄木厂村，已经倒塌的碑亭和具有五百多年历史的"神木"位于厂区食堂院内。其后为扩建厂房，残存的神木被锯成板材，做成八张会议桌，被朝阳区文物管理所收藏。1985年7月2日，北京钢琴厂翻建厂房时，发现了汉白玉的乾隆帝《神木谣》诗碑，随后为之修建碑亭，并加有机玻璃罩子予以保护（图11）。2008年左右，此地改建为部队干休所，嗣后新修了六角的《神木谣》碑亭。

图11　清乾隆帝《神木谣》碑
（孙冬虎 2008 年 3 月 12 日摄于朝阳门外黄木厂）

二、各司其职的其他厂局仓库

明代北京在"大五厂"之外，还有许多厂、局、仓、库，它们或者作为与储存物资相关的管理机构，或者就是生产作坊或交易场所。

以此为基础，派生了不少街巷胡同名称。

　　草厂负责供应驻军马匹、养羊所需的草料。宣武门外大街东侧的西草厂街，在明代是宣北坊的骡马市街北草场胡同，正处于骡马市、四川营、将军校场之间，当年是理想的储存草料之地。前门外鲜鱼口以东的草厂头条至十条，在明代是羊房草场一条胡同至十条胡同，早年应是为养羊储备饲料的草厂。鼓楼东侧的草厂胡同，东直门北小街西侧的草园胡同（1965年之前称草厂胡同），东黄城根南街东侧的大草厂胡同、小草厂胡同，西直门内大街以南的南草厂街，在明代或清代大多是军马或御马的草料厂。

　　木炭、木柴与煤炭是古代北京的主要能源。西四北大街与北海之间的大红罗厂街，明代是积庆坊红罗厂，存放皇宫专用、造价昂贵的红箩炭。万历年间的太监刘若愚《明宫史》（亦作《酌中志》）记载："凡宫中所用红箩炭者，皆易州一带山中硬木烧成，运至红箩厂，按尺寸锯截，编小圆荆筐，用红土刷筐而盛之，故名曰红箩炭也。每根长尺许，圆径二三寸不等，气暖而耐久，灰白而不爆。"国子监东南的青炭局胡同，德胜门外炭厂胡同，清代以后都曾设炭厂。宣南琉璃厂与大栅栏之间的茶儿胡同、炭儿胡同，在明代称为柴胡同、炭胡同，是交易和储存木柴与木炭之地。德胜门内的西煤厂胡同与东煤厂胡同之间，清代曾设立煤厂。距此不远的铜铁厂胡同，清代有铜铁作坊，所需燃料可能就来自旁边的煤厂。

　　有些厂局是明清时期制造武器或铸造器物之处。北京站东侧的盔甲厂胡同，明代是明时坊盔甲厂，万历、崇祯年间发生火药爆炸时，曾把研磨火药的石碾子炸飞到泡子河城墙下。柏林寺东边的炮局胡同，乾隆年间有镶黄旗的炮厂。地安门西大街与护国寺街之间的东枪厂胡同、西枪厂胡同，明代是惜薪司北厂，清代变为制造刀枪的地方。旧鼓楼大街与鼓楼西大街之间的铸钟胡同，明代是日忠坊的铸钟厂，著名的觉生寺（大钟寺）永乐大钟就是在此铸成。东四北大街西侧的钱粮胡同，明代是仁寿坊钱堂胡同，以钱局在此得名，清代谐音改名钱粮胡同，铸造铜钱的宝泉局南厂设在这里，其职能与明代钱局完全一致。北京站与古观象台之间的老钱局胡同，是清朝工部铸造钱币的地方。

有些厂是生产或储存建筑材料之地。鼓楼东南的方砖厂胡同，明代是靖恭坊的方砖厂，生产储存修建皇宫所用的大方砖。西长安街以南、西交民巷毗邻的前细瓦厂胡同，明代是大时雍坊细瓦厂南门，由此向北到今天的后细瓦厂胡同，是营建北京期间堆放屋瓦的地方。西直门东北侧的桦皮厂胡同，清代内务府在此存储从辽东运到北京的桦树皮。

有些厂与食品生产相关。王府井大街以西、东安门大街南侧的菜厂胡同，明代是南薰坊的菜厂，供应皇宫御膳房所需的蔬菜。中国美术馆西北、北河沿大街东侧的亮果厂胡同，清乾隆年间称为晾果厂、晾谷厂，清末写作亮果厂、亮国厂，是秋收后宫廷里晾晒储存干果的地方。

有些厂与文化事业关联。鼓楼东大街北侧的大经厂胡同、大经厂西巷，明代是灵椿坊的医学外经厂，应当为印刷医学典籍之地。清代称大经厂，1965年改为现名。大经厂胡同东侧的小经厂胡同，相传是附近佛寺晾晒经卷的地方。

清光绪二十六年（1900）义和团攻打西什库教堂，顺带提高了西什库大街的知名度。明代在这里设立了储备物资的十座国库，分别称作甲字库、乙字库、丙字库、丁字库、戊字库、承运库、广盈库、广惠库、广积库、赃罚库，因其位于皇宫以西，总称"西什库"。"什"即"十"。乙字库由兵部管理，贮藏胖袄、战鞋、军士裘帽等军用物资。戊字库储存甲仗，广积库储藏硫黄、硝石，广盈库储藏绢丝锦纱，归工部管理。另外六库归户部管理，收藏其他财物。清代称这里为西什库胡同。民国时期这条街道分为三段，从南到北依次叫作西什库、西什库夹道、后库。1965年三段合并为西什库大街，但公共汽车至今仍有"后库"一站。

新街口南大街北段西侧的前公用胡同、后公用胡同，在明代是鸣玉坊的供用库胡同，因为皇家外供用库在此得名；清代取谐音变为宫衣库或宫用库，并分解为两条胡同；1965年改称现名。民族文化宫东北的皮库胡同，传说以清朝的皮料仓库得名。

安定门西大街南侧的宝钞胡同，在明代是金台坊倒钞胡同，清代取谐音变为今名。《元史·食货志》记载，至正年间使用的货币有"至正钱"与此前历朝铸造、统称为"历代钱"的两种铜钱，还有中统钞、至元钞、交钞三种纸币。元末陶宗仪《南村辍耕录》说，户部有宝钞总库、印造宝钞库等金融机构，负责制造、管理、发行、兑换各类货币。明代的倒钞胡同，应是其中一个机构的所在地。景山公园东北侧的纳福胡同，清乾隆时称内府大街，宣统年间称内府库，民国年间取"内府"的谐音改名纳福胡同。这几个地名的源头，就是明代在此设立的内府供用库。腊库胡同与纳福胡同相通，明代内府供用库的蜡库设在此处，御用的白蜡、黄蜡、沉香等都自该库取用，清乾隆时称蜡库胡同。景山公园正北的帘子库胡同，清代有为皇宫储存帘子的仓库。由此向东，到东皇城根北街与美术馆后街之间，有大取灯胡同、小取灯胡同，明代是保大坊的取灯胡同，有储存引火之物"取灯"的仓库。劳动人民文化宫以东、东华门大街南侧相互毗邻的磁器库胡同、缎库胡同、灯笼库胡同，分别以曾为明清宫廷磁器库、清代户部缎匹库、内务府灯笼库的所在地得名。

朝阳门、东直门之内以"仓"为名的街巷胡同，大多派生于元代以来的漕运仓场，本书将另行讲述。除此之外，张自忠路北侧的白米仓胡同，在明代是教忠坊的济阳卫仓之所在，清代改名为白米仓胡同。地安门西大街西端路南的太平仓胡同，明正德五年（1510）在此建立太平仓，《京师五城坊巷衚衕集》有积庆坊太平仓，清代粮仓废弃但保留今名。西直门东南、官园公园北侧的后广平胡同，位于明代广平库仓北侧。这个粮仓又称广平库、西新仓，朝天宫西坊的西新仓后墙因此得名，清代改为后广平库胡同，1965年定为后广平胡同。清代的前广平胡同位于官园的南缘，与后广平胡同一起显示了明代广平库仓的南北边界。后广平胡同北邻的小后仓胡同，在清代称后仓，以其位于广平库仓之北得名。后与东北方的大后仓胡同（明代北新草厂）对称，改为小后仓胡同。德胜门内大街西侧的簸箩仓胡同，明代是发祥坊哱啰仓。"哱啰"或写作"哱罗"，是古代军中用海螺壳做成的螺号。戚继光《纪效新书·号令》说："凡吹哱罗，是要众兵起身。"哱啰仓北面800米是德胜门，在军队出城前的城门附近设立储存哱啰的仓库完全必要。清代改名笸罗仓胡同，再经同音异写即为今名。

三、几近湮灭的文化标记象来街

20世纪末，新华社前的宣武门西大街两侧，不同线路的公共汽车竖立的站牌，有的写着"长椿街"，有的写着"象来街"，最近几年才找不到"象来街"这个站牌了。

明代御马监驯养大象的象房在紫禁城东北角护城河外，即今银闸胡同一带。弘治年间在皇城之外修建了外象房，位于宣武门以西一里的城墙北侧，相当于头发胡同以南至宣武门西大街之间。象房与城根之间的东西向街道叫作"象房街"，处于象房西南角、跨越排水沟渠的桥梁称为"象房桥"。

清代象房改称驯象所，乾隆年间有了"象来街"这个地名，所指的地方即今闹市口南街南端与东智义胡同南口之间、宣武门西大街中间向西北延伸的一段分岔。宣统年间，驯象所改为资政院，院前的象房街改称象房桥，向西与象来街南侧的顺城街连成一线。民国年间，资政院成为北洋政府的国会所在地，靠近南城根的象房桥至顺城街一线合称国会街，后又改为宣武门内西城根。1965年，象来街并入南邻的宣武门内西城根，1971年成为宣武门西大街的一段分岔。

东南亚国家进贡来的大象，是明清时期朝廷重大庆典活动中不可缺少的仪仗队成员。《大清会典》记载，銮仪卫管辖下的驯象所，掌管有关"朝象"和"仪象"的事务。"朝象"用在每天上朝时。太阳刚刚升起，就把四头大象布置在天安门外，京外的臣属前来朝见时也作同样的安排，用民尉二十四人护卫。"仪象"用于帝王出行车驾的仪仗队中，使用"宝象"五头，还有四头作为前导的"导象"，用民尉一百零八人护卫。

  农历六月的初伏、中伏、末伏日，驯象所的官员穿上规定的服装，在仪仗陪伴、鼓乐吹奏之下，把大象引导到宣武门以西的护城河里去洗浴。城下搭建彩棚，官员在此监督洗象的全过程。成千上万的人来到护城河边观看大象喷水游戏，欣赏驯象者精彩的水上表演。里三层外三层的人群，把洗象处围得水泄不通。宣武门外看洗象，简直成了民间的狂欢节。当大象从象房缓缓走出时，早就翘首期盼的人群必定发出一阵阵"象来了！""象来了！"的欢呼声，这大概就是"象来街"的起源吧？

  今天仍有不少老人记得象来街，也有以此为名的银行储蓄所。但是，随着1965年的街巷合并，这个渊源深远的地名终究从北京现代地图上消失了。由此带走了已经延续数百年的一个独特的历史文化标记，终究令人感到遗憾。

第六节　精神之巢

　　人类的生存和发展需要足够的物质保障，也离不开非物质的精神营养。在很长的历史时期，宗教与民间信仰就充当了这样的心灵归宿，寄托着人们对现实的理解以及对未来的期望。寺院、庵观、庙宇等类建筑，是佛、道、儒三教以及种类繁多的民间信仰的象征，类似于一座座有形的精神之巢，其他宗教信仰也有各自的物质载体。它们作为所在区域的突出标志，是派生街巷与区片名称的重要依据。追溯地名的语源和语词含义，可以找到其间蕴含的历史文化信息。

一、寺庙庵观派生街巷名称

　　寺庙庵观等类建筑的形制和功能，决定了它引人注目的独特性。由此派生的街巷胡同或地片的名称，大多直接显现在地名的语词之中。

　　北京宣南地区，法源寺前街、法源寺后街、法源里等街巷和居民区名称，指示着佛教名刹法源寺的位置。这座寺院的变迁也是北京城市发展的见证。它的前身是唐代的悯忠寺，含有缅怀国家忠良之意。唐朝贞观十九年（645）冬天，远征高丽的李世民率军回到幽州蓟城。战场厮杀和风雪严寒造成数千兵员和大批军马的伤亡，心有悔意的唐太宗不得不退兵。半年前，他的远征大军曾在蓟城南郊誓师，现在重回蓟城，不禁触景生情，心有感怀，于是下诏修建寺院以追荐阵亡将士。不过，这座寺院在贞观年间并未完成，唐高宗上元二年（675）再次下诏修建，但仍然未见成效。直至武后万岁通天元年（696），才完成了建寺工程，赐名"悯忠寺"，此时距太宗下诏建寺已过去了半个世纪之久。寺院在历史上经受了地震、兵燹等破坏，清雍正十一年（1733）重修后，赐名"法源寺"。乾隆帝题写的"法海真源"匾额，悬挂于大雄宝殿前抱厦的梁间，对法源寺的名称含义做了最简洁的说明。游客、信众与小区居民每天来往于法源寺及其前后街巷，有意无意间都与这座名寺发生着文化的关联。

寺、院、庙、庵、宫、观、阁、祠等类建筑的名称，往往直接被人们当作所在地域的名称使用，它们后缀的街、巷、胡同之类通名大多是后人所加，有的还要经过多次反复才被大众接受。前门外大栅栏是清末民国时期北京最繁华的商业地段，从此向西穿过煤市街，有东北—西南走向的大栅栏西街。这条街道在明代是正西坊观音寺，名称从西端供奉观音菩萨的佛教建筑转化而来。到清代加了一个通名，称为观音寺街。民国时期"街"字去而复留，1965年整顿街巷名称，根据地理位置派生命名为大栅栏西街。已成民居的观音寺旧貌早已不再，通过追溯地名语源却可找到它与佛教的关联。

北京地名进入20世纪以来经历了很大变动，带有寺、庙、庵、观等宗教建筑通名的许多街巷被更名，但保留下来的也为数不少。老城区东城，有黄寺大街、琉璃寺胡同、前后圆恩寺胡同、雍和宫大街、辛寺胡同、嵩祝院、大佛寺东街、隆福寺街、普渡寺东西前后巷、北极阁胡同；崇文门外有红庙街、法华寺街、夕照寺街。老城区西城，有黄寺大街、朝阳庵、双寺胡同、护国寺街、护国寺大院、地藏庵、真武庙路、白庙胡同、白云观街；宣武门外有保安寺街、报国寺东西夹道、慈悲庵、法源寺前后街、天宁寺前街、小红庙、三庙大院、小寺街等。德胜门外的礼拜寺街，是伊斯兰教在北京传播的记录。

更多的寺庙名称转化为街巷名称，是仅取其专名而省略了直接表现宗教色彩的通名。宣武门外的北京地铁长椿街站的名称，派生于由此向南的长椿街，而长椿街又是长椿寺街简化的结果。这些地名的源头就是位于长椿街与下斜街南口交会点西侧的长椿寺。寺院建于明万历二十年（1592），主要建筑保存基本完好，现在成了宣南文化博物馆。清代以花事繁盛著称的崇效寺是宣南第一名寺，始建于唐贞观元年（627），原名崇孝寺，元至正初年改为崇效寺，藏经阁至今尚存。它所在的街巷今称崇效胡同，与寺院之名的渊源关系不言自明。诸如此类的名称，宣武门外还有北极巷、大宏巷、灵佑胡同、善果胡同、莲花胡同、万寿里、永光东西街、兴胜胡同、永乐里、龙泉胡同、响鼓胡同、五道街、延寿街、云居胡同、万明路、仁寿路等；老城区西城则有华岩胡同、弘慈巷、三塔村、碧峰胡同、黑塔胡同、永泰胡同、正觉胡同、真如镜胡同、天庆胡同、兴华胡同、弘善胡同、万明巷、能仁胡同、华嘉胡同、大乘胡同、翠峰胡同、永祥胡同、青塔胡同、真武胡同、松鹤胡同、承恩胡同、天仙胡同、圆宏胡同、石灯胡同、保安胡同、道义巷、玉钵胡同、西文昌胡同、双吉胡同、兴隆街；在崇文门外，这类街巷有延庆街、天龙东里、精忠街、安国胡同、鲁班胡同、小兴隆街、安化楼、三元街、宝华里；老城东城有净土胡同、蓑衣胡同、福祥胡同、青龙胡同、柏林胡同、慈慧胡同、弘通巷等。这些街巷的专名部分都源于所在地的寺、庙、宫、馆、庵、阁等建筑名称，老城区以外还有不少同类地名。

寺院庙宇的名称变为街巷或区片名称，有些字眼未必符合居民心愿，某些时候则是有意淡化其宗教色彩，从而难免以同音或谐音为主要方式对专名用字予以更改。前门外有北火扇胡同、南火扇胡同，其中的北火扇、南火扇，实际是北火神庙、南火神庙省略"庙"字之后的谐音异写。民国年间陈宗蕃《燕都丛考》记载："北火神庙，亦曰北火扇。"诸如此类的语词更改，在街巷名称中不乏其例。老城区东城的千福巷与明代千佛寺，灵光胡同与明代灵官庙，三源胡同与民国三元庵；崇文门外的洪福胡同与弘福寺，青云胡同与庆云庵，远望街与阎王庙街，南武胜巷与五圣庵，清华街与青化寺，文章胡同与文昌宫等，彼此之间都是派生命名与近音或谐音改字的关系。老城区西城的宏庙胡同与红庙，宝产胡同与宝禅寺，东冠英胡同、国英胡同与观音寺，育教胡同与翊教寺，成方街与城隍庙，灵境胡同与灵济宫，玉芙胡同与玉佛寺，地昌胡同与地藏庵；宣武门外的四胜胡同与四圣庙等，街巷名称与明清宗教建筑名称的派生关系与地名用字更改，同样是一目了然。

二、实用趋向与敬畏心理并重

民间虔诚供奉各类神明，与其说是为了表达某种思想信仰，还不如说体现了追求实用价值的普遍心理。宣南琉璃厂、大栅栏一带，在名称转化为地名的寺庙中，火神庙供奉司火之神火德真君，通常是祈求它不要降火灾于人间。但对琉璃厂而言，既希望火神保佑烧制琉璃瓦时用火顺利，也企盼它保佑书肆的易燃物品平安无事。樱桃斜街的飯子庙，民国年间是刻字业同业公会所在地，1965年改名樱桃胡同。庙中供奉的文昌帝君，民间俗称文曲星，是道教中掌管士人功名禄位的星宿。刻字工人与读书人一样整天与文字打交道，因此也把它视为本行业的神明。五圣庙供奉关羽、土地、财神、山神、药王。七圣庙俗称蝎子庙，后谐音为协资庙，所供奉的七圣以关羽为中心，右置赵公明、土地爷、天仙圣母，左置二郎神、财神爷、火神爷，或者以关羽、土地、龙王、财神、药王、青苗神、雷神构成七神，都寄托着俗世人群对于财富、平安、风调雨顺的期望。

  大栅栏地区的五道庙一带，民国年间更名为五道街。今人书报屡称，"五道"源于地处五条道路的交会处。实际上，这种望文生义的臆测完全不着边际。明代兵部尚书王象乾为五道庙撰写的碑文说："正阳门西，由臧家桥至宣武门，乃龙脉交通、车马辐辏之地，旧有五道庙镇焉。"由于庙宇的建筑规模太小，万历三十五年（1607）七月采纳道士揭真诚的主张，在旧殿后面增建玉帝行宫，以玉皇大帝统率诸神威镇京城冲要，其间包括被奉为"关圣帝君"的关羽等民间诸神。王象乾认为，之所以修建五道庙，是为了提倡仁、义、礼、智、信五种道德观念。这至少说明，庙宇以"五道"为名，既不是由于它处在五条道路的交会点，更不是因为里面供奉了五位道教的神灵。如果再作进一步推敲，王象乾的碑文也只是站在儒家立场上做出的发挥甚至曲解。五道庙是供奉五道将军的庙宇，根据道教典籍和民间讲说，五道将军又称五道神、五道圣君、五道轮转王、五道老爷。"五道"是指灵魂换世转生的"五道轮回"，即天道、人道、地狱道、饿鬼道、禽兽道，决定着人们来生的命运。五道将军作为东岳大帝最重要的助手，掌管世人的生死荣禄，有权监督纠正阎罗王判案，甚至决定世人寿限，而且富有正义感和同情心。这位口碑极好的神祇经常悄悄巡游人间，多次救助弱者、开释无辜、成全有情之人。因此，五道庙在全国各地并不鲜见，但都与它们是否坐落在五条道路的交会点毫无关系，只是显示了传统社会的风水观念与神明崇拜。

民间崇拜的神明相当庞杂，而且与大众日常生活联系密切。嘉庆七年（1802）日本人冈田玉山等编绘的《唐土名胜图会》显示，在正阳门外的瓮城之内，西门南侧是关帝庙，东门北侧靠近正阳门城根有龙王堂，东门外靠近城根处是观音大士庙。在如此重要但相对狭窄的空间做出这样的安排，反映了三位神明在民间信仰中的突出地位。在《乾隆京城全图》上标注的建筑中，有一百一十六座关帝庙、伏魔庵，崇祀作为忠信义勇化身的关羽；一百零八座观音寺、白衣庵，敬奉大慈大悲、救苦救难的观音菩萨；四十二座土地庙，供着掌管本地事务的土地爷；四十一座真武庙，崇祀道教的北方之神真武大帝；三十四座娘娘庙、天仙庵，敬奉掌管生儿育女的碧霞元君；三十座火神庙，供着司职世间用火事宜的火德星君；二十五座地藏庵，崇祀救度天上以至地狱一切众生的地藏菩萨；十九座龙王庙，敬奉决定人间风调雨顺还是洪涝干旱的龙王爷；十七座玉皇庙，供着天庭的最高统治者玉皇大帝。十座药王庙，崇祀医病济民的药王；十座财神庙，供着保佑人们发财致富的财神爷；还有三十一座三官庙、三元庵；二十三座五圣祠、五圣庙、五圣庵；十六座三圣庵、三圣祠，都是数位神明共祀于一处。此外，还有为数不多的马神庙、灶君庙等。乾隆年间北京城区寺庙类建筑总计大约一千三百座，几乎与胡同数量相当。晚清至民国以后，此类建筑逐渐衰败、废弃或改作他用，由此派生的地名用字几经调整，但依然可以窥见显示北京宗教信仰的一鳞半爪。

三、五顶寄托百姓最大心愿

中国传统社会主张"不孝有三，无后为大"，在这样的文化背景下，恐怕没有哪一位神仙对百姓的影响可以超过佛教的"送子观音"与道教的"送子娘娘"。从西方天竺国远道而来的观音菩萨与中国土生土长的碧霞元君，共同肩负起推动民族繁衍的重任，这也是文化传播史上的一个有趣现象。传说碧霞元君是东岳大帝的女儿，北宋真宗时被封为"天仙玉女碧霞元君"。西晋张华《博物志》提到的东海泰山神女，指的也是这位家在泰山极顶的神仙。因此，供奉碧霞元君的庙宇不称"庙"而称"顶"。俗语"庙上不见顶上见"，就是借助同词异义形容两个人意见相左或故意作对。从明代到清代，北京外围逐渐形成了以东顶、西顶、南顶、北顶、中顶为名的五座碧霞元君庙，构成了基本环绕城区的"五顶"，后三者还派生出了相应的聚落名称。

在北四环中路健翔桥东北方，北京市社会科学院与安翔路之间，二十年前曾有一家"北顶村菜市场"。由此证实，这片已经城市化了的区域，从前是一个叫作"北顶村"的聚落。它所据以命名的"北顶"，位于此地东北数百米、北辰西路东侧。这座小庙在建设2008年奥运会场馆时被保留下来并得到修缮，与东邻的国家体育场（鸟巢）以及北邻的国家游泳中心（水立方）一起，成为奥林匹克公园的一部分。清代的《日下旧闻考》记载："北顶碧霞元君庙在北极寺之东，本朝乾隆年间奉敕新修。"民间习惯于将碧霞元君庙称作"娘娘庙"，北顶门额上书写的"敕建北顶娘娘庙"则是两种称谓的混合，应当是此后某个时期补题。

北顶与另外四座碧霞元君庙，构成了北京的"五顶"。明末清初学者孙承泽《天府广记》说："都人最重元君祠，其在麦庄桥北者曰西顶，在草桥者曰中顶，在东直门外者曰北顶。"尽管他也提到城外东南马驹桥、西直门外高梁桥北也有祠庙，却只称西、中、北三处为"顶"。到乾隆时期，修建了一个新的北顶，这就是今奥林匹克公园南端的那处庙宇。清初位于东直门外的北顶，由此改称"东顶"。京郊"五顶"最后形成，并完整地载入《日下旧闻考》。

南顶，在今永定门外南苑路东侧的南顶村。中顶，在今南三环西路草桥以北的中顶村，是丰台区文物保护单位。西顶，在今海淀区蓝靛厂大街以北，曾被某家工厂使用，历史上有护国洪慈宫、广仁宫等名称，流传最广的是"西顶"这个俗称。东顶，位于今东直门桥东北约2公里、华都饭店南侧，20世纪60年代中期被拆毁。五顶的地理方位大体兼顾东、西、南、北、中五个方向，是道教影响北京地名的典型例证。

第三章

市井民情

社会的约定俗成是地名最广泛的来源，出自民间的地名语词与百姓生活密切相关，因而能够比较形象地反映命名之初的地方语言、居民特色、经济行业，由此展现出一幅幅市井民情的真实画卷。

第一节　如是京腔

俗语云"一方水土养一方人",地名的读音和用字往往带有鲜明的地方色彩。它们或者在口语中保留了由来已久的方言与古音,或者在书写时采用了某些比较独特的字眼。北京老城区的地名,尤其能够让我们感受浓郁的京腔京韵,体味底蕴深厚的历史文化与乡土风情。

一、代表京城街巷名称特点的"胡同"

胡同游是北京民俗旅游的招牌之一,"胡同"本作"衖衕",是老城区常见的一个街巷通名。街巷名称一般具有很强的稳定性,在有城墙围绕的时代,北京城里与城外的社会生活、地名分布及其命名特点都有明显差异。

当代二环路包围的老城区内街巷密集,除一部分称为路、街、巷之外,以"胡同"为通名的最普遍。这里是明清时期的内城,胡同分布最集中。它们既是传统街巷的典型代表,也是北京城市文化的象征。有些街巷虽然不以"胡同"为通名,但其形制与胡同并无二致,因此也被归入胡同之列。前门外的钱市胡同,最窄处只有0.4米,堪称北京之最。它在清代发展起来,一度成为决定金银与钞票每天以何种比率相互兑换的城市金融中心。每条胡同不论宽窄长短,背后都隐藏着反映北京发展变迁的微观历史。

南城的胡同远远少于内城,这里在明嘉靖三十二年(1553)修建外城后才被圈入城区范围内,当年实际上处于从城市到乡村的过渡地带,地名因此表现出既有胡同又有聚落名称的特点。二环路之外是古代北京的关厢与郊区,胡同越发少见,以庄、村、营等为通名的地片名,自然是从乡村聚落名称转化而来。就总体情形而言,不同类型的北京地名,大致呈现出同心圆式的带状分布格局:以宫廷区为中心,最近一环是"胡同"代表的城市区,其次是今天的二环线所在的"城门"区,再向外就是以"庄""村""营"等为通名的城郊乡村聚落区。如果从故宫北面的景山出发向东,沿着五四大街、东四西大街、朝阳门内大街、朝阳门外大街一线抵达东三环路,浏览道路南北两侧左近的街巷,就能进一步体会北京地名的空间分布规律,认识地名类型的上述变化过程。

明末崇祯皇帝在景山上吊,提高了这座人造土山的知名度。由此向东,景山前街北侧有西老胡同、中老胡同、东高房胡同。五四大街两侧,南有草垛胡同、银闸胡同、沙滩南巷、翠花胡同、东厂胡同;北有弓弦胡同、达教胡同、晓教胡同、黄米胡同、亮果厂胡同。走过王府井大街北口,在东四西大街两侧,南有多福巷、报房胡同、桂花胡同、玉石胡同、大豆腐巷、弓箭大院;北有钱粮胡同、铜钟胡同、鸟枪胡同、连丰胡同、轿子胡同。穿过东四北大街南口至朝阳门内大街,其南侧有大通胡同、小通胡同、后炒面胡同、前炒面胡同、前拐棒胡同、后拐棒胡同、北竹竿胡同、竹竿胡同;北侧有依次排列的东四头条至东四十三条,以及烧酒胡同、吉兆胡同、南弓匠营胡同、同福夹道、南利民胡同、豆瓣胡同、南豆芽胡同、后石道胡同。再向东到达朝阳门桥,明清时期这里是北京内城九门之一的朝阳门,城墙与城门被拆除后,只剩下以城门故址为交会点的朝阳门内、外、南、北大街,还有现代修建的这座立交桥,它们都是追寻城门历史与地理位置的可靠线索。

出朝阳门桥往东,朝阳门外大街西段,两侧仍然有数条胡同,这是历史上朝阳门关厢地带从城市向乡村过渡的反映。距离大街较近的胡同,南侧有水门关胡同、盛管胡同、三丰胡同、净住胡同、荣盛胡同、南营房胡同、夏家胡同、化家胡同以及几条派生街巷;北侧有杨家胡同、吉市口胡同、筛子胡同、元老胡同、西草园胡同、东草园胡同等。在东大桥路以东的朝阳门外大街东段,已没有以胡同相称的街巷。由此向东的区片名称,有呼家楼、八里庄、六里屯、高碑店、康家沟等,从前都是乡村聚落。从内城的典型城市区到关厢一带的城乡过渡区,再到外围的乡村聚落区,地域特征的差别同样反映在地名通名方面。

景山处在北京城市中轴线上，如果由此向西，经过文津街、西安门大街、阜成门内大街、阜成门外大街、阜成路抵达西三环路，也将看到沿途从街巷胡同到城门再到乡村聚落的变化过程，与中轴线以东地名类型的空间分布规律完全一致。

二、"胡同"绝非源于蒙古语的"水井"

"胡同"是人们在地名应用过程中将本字"衚衕"从简替代之后的写法。它作为街巷的形制大致形成于金代，"衚衕"这个词的记载可以上溯到元代。杂剧《沙门岛张生煮海》是元代曾任南台御史的李好古所作，他在第一折写道，东海龙女的侍女梅香对张羽的家童说："你去兀那羊市角头砖塔儿衚衕总铺门前来寻我。"这个"砖塔儿衚衕"，是迄今所见北京历史上最早被文献记载的胡同，所在地点就是今西城区中部的砖塔胡同。

大约在1990年前后，新闻媒介与某些论著宣传这样一种观点："胡同"是蒙古语"水井"的近音词。其主要论据有：蒙古语"水井"一词的发音为xutok，近似于"胡同"，北京城区的许多胡同名称中就带有"井"字，如二眼井、三眼井、四眼井、柳树井、高井、王府井、罗家井等，可以说是"一条胡同一口井"；19世纪初刊行的藏蒙对照工具书《详解月光辞典》中，读音近似"忽都"的那个蒙古语词，其本义除了"井"之外，还解释为"大街"；明代茅元仪所辑《武备志》，对蒙古语意为"水井"的那个词的汉语译音，标注为"苦都四"（即"苦都"的复数形式）和"忽洞"。因此强调，北京街巷通名中的"衚衕"（胡同）一词，是元代借用了蒙古语意为"水井"的那个词的汉字译法。换句话说，"胡同"就是元代蒙古语的"水井"。

但是，明代张爵《京师五城坊巷衚衕集》与清代朱一新《京师坊巷志稿》都显示，北京"衚衕"与水井的分布并不具有明显的对应关系，所谓"一条胡同一口井"只是想当然的推测。明代《宛署杂记》有"孟家衚衕"，位于今门头沟区龙泉镇以西、九龙山东南麓，其命名与水井毫无关联。这个"衚衕"在当地独一无二，显然无法以派生命名来解释。由此初步证明，"胡同水井说"并不可靠。

金末元初关汉卿的杂剧《关大王独赴单刀会》第三折，有关平如下的一段道白："你孩儿到那江东，旱路里摆着马军，水路里摆着战船，直杀一个血衚衕。我想来，先下手的为强。"在这个语境下，"衚衕"显然是"通路"之意。我们根据张爵《京师五城坊巷衚衕集》逐一统计，全书所载街巷有三百六十二条称为"××衚衕"，他却没有解释这个语词的来源，可见在明代已是一个司空见惯的街巷通名。

到清末朱一新编纂《京师坊巷志稿》时，专门对"衚衕"这个词的语源进行了训诂学的考释。他在征引多种文献的基础上告诉我们：作为单字的"衚"见于先秦《山海经》和东汉许慎《说文解字》，后者已指出它有街道之意；北方的"衚"与南方的"弄"，只是语音的地域差异所致，二者实质上是表示街巷的同义词；同时记载"衚"与"衕"的字书是《玉篇》，其编纂者顾野王是南朝梁陈之间的人，这个年代要比元朝早七百年左右；《元经世大典》里的"火衖"（火巷）和"火弄"，北方人读来恐怕会把仄声变为平声，于是在用文字记录时选用了"衚衕"二字以顺从语音的改变。

在古人的论述中，很难看出"衚衕"和蒙古语以及水井有何关联。即使是"火巷"一词，也并非元代才有，当然更谈不上属于蒙古语。《宋会要辑稿·瑞异二·火灾》记载：南宋绍兴三年（1133）十一月二十二日，鉴于临安城内火灾频发，宋高宗下诏，除对放火者依法处置外，"被火处每自方五十间，不被火处每自方一百间，各开火巷一道，约阔三丈。委知通躬亲相视，画图取旨，即不得夤缘骚扰"。要求以五十间或一百间房屋为单位，彼此之间留出三丈宽的通道充当防火隔离带，委派知府与通判亲自监督实施，所有人等不得借故干扰。这些纵横交织的"火巷"，平时也就成了人们来往的通道。这一年在北方是金太宗天会十一年，由此再过134年，蒙古至元四年（1267）忽必烈才开始着手修建元大都。到他诏令旧城居民迁入新城的至元二十二年（1285），距离宋高宗命令临安开辟"火巷"已有152年。可见，"火衖"（火巷）或者"火弄"是我国南方"古已有之"的汉语方言词汇，作为它在北方音转的"蒳蒳"，当然绝不可能是从蒙古语中借来的名词。

元末熊梦祥《析津志》说，大都城的街道有"三百八十四火巷、二十九衖通。衖通二字本方言"。从语音方面看，"衖"字读作xiàng，"衖通"与"蒳蒳"的读音相差太远，二者不可能是同词异写的关系。"衖通"与"火衖"虽然都被用来表示街巷，但彼此显然应当存在宽与窄的区别，否则熊梦祥完全不必分开统计。沿着这样的思路，大都的街巷布局应当包含了三百八十四条比较狭窄的"火巷"，还有二十九条沟通这些火巷的比较宽阔的"衖通"。平均起来，每条"衖通"应当与十三四条"火巷"连通，由此构成了元大都早期的街巷系统。从"火巷"即防火通道演化而来的"胡同"，逐渐成为普遍适用的街巷通名。需要说明的是，方言是一种语言的地方变体，《析津志》所谓"衖通二字本方言"，说的是"衖通"这个词通行的地域性，决不意味着它属于蒙古语。

朝鲜高丽王朝末期大致相当于我国的元末，当时有两部学习汉语的权威性会话手册《老乞大》与《朴通事》。建立辽朝的契丹族在历史上有巨大影响，许多北方民族以"契丹"称呼中国。"老乞大"就是"老契丹"的转音，指的是在中国长期居住并精通中国事务的朝鲜人，大致就是"中国通"的意思。至今俄语称中国为Китай，也是源自"契丹"，与这里的"乞大"具有同源关系。"朴通事"是虚拟的一位姓朴的朝鲜翻译，《朴通事》以他与客人对话的形式成书。朝鲜人编写的这两部汉语会话教科书，记录了元大都一带的北方口语。明朝成化年间应朝鲜邀请，葛贵等人对两书加以修改，以反映汉语的新变化，并由朝鲜语言学家崔世珍以创立不久的朝鲜谚文加以注音，最后编定为《老乞大谚解》与《朴通事谚解》。1998年在韩国发现了元代刊印的原本《老乞大》，与明代修改后的《老乞大谚解》语汇有所不同，其中就涉及胡同的称谓问题（图12）。

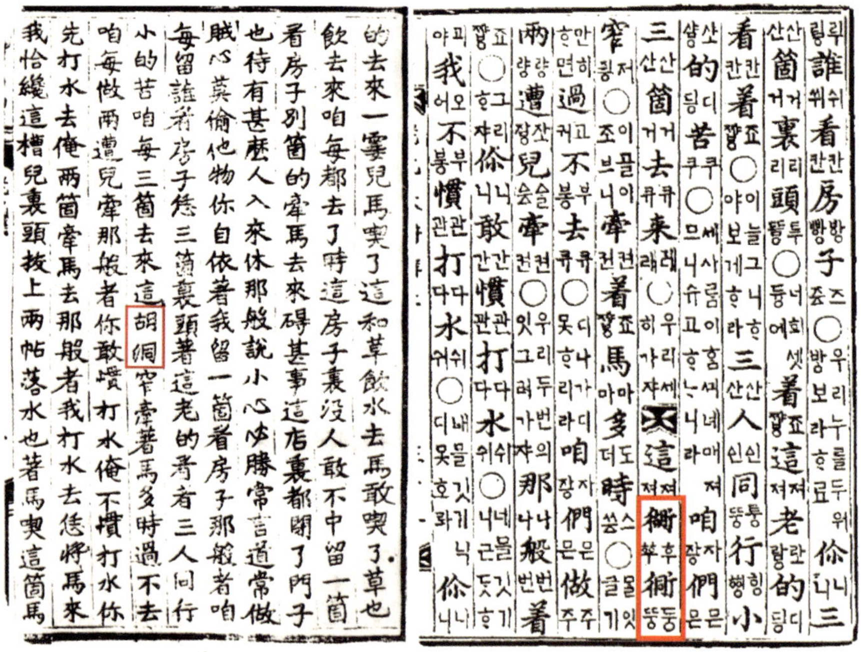

图12 原本《老乞大》（左）与《老乞大谚解》（右）
（选自《原本老乞大》，中华书局，2005；《老乞大谚解》，台北联经出版事业公司，1978）

原本《老乞大》："咱每三个去来。这胡洞窄，牵著马多时过不去，咱每做两遭儿牵。"《老乞大谚解》："咱们三个去来。这衚衕窄，牵著马多时过不去，咱们做两遭儿牵。"

如此等等的例证显示，明代的"衚衕"在元代本作"胡洞"，与"咱们"在元代称为"咱每"一样，反映了同一意思的语词在元明之际读音与写法的变化。《朴通事谚解》也有一段对话："你那金带是谁厢的？""是拘栏衚衕里带匠夏五厢的。"这里的"衚衕"，自然也是明代才普遍采用的写法。"拘栏衚衕"就是今东四南大街东侧的内务部街，又写作"勾阑胡同"或"勾栏胡同"，是官妓、艺人聚集的地方。《老乞大》也有涉及水井的对话，但与"胡洞"或"衚衕"并无关联，因为它们早已是汉语里群众习以为常的街巷通名，否则也不会被朝鲜人写进自己的汉语会话教科书里，与元代蒙古语的"水井"

风马牛不相及。

我国文学四大名著之一《西游记》，也有一大段涉及"衚衕"的描写。一般认为《西游记》成书或刊刻的年代是在嘉靖至万历年间，第六十七回描写三藏师徒过七绝山之事。山间通道叫作"稀柿衕"，"每年家熟烂柿子落在路上，将一条夹石衚衕，尽皆填满"，"这方人家，俗呼为稀屎衕"。猪八戒拱开之后，"众人不舍，催趱骡马，进衚衕，连夜赶至，次日方才赶上"。这里的"衚衕"或"衕"，就是山间的狭长通道。《西游记》虽然是文学作品，却也证实了"衚衕"在明代的一般含义及其应用程度。表示一般概念的普通名词被固定下来之后，就转化为表示特殊概念的专有名词了。由此推断，用"衚衕"作为城市里通常比较狭窄的那些街巷的通名，应当是对"狭长通道"这个意义的引申或借用，只是经过明清两代的强化与巩固之后，"衚衕"作为街巷通名的色彩更加突出，直至成为北京街巷乃至北京平民文化的象征。

在明朝嘉靖年间张爵《京师五城坊巷衚衕集》问世三十多年之后，万历年间宛平知县沈榜编撰的《宛署杂记》，对"衚衕"做了正确与错误各占一半的解释："衚衕，本元人语，字中从胡、从同，盖取胡人大同之意。"衚与衕是形声字，但不应把原本用来表音的"胡"与"同"按照表意成分理解。元朝的蒙古族统治者无疑不会自称"胡人"，"衚衕"因此也绝不可能含有"胡人大同"的寓意，这只能是时过境迁之后站在明朝汉族统治者立场上的穿凿附会。沈榜所谓"衚衕本元人语"，往往被今人尤其是主张"衚衕水井说"者作为"衚衕"一词来自蒙古语的论据，实际上并不能成立。比如，东汉许慎《说文解字》云："锯，枪唐也。"清代段玉裁《说文解字注》称："枪唐，盖汉人语。"纪昀等《四库全书总目提要》说："其余辨论，惟朱子谓'虞不腊矣'为秦人语，……似为近理。"这里的"秦人语"与"汉人语"，意思是秦汉时人讲的话或使用的语词。同样的道理，"元人语"也只是后来者称元朝人讲的话或元朝时才有的语词，但并不表示它是蒙古语。

"胡同"作为街巷通名不是北京一地独有，它也存在于天津、河北、黑龙江、河南、山东的不少城市，但对长江以南的影响微乎其微。蒙古文属于拼音文字类型，汉文则属于表意文字而绌于表音。现代汉语在不计声调的情况下只有四百多个音节，古今汉字有六万多个，通用的也不下五千至八千左右，这就使得同音的字词大量存在。"对音"可能在拼音文字研究中屡试不爽，但从蒙古语的一个语音出发，在同音字极多的汉文中寻找和它读音相近的字词，选择起来的自由度（亦即随意性）实在太大。这就意味着，在属于阿尔泰语系的蒙古语与属于汉藏语系的汉语之间，对音的局限性严重削弱了"胡同水井说"的立论根基，最终证明"胡同"与"水井"是风马牛不相及的两个名词。

三、作为"京味儿"特征之一的儿化韵

口语中的儿化韵不是北京独有的语言现象，却也构成了北京地名语音的一大特色。最常见的街巷通名"胡同"，如果按照字面读作hú tòng，并不影响彼此交流，但长期居住在胡同里的北京人，通常要把它读作hú tòngr，用文字记录下来就是"胡同儿"。还有不少地名用字也要以儿化韵读出来，不管它们是地名的专名还是通名。比如，中国少年儿童活动中心在官园、永定门外有长途汽车站海户屯、旧时北京著名的平民娱乐场天桥，要分别读作"官园儿""海户屯儿""天桥儿"。仔细揣摩这些儿化韵读音背后的寓意，称作"××胡同儿"的街巷可能并不悠长宽阔而是短小狭窄，"官园儿"据以命名的那座花园想必面积不大而是小巧精致，"海户屯儿"从前应是一个小村庄而不是大市镇，"天桥儿"底下曾经有过的那条河流也不甚宽广，这就是地名语音的"京味儿"之一。

地名的读音一般是大众约定俗成，经过一代代口耳相传变得习以为常，同一个字在地名中的读音也并不完全相同。比如，从真武庙到大观园，途中要沿着西便门（ménr）外大街向南，经宣武门（mén）西大街西口，进入西便门（ménr）内大街，过核桃园（yuánr）东街西

口,至北线阁(gěr/gǎor)街与南线阁(gěr/gǎor)街,穿过枣林(zǎo lín)前街,到达南菜园(yuánr)街,直至位于菜户营(yíngr)桥东北侧的大观园(yuán)。儿化韵既有历史上形成的语音习惯,如核桃园(yuánr)与大观园(yuán),北线阁(gěr/gǎor)等;也有显示所指地物体量大小的意味,如宣武门(mén)与西便门(ménr)。另外,有些在口语中通常要读作儿化韵的字,在地名中却未必这样处理。《京师五城坊巷衚衕集》里的"枣林儿"是儿化韵的记录,但在现代的"枣林前街"里,"枣林"二字都是按照字面的语音读出来。

地名中的"京味儿"需要仔细揣摩,在与居民接触中加以体会。朝阳门内大街与东直门内大街之间的东西向胡同,从南到北依次命名为东四头条、东四二条……直至东四十二条,这个"条"即读作tiáor而不是按照字面读作tiáo。故宫博物院两侧的街巷,东边的北池子大街、南池子大街,与普通话的字面语音一致;西边的北长街、南长街,其中的"街"通常却要读作儿化韵的jiēr。前门大街东侧的东打磨厂街、西打磨厂街,明清时期称为打磨厂,以此地有不少打磨铜器和石器的作坊得名,民国年间才分成东打磨厂、西打磨厂两段,1965年增加通名"街"。如果访问一位长期居住在这里的北京人,他所读出的"打磨厂"肯定不是普通话的dǎ mó chǎng,而是与dǎ mo chǎr相近,"磨"字读作轻声,"厂"读如"镲"(chǎ)字再加儿化韵。西打磨厂街向南,有鲜鱼口(kǒur)街;永定门外的赵公口(kǒu),却又按照字面形式以普通话发音了。崇文门外的花市大街,"花"读作huār;西三环北路的花园村,则完全按照字面的普通话语音来读。

如果驱车沿着三环路走一圈,仅仅从立交桥的名称中,也能感受到北京地名儿化韵的广泛存在。北三环路上有马甸(diànr)桥,东三环路上有潘家园(yuánr)桥、十里河(hér)桥,南三环路上有木樨园(yuánr)桥、洋桥(qiáor)、草桥(qiáor)、玉泉营(yíngr)桥,西三环路上有六里桥(qiáor)、莲花(huār)桥。不论通名还是专名的儿化韵,都透露着北京语音的特色。

有些胡同的专名由单字加"儿"构成，这时反而需要抛开字面形式表示的儿化韵，按照普通话把每个字逐一拼读，这样才能符合现代汉语大多使用双音词的习惯。这样的胡同在北京有三十多条，如前门外珠市口西大街南侧的阡儿胡同、鹞儿胡同，地安门东大街北侧的雨儿胡同、帽儿胡同、菊儿胡同，都属于这一类"京味儿"浓郁但不做儿化韵处理的地名。

四、保留乡音的"大栅栏"何以称"大"

清代与民国时期，北京商业最繁盛的地方是前门外的大栅栏，但它的读音却与字面显示的普通话读音相差很大，不是读作 dà zhà lán，而是按照口语习惯读作 dà shi làr。这既是外来者通常感到莫名其妙的地方，也是地名保留方言或古音的一个典型。

大栅栏的命名过程，与明清对商业的提倡有关。据明代沈榜《宛署杂记》与清代查慎行《人海记》等文献记载，明代永乐初年，为改变城市外围人口稀少的萧条景象，在各城门以及钟鼓楼附近建起一批铺房和店房出租，用以招徕民众居住或商人囤聚货物，这些房屋统称为"廊房"。官府根据廊房的位置分三等征收租金，各处廊房选择一人担任"廊头"，负责收取铺房租金等日常管理。永乐十七年（1419），北京的城墙从长安街南移到前三门一线，为正阳门外带来更大商机。人口日益增多的廊房附近，逐渐形成了廊房头条、二条、三条、四条等街巷。

清代北京实行旗汉分城居住的制度，廊房四条一带进一步成为市廛、旅店、商贩、优伶丛集之所。按照封闭型坊巷制城市的治安要求，坊巷出口设置防卫性质的栅栏，早晨按时开启，晚上定点关闭。《大清会典》记载："乾隆二十三年奏准：外城坊巷栅栏，俱责成五城三营管辖，载入交代，不得任其倾圮。""二十九年奏准：外城各街道胡同，设有栅栏，至为严密，交五城不时稽查，务令以时启闭，栅顶仍钉木板，书写街道胡同名色。""三十四年奏：外城栅栏，交五城御史督率坊官，不时查看，如有零星伤损，即令就近商民，随时修补。"廊房四条在《乾隆京城全图》上已经被标注为"大栅阑"。以往大多认为，廊房四条实力雄厚的各大店铺出于安全考虑，筹资在胡同口修建了与众不同的高大栅栏，因此在约定俗成中以"大栅栏"代替了原来的"廊房四条"。仔细观察《乾隆京城全图》，廊房四条的临街出口本来就比廊房头条、二条、三条胡同口宽得多，需要修建的栅栏自然也会明显宽大（图13）。这就意味着，大栅栏之"大"不是出于商家防护需要的"高大"，而是地理条件决定的必然结果——"宽大"。

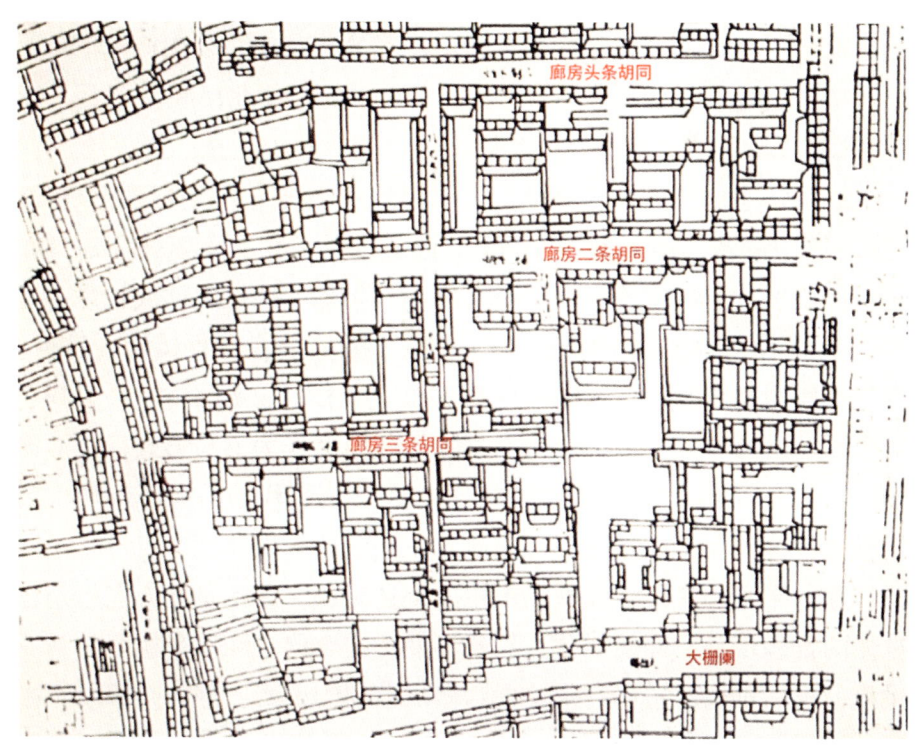

图13 《乾隆京城全图》中的"大栅阑"
（据北京燕山出版社1996年版改绘）

五、记录语音渐变过程的"家"与"各"

从西四环中路的五棵松向南约3公里，有一处聚落叫作"岳各庄"。在包括北京在内的华北地区，前面冠以居民姓氏，后面是庄、村、屯之类的通名，中间加一"各"字构成的聚落名称不胜枚举。在这样的地名中，"各"字记录着"家"字的古音，反映了地名语音相对"顽固"，地名用字要适时调整以尽量"迁就"语音的历史过程。

明嘉靖三十九年（1560）张爵《京师五城坊巷衚衕集》，记载的西郊村落有沙窝儿、岳家庄、鲁姑村等。把它们与当代地名相对照，可以看到不同类型的语音演变。沙窝儿即今五棵松以南约700米的沙窝，但在口语中仍然保留了与明代相同的儿化韵读法。鲁姑村在地铁八宝山站正南300米，万历二十一年（1593）刊刻的沈榜《宛署杂记》称为鲁国，清末的《光绪顺天府志》写作鲁古村，当代称为鲁谷村，都是地名用字近音替代的结果。张爵记载的岳家庄，到沈榜笔下称为要哥庄，就是今天的岳各庄。"要"字显示的是华北民间对"岳"字的俗读，"各"或"哥"字则是对"家"字古音的记录。

语言学家的研究已经证明，大致从东晋到宋金时期再到近现代，"家"字的读音经历了ga-gia-jia的演变过程，在"×家庄"这类村名中保留了古音，它的声母是g而不是j，再加上往往要读成轻声，与现代普通话中的jiā相差较远，与"各"字的读音却很接近。这样，人们在使用地名时，口语中保持着"家"字相对稳定的古音，又找了一个目前语音与其接近且容易书写的"各"字作为书写形式，从而使部分"家"字被"各"或"哥"字替换。从明代的岳家庄到现代的岳各庄，这类保留了某些古音的地名在北京还有很多。

地名用字顺从语音发展而产生的上述更替，原本是北方农村司空见惯的普遍现象。即使如此，倘若不熟悉古今语音和地名用字的演变过程，仍然难以对它们的来龙去脉做出合理的说明。例如，1992年出版的《北京市通县地名志》说：侯各庄"明代已成村，侯姓迁徙民首至此地定居。后从军在战斗中阵亡，于是立碑纪念，名侯家哥庄，简称侯哥庄，音转今名。碑被洪水冲于河中，历来属香河县。1946年划归通县辖"。八各庄"明代已成村。首至此地定居的有刘、李、王等八户人家，故曾名八家哥庄、八家庄，清代改为今名"。这里无须考证其他相关问题，仅从所谓"侯家哥庄"与"八家哥庄"之类的地名构词法就可看出，撰者对于村名用字从"家"到"各"或"哥"的渐变过程完全不明就里，不仅把历史上先后用过的两种写法做了"叠床架屋"式的拼接组合，而且把"哥"这个需要轻读的记音用字坐实为村里的青壮年男子，接着又进行了没有任何史料依据的率意解说，其向壁虚构自是不言而喻。《光绪顺天府志·地理志九》有香河县"侯各庄"、通州"八各庄"，尽管它们不见于更早的方志等类文献，但无论如何也不应与地名演变的普遍规律大相径庭。

六、地名中的北方土语与满蒙语词孑遗

明清以来的北京地名用字，融入了不少北方土语或源于满语、蒙古语的字词，这也是体现地名特色的一个重要方面。随着地名的屡次调整，这类字眼也不免被更改或用谐音替代。

明代北城金台坊锅腔胡同，清末谐音雅化为国祥胡同，有祝愿国家祥和之意，一直沿用至今，其地在东城区旧鼓楼大街东侧。"锅腔"或称"锅腔子"，北方用以称呼安锅做饭的灶膛。如果胡同两头出口窄小而中间较宽，根据与锅腔相似的轮廓加以命名，完全符合民间约定俗成的规律。明代南城崇南坊锅腔胡同，到清光绪年间分成两段，分称上锅腔胡同、下锅腔胡同。民国年间谐音改名上国强胡同、中国强胡同，寄托对国家强盛的期望。其地位于崇文门外广渠门内大街北侧，现在都已拆除。明代东城明时坊也有一个锅腔胡同，其地应在今灯市口大街以北。

明代中城仁寿坊噶噶胡同，1965年改称协作胡同，位于东城区张自忠路南侧。明代北城发祥坊噶噶胡同，清宣统年间改为航空胡同，在今西城区新街口南大街东侧。"噶噶"即"尜尜"，也叫"陀螺"，通常是用木头削成的儿童玩具，上端平齐，下端尖细，用小鞭子抽打起来，使它不停旋转。冰上抽尜尜，是从前京城常见的冬季娱乐。以尜尜为胡同命名，可能是因为它们的外在轮廓比较相似。

在清代皇城范围内，故宫东侧、骑河楼街以南，有一条东头不通行的死胡同。光绪年间称作"闷葫芦罐"，以儿化韵读出。1965年根

据谐音改称福禄巷，表达美好的祝愿。"闷葫芦罐儿"又名"扑满"，是用来存钱的罐状瓦器。上面留有一个扁扁的长孔可以投入钱币，只有把罐子打碎才能把钱取出来。用这样的方言形容窄小的死胡同，真是再恰当不过了。

北京或北方的方言土语，增强了街巷胡同名称的语言特色。取灯（qǔ dengr）胡同，应以胡同内的火柴作坊或店铺为名。蚂螂（má lang）胡同，可能是以蜻蜓比喻胡同的形状。故衣（gù yi）胡同，或作估衣（gù yi）胡同，以出售旧衣服或劣质新衣服的铺户或摊位为名。排子（pǎi zi）胡同，里面可能住着以拉板车为职业的居民。麻刀（má dao）胡同，当以胡同内出售或制造麻刀（掺在石灰里防止抹好的墙皮开裂的碎麻或碎头发之类）的作坊铺户为名。胰子（yí zi）巷，以制造或出售肥皂的作坊铺户为名。铺陈（pū chen）市，当以出售碎布头或旧布的铺户为名。铺陈，或作补拆、补陈、铺衬。

元大都与清北京为城市留下了一些源于蒙古语或满语的地名，它们的译音用汉字记录下来，并在汉语环境中被改造得越来越像汉语地名。东城区安定门西大街南侧的纱络胡同，元代称为沙剌市，其语源应当是蒙古语。元末熊梦祥《析津志》称："一巷皆卖金银、珍珠、宝贝，在钟楼前。"清代改写为沙拉胡同，用字有所不同但沿袭了元代的读音。这个地名在蒙古语和满语中的变化，正如光绪年间朱一新《京师坊巷志稿》所说："沙剌即沙拉，国语谓珊瑚也，《旧闻考》译改作舒噜。今沙拉胡同，疑沿元时旧称。"值得注意的是，熊梦祥说沙剌市在钟楼前，今天的纱络胡同却在钟楼的东北方向。有关元大都建筑布局的记载显示，元代的钟楼与明清时期的钟楼不在同一地点。《析津志》描述的沙剌市的位置，恰好为此提供了一个地名方面的证据。此外，东直门北小街东侧的案板章胡同，乍看似乎是以卖切菜板的章姓人家得名，实际上在清代叫作"昂邦章京胡同"。《京师坊巷志稿》说："昂邦章京，国语子爵也。"清代所谓"国语"就是满语，现在的名称是民国年间谐音转换的结果，但依然不能完全掩盖它的满语痕迹。

第二节　各色人等

不同时代、不同阶层、不同职业、不同来源的各类人群，共同书写了北京的历史。其中一部分人的名字或身份、职务等，由于某种因缘际会得以进入地名行列。地名中涉及的古今人物，有的足以流芳百世，有的早已归于平淡，有的则难以考究了。

一、明代胡同名称中的官员百姓

在明代的北京，街巷胡同命名大多是民间约定俗成、自然发展的结果，受到的官方干预很少。源于人名的地名长期保持着本来面目，有些在清代以后按照谐音或近音改换了用字，或者多少简化了书写形式，但隐含在地名中的历史人物仍然有迹可循。

如果一条街巷里住着有名的官员，他们的名字、爵位或府第都可能成为街巷命名的依据。在今西城区范围内，明代发祥坊三保老爹胡同，以著名航海家郑和为名，清代取谐音简化为三不老胡同，位于今德胜门内大街西侧。郑和，本姓马，小字三保，明初入宫做宦官，跟随燕王朱棣即后来的永乐帝起兵有功，赐姓郑，任内官监太监。从永乐三年（1405）到宣德八年（1433），郑和先后七次率领船队远航西洋，历经三十余国，最远到达非洲东海岸、红海和伊斯兰教圣地麦加，创造了世界古代航海史上的奇迹。明代把郑和府第所在的胡同称为"三保老爹胡同"，表达了对这位航海家的高度尊敬。金城坊武定侯胡同，以大将郭英的爵位命名，在今太平桥大街西侧。1965年改名武定胡同，历史的韵味大大削弱。郭英随朱元璋起兵有功，被封为武定侯。胡同中的府邸住着郭英的后人，因此称作武定侯胡同。金城坊广宁伯胡同，永乐年间以广宁伯刘荣的府第在此得名。位于武定侯胡同以南400米，清代称为广宁伯街。刘荣在洪武年间冒用父亲刘江的名字从军，后随燕王朱棣起兵。永乐年间数次北征，披坚执锐，善抚士卒。永乐十七年（1419）望海埚一战大破倭寇，使敌不敢再入辽东。是年诏封广宁伯，恢复本名刘荣。次年病逝于任上，葬在北京西郊四平山，今石景山区广宁村之名即派生于"广宁坟"。

在今东城区辖境，明代黄华坊遂安伯胡同，以遂安伯陈志的府第在此得名。位于朝阳门南小街西侧，迄今已稳定使用了大约600年。陈志在洪武年间任燕山中护卫指挥佥事，后随朱棣起兵，勠力戎行，始终不懈，累迁都指挥同知，封遂安伯，永乐八年（1410）五月去世。黄华坊杨仪宾胡同位于遂安伯胡同东南，在今朝阳门南小街东侧。清乾隆年间同音异写为杨夷宾胡同，宣统年间又作羊宜宾胡同，并分为大羊宜宾胡同、小羊宜宾胡同两条街巷。明朝把亲王、郡王的女婿叫作"仪宾"，取自《周易》观卦的卦辞"观国之光，利用宾于王"，大意是通晓国家礼仪制度则有利于在帝王之家做贵宾。由此看来，当年有一位姓杨的男子，娶了某位亲王家的公主或者郡王家的郡主，因此被称为"杨仪宾"，他所居住的胡同随之以杨仪宾胡同为名。到清代又受人们对地名只记其音不辨其字的影响，同音异写为羊宜宾胡同。澄清坊帅府胡同，应有某位将帅的府第在此，其地即今东单北大街西侧的东帅府胡同。仁寿坊山青太监胡同，以这位特殊居民为名，清代改为山老儿胡同，即今美术馆后街东侧的山老胡同。教忠坊马将军胡同，1965年更名东旺胡同，位于山老胡同之北、交道口南大街东侧。此外，张爵《京师五城坊巷衚衕集》记载，教忠坊有文丞相祠，其地在今府学胡同西口北侧。他解释说，明代设立此坊，"元杀宋臣丞相文天祥于此处，故名曰教忠"，有以文天祥为忠勇榜样的寓意。文丞相祠以东，在清代有靶儿胡同，或称巴儿胡同。1949年后改称文丞相胡同，以纪念文天祥这位"留取丹心照汗青"的民族英雄。

正是由于明代北京街巷胡同的命名大多出自民间的约定俗成，不少普通居民的姓名、尊称或俗称才得以成为他们所在街巷胡同的命名依据。外城正东坊卢老儿胡同，显然是姓卢的老汉居住的胡同。这条胡同到清代取谐音称为五老胡同，并分成南北两段，即今珠市口东大街北侧的南五老胡同、北五老胡同。本坊还有以同类方式命名的盛老儿胡同。在北京内城，金城坊孟端胡同，以胡同居民孟端为名，位于今阜成门南大街东侧。朝天宫西坊安成家胡同，清代简化为安成胡同，在今西直门南小街西侧。该坊还有高官人胡同、李友家胡同、李浩家胡同、李四家胡同、任四胡同，都是以胡同居民为名。北居贤坊杨二官胡同，以对胡同居民的尊称为名。杨家排行第二的男子，被人们称为杨二官，就像《西游记》里唐僧师徒四人在灭法国假称唐大官、孙二官、猪三官、沙四官一样。这条胡同在清代谐音写为羊管儿胡同、羊管胡同，1965年分成两条街巷，即今东直门内大街北侧的东羊管胡同、西羊管胡同。此外，南薰坊邵贤家胡同，明时坊范子平胡同、耿喜家胡同、吴老儿胡同，南居贤坊陈昂家胡同、宋姑娘胡同，鸣玉坊王端老儿胡同等，命名之源也是来自本胡同的居民。

二、清代胡同名称中的官宦名流

清代与人名有关的街巷胡同名称，不再像明代那样具有丰富的平民色彩，而是转向了主要以官宦名流作为命名依据。

宣武门外南新华街东侧的前孙公园胡同、后孙公园胡同，明末清初有著名学者孙承泽的住宅和花园。清代称这里为孙公园，乾隆年间已区分为前孙公园、后孙公园两条街巷。孙承泽（1593—1676）是崇祯四年（1631）进士，李自成攻进北京、崇祯皇帝在煤山自缢之际，孙承泽在书房上吊被家人及时救起，随后在大顺政权担任高级职务。清朝定都北京以后起用汉官，孙承泽又做了都察院的左都御史。历仕三朝成为他被人诟病的政治污点，估计自己也很难在新朝长期立足，干脆就以老病告休，专心从事著述。孙承泽倾心整理明朝史料，所著《崇祯事迹》《四朝人物传》《思陵勤政记》《思陵典礼记》等，记录了前朝的重大事件。《春明梦余录》与《天府广记》两部著作，详细叙述明朝的中央机构、典章制度以及北京的地理风物，是研究明清北京的必备史料。在孙公园的戏台上，康熙二十七年（1688）上演戏剧家洪昇的名剧《长生殿传奇》，由此引发了五十多名士大夫被弹劾而"废置终身"的事件。晚清时期，孙公园的许多宅地房舍被辟为会馆，其中以李鸿章、李瀚章兄弟倡议修建的安徽会馆规模最大。保留至今的大戏台，已是古代戏曲文化的重要遗迹。

崇文门外广渠门内大街北侧，清代有汪太医胡同，应当是以太医院的汪大夫在此居住得名。民国年间取谐音改称汪太乙胡同，似有消除旧时代痕迹之意，读起来却不如原名上口。1965年再次改名刚毅胡同，虽有谐音成分，但显得更加随意，而且没有道理可言。

刘兰塑胡同位于西安门大街北侧，以胡同北端元代天庆宫精美的泥塑佛像及其塑造者得名。通常认为，塑造者是元代著名泥塑家刘元，字秉元，蓟州宝坻县人，官至昭文馆大学士、正奉大夫、秘书监卿。据虞集《道园学古录》卷七《刘正奉塑记》载，至元七年（1270）刘元应召为大护国仁王寺塑佛像，为此"又从阿尼哥国公学西天梵相，神思妙合，遂为绝艺。凡两都名刹，有塑土范金抟换为佛者，一出正奉之手，天下无与比者"。元末陶宗仪《南村辍耕录》与《元史·方技列传》亦载此事。这座寺院在今白石桥附近，已不存。阿尼哥，尼泊尔建筑师和雕塑家，阜成门内白塔寺之白塔的设计者。清代的刘兰塑胡同亦称刘銮塑、刘蓝塑、刘郎塑，或以为都是"刘元塑"的谐音异写。但是，宋元之际著名学者郝经《陵川集》卷三十三《四贤祠碑》称，早在蒙古宪宗元年（1251）之秋，他就曾拜谒易水旁的四贤祠，看到奉祀的燕国郭隗、乐毅、剧辛、邹衍等是"国士刘銮所塑，技极精巧"。可见刘銮与刘元并非一人，而且享名更早。清乾隆年间毕沅根据郝经和虞集的上述记载，认为天庆宫佛像的塑造者是刘銮而不是刘元。他的《天庆宫观刘銮塑像》诗，不仅描述了塑像的精美绝伦，而且简要论证了自己的观点：

> 北方塑设技最工，阿泥哥与刘元同。惟銮成佛亦妙手，遗像尚留天庆宫。入门肃客两道士，启钥导我廊之东。三间配殿制轮奂，灵衣羽扇瞻仙容。有元及今五百载，黍离板荡一再逢。土偶岂有金石固，历劫不受兵燹攻。依然髹质独完好，岂非呵护邀神功。当年绝艺称秘监，岁月虽远精神通。道园别有《正奉记》，是銮非元宁相蒙。君不见《陵川集》

语可证误,四贤祠内先有刘銮塑。

据此,近音异写的"刘兰塑胡同",应是以刘銮及其塑造的艺术品相结合为名。无论如何,一条街巷名称让后世记住了两位杰出的泥塑艺术家。

在新街口南大街以东,清初有麻状元胡同。顺治九年(1652)壬辰科会试,将应试的举人分成两部分录用。出身于满洲、蒙古的列在"满榜",属于汉军、汉人的列在"汉榜"。这样,殿试之后就产生了两名状元。"满榜"状元是麻勒吉,满洲正黄旗人,瓜尔佳氏,后来在顺治、康熙两朝担任弘文院学士、两江总督、刑部侍郎、提督九门步军统领等职。他居住的胡同因此得名麻状元胡同,俗称状元街。麻勒吉后来改名马中骥,胡同亦随之变为马状元胡同。1965年改为群力胡同,已经与原名毫不相干。

宣武门内大街东侧的嘎哩胡同,清代称噶礼儿胡同、戛里胡同,相传以康熙年间的两江总督噶礼在此居住得名。东长安街以北、王府井大街西侧的霞公府街、大阮府胡同(乾隆年间称大冉府胡同),也应是以王公府第为名的街巷,但他们的名姓已难于追索。

三、民国街巷名称中的抗日英烈

民国年间命名或更名的街巷胡同,源于人名的很少。崇文门外珠市口东大街南侧有鲁班馆,由瓦木行业的店铺和工匠集资建立,以纪念木匠的祖师爷鲁班。1965年,鲁班馆所在的胡同定名为鲁班胡同。这个时期以人名为名的街巷,影响最大的是为纪念三位抗日英烈而命名的佟麟阁路、赵登禹路、张自忠路。

佟麟阁路位于复兴门内大街南侧、民族文化宫对面,由此向北穿过太平桥大街,在阜成门内大街以北和赵登禹路相接。这两条街道在明代是与护城河相通的河漕,清代统称"西沟沿",或分段称为"南沟沿"与"北沟沿",民国初年将河道改为暗沟后才成为道路。

佟麟阁(1892—1937),原名凌阁,字捷三,河北高阳人,1936

年任陆军29军副军长。赵登禹（1890—1937），字舜臣，山东菏泽人，1933年率部在长城喜峰口抗击日军，6月任29军第132师师长。1937年7月28日，在南苑大红门抗击日寇的战斗中，佟麟阁、赵登禹两将军壮烈殉国，31日被国民政府追赠为陆军上将。

张自忠路与地安门东大街东口相连，明代是仁寿坊的铁狮子胡同。张自忠（1891—1940），字荩忱，山东临清人，1930年任陆军29军38师师长，1933年3月参加长城抗战，取得喜峰口大捷，1935年被授予陆军中将。1937年全面抗战爆发后，他奉命代理冀察政务委员会委员长兼北平市市长，与日本侵略者周旋。1938年1月任第五战区59军军长，参加台儿庄战役，随后在泚水、临沂击败日军，升任33集团军总司令，兼任第五战区右翼兵团总司令。1939年在湖北北部的田家集等地击败日军，加陆军上将衔。1940年5月率部渡过襄河痛击日军，16日在南瓜店壮烈牺牲，7月被国民政府追赠为陆军上将。

抗日将领佟麟阁、赵登禹、张自忠的英名，在1946年融入古都的街道名称之中。北平市临时参议会1946年7月致函市政府，建议将铁狮子胡同、北沟沿、南沟沿分别改称张自忠路、佟麟阁路、赵登禹路，以纪念三位"为国成仁，忠勇可钦"的英雄。11月，北平市政府就此发出训令。在此前后，在天津、上海、武汉等地也命名了"张自忠路"或"自忠路"，河北通县（今北京通州）命名了"佟麟阁街"与"赵登禹大街"，成为中华民族缅怀先烈、团结御侮的精神象征。

第三节　柴米油盐

在社会生活中约定俗成的街巷胡同名称，自然与普通百姓的经济活动、日常需求关系密切。宋代吴自牧《梦粱录》说："盖人家每日不可阙者，柴米油盐酱醋茶。"元代武汉臣《李素兰风月玉壶春》说得更加通俗："早晨起来七件事，柴米油盐酱醋茶。"有些生产或买卖这些东西的地方，就是以作坊或市场的名字命名。站在国家的高度审视粮食问题，它是关系到行政运转与社会稳定、军队强盛的关键因素之一。因此，自金代以来就投入了巨量的人力、物力和财力，以保障海上与运河的漕粮运输畅通，同时致力于建设通州作为运河终点码头，最终形成京仓与通仓两大储粮基地。通过地名语词分析及其形成过程的追溯，可以窥见城市经济生活的一些侧面。

一、寻常百姓清早开门七件事

柴是传统社会的基本能源，木柴、木炭、植物秸秆都可归入此类。我国对煤炭的利用，到宋元时期已经具有较高水平。元大都城内不仅有柴炭市场，还有出售煤炭的煤市。朝鲜人学汉语的课本《朴通事》里，就有"煤场里推煤去"这样的话，可见城里烧煤是比较普遍的事情。明清时期除了继续以木柴、木炭为燃料外，煤炭进一步成为北京市民不可或缺的能源，西山煤炭的开采规模持续提高。从房山、门头沟拉煤进京的骆驼队、运煤车，络绎不绝地经过阜成门。当年的城门洞顶上刻着一枝梅花，就是以谐音的"梅"作为"煤门"的标志。

各种燃料运到城里，就要建立储存和交易的场所，随之诞生了与它们相关的一些地名。官府设置的柴厂、炭厂、煤厂等机构，旨在保障宫廷、官员、军队与各级衙门的供应。寻常百姓的生活需求，就要通过基本上自发形成的各类市场去解决了。前门大街东侧有南北向延伸的西草市街，在清代叫作草市，是买卖柴草的集市。柴草是普通平民家庭的主要燃料，草市因此又称"柴禾市"或"柴火市"。明代崇南坊柴市口，是北京更加有名的柴草买卖市场。柴市最容易发生火灾，因此在柴市口旁边建起了火神庙，祈求司火之神火德真君保佑平安。清代北京已经普遍使用煤炭取暖做饭，作为地名的"柴市口"被并入火神庙街。到1965年，火神庙街又成为幸福大街的一部分。

在大栅栏地区，明代正西坊有柴胡同、炭胡同，它们都是琉璃厂附近储存、买卖柴炭的场所。到清代谐音并加以儿化韵处理，演变为茶儿胡同、炭儿胡同，这里的"茶"与最初的地名用字"柴"已是大相径庭。这两条胡同东边有取灯胡同，这个名称自明代以来延续至今。"取灯"字面上有取来灯火、引来光明之意，加以儿化韵处理更显得其物比较小巧。近代安全火柴发明之前的取火之物，主要是借助燧石与钢条快速摩擦迸出火花以点燃火绒的火镰，还有在竹木条或松木条的一端涂抹硫黄以备点火之用的取灯儿。清人文康的京味小说《儿女英雄传》第二十八回描写，安学海送给刚过门的儿媳何玉凤的礼物，里面就有"一分火石火镰片儿，一把子取灯儿"。由此可见，以"取灯儿"命名取灯胡同，应是当年胡同里有店铺出售此物的记录。取灯胡同北面有南火扇胡同、北火扇胡同，"火扇"是从附近火神庙的"火神"谐音演变而来，修建这座庙当然是为了保佑琉璃厂、柴胡同、炭胡同、取灯胡同的用火安全。在北火扇胡同东口与珠市口西大街之间，明代是正西坊的煤市口，以此地有买卖煤炭的集市为名，清代称为煤市街，依然是大栅栏地区的能源供应地。

米是粮食的代表，正如俗语所说，"人是铁，饭是钢，一顿不吃饿得慌"。除了官方设置的米粮仓库之外，北京有不少地名与其他的米粮市场相关。东单北大街的北段在清末称为米市大街，以这里是交易粮食的市场得名，1965年成为东单北大街的一部分。今天在这条大街上，东堂子胡同西口以北的公共汽车站还叫米市大街，当年的米市大街借此留下了历史文化的遗迹。宣武门外骡马市大街南侧的米市胡同，明代是宣南坊米市口，也是因为有米粮市场得名，清代改为今天的名称。前门大街西侧的粮食店街，北起大栅栏街，南至珠市口西大街，历史上曾经是粮食市场，清代叫作粮食夹道，民国时期称为粮食店，1965年增加了通名"街"字。这条街道西侧原来有火德真君庙，应该是为了期盼粮食店远离火灾而建。明代正东坊细米营，即今崇文门外大街西侧的细米胡同。崇南坊米市口和细木厂，今天是广渠门内大街西端南侧的细米巷。这两条胡同的命名，应当是曾经作为碾米或售米之地的体现。

　　油盐酱醋之类的调味品，在日常生活中也必不可少。经过多次调整更换之后，现在以此为名的街巷已经远少于明清时期。王府井大街北段以东的灯市口北巷，在清代和民国年间称为油房胡同，1965年前后才改为现在的名称。与此相似，宣武门东北的油坊胡同，在明代是大时雍坊油房胡同，以胡同里榨油或卖油的作坊为名。东四西大街与隆福寺街之间的盐店大院，据民国时期陈宗蕃《燕都丛考》记载，胡同内24号曾是一个官盐店。以酱坊为名的胡同比油坊类的稍多些。明代安富坊酱黄胡同，应当是以胡同内黄姓主人的制酱作坊为名，清代分解为大酱坊胡同、小酱坊胡同，在今西四南大街与西单北大街相交处东侧。此外，德胜门外大街西侧的酱坊胡同，西直门内大街西端北侧的酱坊大院，雍和宫大街东侧的酱坊东夹道、酱坊西夹道，它们的命名依据都是清代或民国时期的黄酱作坊。酱园主人的名字有时也会成为街巷的命名之源，外城白纸坊胡同东侧的中福巷、中禾巷，民国时期是经营中鼎和酱菜园的朱中孚、朱中和兄弟的宅院，两条小胡同据此取名中孚里、中和里，1965年把通名"里"改为"巷"，1981年又以同音的"福"取代"孚"，以"禾"取代"和"，变为现在的名称。以"醋"为名的街巷比较少见，位于宣南菜市口西南侧的醋章胡同，光绪年间朱一新《京师坊巷志稿》称为醋张胡同，"醋张"应当是对张姓酿醋作坊主的俗称。

　　饮茶在我国有悠久的历史，唐代"茶神"陆羽所著《茶经》，将茶道作为一种文化提升到新的境界。不同阶层的人对于茶的需求各有差异，正像老舍先生的名剧《茶馆》显示的那样，雅士重视"品"茶的文化韵味，俗人无从顾及这般讲究，只是把它作为解渴消食的饮料来"喝"。明代河漕西坊茶叶胡同,当时应有茶叶店铺或交易市场。清代分解为大茶叶胡同、小茶叶胡同,在今阜成门内大街以北、赵登禹路西侧。明代正东坊茶食胡同,俗称茶房口,今称东茶食胡同,位于崇文门外大街西侧。宣武门外大街以东,有西茶食胡同与之对应,它们都是过去经营茶行的文化遗迹。

二、哺养京师朝阳门内储漕粮

元大都与明清北京居住着大量的帝王宗室、朝廷官员、卫戍部队、工匠役夫,土地相对贫瘠、产量普遍不高的北方不可能就近解决他们的粮食需求,绝大部分只能仰仗来自江南产粮之地的漕运。漕运就是在海洋或河流之上利用船舶运输粮食,所使用的船舶称为漕船,通过漕船运来的粮食叫作漕粮。除了粮食之外,漕船有时还捎带一些其他物资。粮食是一日不可或缺的大宗物资,在清末铁路运输兴起之前,海运与河运成为首都的经济生命线。

供应北京的漕粮通过大运河运抵通州,或由海上运输抵达天津直沽,然后再经过运河到达通州。漕船在元代曾经直航大都积水潭,明清时期则要从通州由通惠河运粮到广渠门外大通桥,或者从通州走陆路经过朝阳门进京。朝阳门因此有"粮门"之称,从前城门洞北侧墙上镶嵌一块刻着谷穗图案的石头作为象征。《天府广记》形容道:"京师百司庶府、卫士编氓,仰哺于漕粮。"这就是说,居住在北京城里的大小官员、军民百姓、各色人等,日常的吃饭问题都仰仗着从水上运来的南方粮食。在这个意义上,漕运是古代北京城的生命线。每年数百万石漕粮经过千辛万苦运到北京,建设储藏粮食的仓场因此变得非常重要。

古时把粮仓聚集之地叫作"仓场",元代设置京畿都漕运使司,管理仓场事务。明代延续了元代的制度,正统三年(1438)在东裱褙胡同设置总督仓场公署,将漕粮分别储存在通州与京城,二者分别称为"通仓"与"京仓"。两地储粮的比例或三七开或四六开,通仓的地位日渐重要。城里的旧太仓、百万仓、南新仓、北新仓、海运仓、禄米仓、新太仓、广备库仓，大多是在元代仓场的旧地重新修建。仓场附近形成街巷以后，仓场名往往就直接作了街巷胡同的专名。

在今北京朝阳门内，北起东直门内大街，南到小雅宝胡同，西自东直门南小街—朝阳门北小街—朝阳门南小街一线，东至东直门南大街—朝阳门北大街—朝阳门南大街一线，是明代仓场的主要分布范围，只有"新太仓"位于东直门南小街以西（图14）。

这个窄长的区域靠近城门，交通便利，距离通州最近，当年运粮进京路途最短。仓场尽量靠近粮

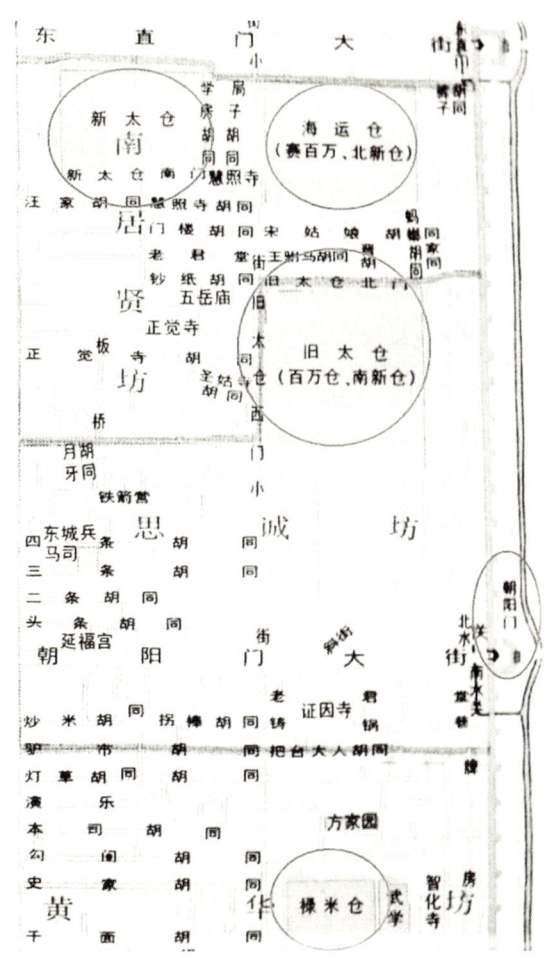

图14　明代朝阳门内粮仓分布
（据《北京历史地图集》北京出版社1988年版改绘）

食来源地以节省运输成本，现代北京以"仓"为名的街巷胡同自然也随之集中在这里。这个区域的最北面、东直门内大街南侧，有北新仓胡同及其派生的北新仓一巷至五巷。北新仓遗址东侧、纵向的仓夹道，连接着北面的北新仓胡同、南面的海运仓胡同这两条横向街道。在元朝时期，崇仁门（明改东直门）一带的河道尚能通达城里，海运一直是大都粮食供应的最重要途径。明宣德年间建立海运仓，是储存漕粮的京师十三仓之一。嘉靖年间的《京师五城坊巷衚衕集》，在南居贤坊下已记载着作为街巷名称的"海运仓"。

明正统年间在海运仓北面建立北新仓,又称赛百万,含有赛过南面相邻的百万仓(旧太仓)之意。两座米仓相互毗连,形成了南门为海运仓、北门为北新仓的格局,清代将两仓合为一处。北新仓占地约2.5万平方米,每座仓廒能够储米1.2万石。清初有仓廒四十九座,康熙三十二年(1693)达到八十五座,储粮规模极为可观。光绪二十六年(1900)两仓被八国联军侵占,作为储粮官仓的历史由此中断。民国时期,北新仓改为陆军被服厂,现存仓廒七座,被某部队占用,1984年公布为北京市文物保护单位。海运仓在民国时期改为朝阳大学,至今早已无影无踪,只有旧址南侧1965年定名的海运仓胡同,还在提醒人们不要忘记近六百年前建造的这座巨大粮仓与北京漕运的发展历程。

明正统年间设立新太仓,其名称是与东南方的旧太仓相对而言。新太仓北面的街巷,是以地理位置得名的北居贤坊新太仓北门,清乾隆年间改称新太仓胡同,位于北新仓旧址正西、今东直门南小街西侧。此后,派生了新太仓一巷、新太仓二巷。明代南居贤坊的新太仓南门,就是今天的东四十四条;其西段北邻的仓门胡同,准确地指示着新太仓南门的位置。

从海运仓胡同向南,穿过扁担胡同,到达北门仓胡同。由这条胡同与东门仓胡同、南门仓胡同、朝阳门北小街,围成了一个方形的区域,现在是北京军区总医院等单位的所在地,在元、明、清三代则是又一个粮仓基地,其名称变化比较复杂。元代在此建立北太仓,明代继续扩充,称为旧太仓,永乐七年(1409)在这里增建了南新仓,但"旧太仓"一直是这片地域的统称。嘉靖年间,北居贤坊已有街巷称为旧太仓北门、旧太仓西门,所在位置就是今天的北门仓胡同、朝阳门北小街。清代继续使用明代的旧太仓、南新仓,又在今北门仓胡同南侧建设了兴平仓,在朝阳门北小街东侧建设了富新仓,由此形成了南为旧太仓、北为兴平仓、东为南新仓、西为富新仓的格局。今天分布在这片仓场四周的街巷名称,确立于清代宣统年间至1965年期间,具体做法是把"旧太仓北门"之类地名中的"仓北门""仓南门""仓东门"的语词顺序翻转过来，再为它们加上通名"胡同"，变为"北门仓胡同""南门仓胡同""东门仓胡同"。这些地方的命名依据原来以粮仓的"门"为主，由此转变为以四门所在的"仓"为主，多少也有民间俗称最终积非成是的意味。

朝阳门南小街中段东侧，在2004年之前有禄米仓西巷、禄米仓南巷、禄米仓北巷、禄米仓后巷、禄米仓东巷、禄米仓胡同，几条街巷环绕在禄米仓旧址的四周，指示着这座仓场的基本范围。正像名称显示的那样，禄米仓是明清两代储存京官俸米的粮仓。张爵写于嘉靖三十九年（1560）的《京师五城坊巷衚衕集》，就有东城黄华坊禄米仓，其始建年代自然应该在此之前。历史上著名的清官海瑞，曾在这里担任仓场监督，负责弹劾仓官的违法行为，这个职务与他的性格和人生轨迹确实相称。海瑞后来做了户部主事，敢于上疏批评皇帝迷信道教、荒废朝政，与他在禄米仓的早期历练一脉相承。禄米仓在清康熙二十二年（1683）达到鼎盛，共有仓廒五十七座。清末国力与漕运俱已衰退，再加上官员监守自盗，存粮与仓廒的数量日渐减少，不免使人联想到唐代曹邺的《官仓鼠》："官仓老鼠大如斗，见人开仓亦不走。健儿无粮百姓饥，谁遣朝朝入君口。"光绪二十六年（1900）八国联军将仓内存粮拍卖一空，仓廒移作他用。民国年间，这里成为陆军被服厂。1984年，仅剩的两座仓廒被列为北京市文物保护单位。《新京报》2004年6月1日报道："市规划委昨天透露，东城区建内危改区地名规划方案已经获批，沿用了该地区7条胡同名称，保留了小雅宝胡同等4条胡同名称，而禄米仓北巷等4条胡同名称则将撤销。"被撤销的另外三条胡同是：禄米仓南巷、禄米仓西巷、禄米仓东巷。消息披露后，四条胡同的存废问题引起新闻界关注，一度出现了关于地名保护问题的讨论，显示出社会对北京历史文化的重视。

三、漕运枢纽通州两城建粮仓

金中都是历史上的北京作为国家首都的开端，在运河发展史上也处在承前启后的重要阶段。海陵王早在迁都燕京之前的天德三年

（1151），就已经取"漕运通济之义"把东汉以来的潞县升为通州，以高度的预见性确立了此地作为未来首都漕运枢纽的地位。贞元元年（1153）迁都并改称中都，人口与消费的增加对漕运提出了更高的要求。自元朝中期到明清两朝，每年有三四百万石漕粮从南方运抵大都（北京），明正统年间达到五百万石的规模，分别存储在京城与通州。由多座仓库组成的这两处储粮基地，分别称为"京仓"和"通仓"。明代蒋一葵《长安客话》称："国家奠鼎燕京，而以漕挽仰给东南。长河蜿蜒，势如游龙，而通州实咽喉之地。我明之有通，如唐之有灞陵，宋之有卫源，其烦剧一也。"即使在大运河之上的漕船可以直航大都积水潭的元代，通州也没有失去作为漕运枢纽的地位。

历史上的通州城随着漕运而兴起，也是京郊城市建设与地名发展的典型。《明实录》记载，洪武元年闰七月二十九日（1368年9月11日），大将军徐达命令都督副使孙兴祖督率军士修筑通州城，这就是后来所说的通州旧城。四个城门的名称恰如其分：正对着漕运通道北运河的东门称为"通运"，体现了通州城最突出的功能；遥对京城的西门叫作"朝天"，表示出对天子的尊崇；南门称为"迎薰"，象征着迎接南风送来的花香；北门叫作"凝翠"，具有远方燕山苍翠景色尽收眼底的意蕴。正统十四年（1449），瓦剌军队在"土木之变"中俘虏明英宗后进犯京师，通州粮仓的监守者全部逃跑。景泰元年九月初二（1450年10月7日），鉴于通州大运西仓在城外，命令镇守与巡仓的官员筑城，把粮仓包围起来以便守卫，这就是依傍在通州旧城西侧拓展出来的新城。新城周长七里有余，里面有西仓和南仓，匆忙修筑的城墙高度不及旧城一半。万历十九年（1591）复修新城南门，题额"望帆云表"，意思是从南门可以遥望来自天边的漕船帆影；新城西门题额"尺五瞻天"，表示西门外不远处就是仰之弥高的京城天子。《日下旧闻考》记载，清乾隆三十年（1765）新旧城合而为一，"其旧城拆去西面，共为五门，各建重楼。旧城通运、迎薰、应翠（按：应为"凝翠"）三门名，新城望帆云表、尺五瞻天二门名，俱仍其旧"。这样一来，通州城就形成了东、北、西城墙各有一门而南城墙有新旧两门的格局。通州西部的新城以仓场为主,街巷和人口更多地分布在东部的旧城。

漕运带动了通州的发展,它的街巷也与北京一样大多以"胡同"为通名,显示了更多的城市特点。清乾隆四十八年(1783)刊刻的《通州志》,详细记载了当时的通州街巷名称。其中许多地名延续到现在,有的地名用字做了谐音变换,还有的完全更名。现在开列如下,将它们与当代地名相互对照,或者说明其大致对应的方位,其中有些暂时难以复原(表1)。

表1 清乾隆年间通州街巷与当代地名对照

位置	清代街巷	当代街巷	清代街巷	当代街巷
旧城东大街南北	通利桥胡同	东大街	南果市	南果子市
	通州卫	通州卫胡同	杀猪胡同	沙竹巷
	磁器胡同	磁器胡同	北果市	北果子市
	静安前胡同	扁担胡同	静安后胡同	静安寺胡同
	王家胡同		天喜胡同	添喜胡同
西大街南北	小仓胡同	中仓胡同	大烧酒胡同	大烧酒胡同
	半截胡同	半截胡同	小烧酒胡同	小烧酒胡同
	倪家胡同	倪家胡同	城隍庙胡同	神路街
	井儿胡同		里河沿(西水关胡同)	里河沿
南大街东西	回回大胡同	回民胡同	回回二条胡同	北二条
	回回三条胡同	马家胡同	马家胡同	马家胡同
	熊家胡同	熊家胡同	紫竹巷	紫竹庵胡同
	蔡老叔胡同	蔡老叔胡同	白酱胡同	白将军胡同
	草厂大条胡同	头条	草厂二条胡同	南二条
	草厂三条胡同	南三条	南门大街	南关大街

续表

位置	清代街巷	当代街巷	清代街巷	当代街巷
南大街东西	教子胡同	教子胡同	周禅林胡同	周仓庵胡同
	板井胡同	前/后板井	富家胡同	
	悟仙观胡同	悟仙观	西马道	西顺城街
北大街东西	靳家胡同（天恩胡同）	靳家胡同	前剪子巷	前安福胡同
	后剪子巷	后安福胡同	大寺小胡同	大寺胡同
	东塔儿胡同	东塔胡同	东海子胡同	东海子
	相府胡同（进贤胡同）		堂子胡同（发祥胡同）	堂子胡同
	司空分署街（奎星楼胡同）	司空分署街	拐棒胡同	拐棒胡同
	关帝庙胡同	大关庙胡同	州门口	司空小区
	西塔胡同	西塔胡同	厨子营	出师营
	豆腐巷	多福巷	定边卫	通州宾馆
	大沟巷	沟沿胡同	蔡家胡同	蔡家胡同
	如意胡同	如意胡同	史家胡同（近圣胡同）	北史家胡同
	老仓胡同		石板胡同	大/小石板胡同
东关厢	上香胡同	上香胡同	下香胡同	下香胡同
	佟家胡同		朱家胡同	
	药王庙口	药王庙	罗家口	
	粮食市口	粮食市	白家胡同	白家胡同
南关厢	东营	东营前/中/后街	西营	西营前/中/后街
	窑厂	窑厂	狮子胡同	

续表

位置	清代街巷	当代街巷	清代街巷	当代街巷
北关厢	砖厂		号房口	
	饮马口		中口	
	竹子厂	竹木厂	牛作坊	牛作坊
	十方院		高井	
北关厢	仁礼巷		下关	下关
	井家胡同			
新城西大街南北	大红牌楼胡同	新仓路	大红牌楼小胡同	新仓路
	帅府街	帅府街	营房口	西营房胡同
	西城根胡同	通惠南路	斗子营	斗子营
	后街	东北后街	档子胡同	
	小红牌楼胡同	新仓路	西城根胡同	通惠南路
南大街东西	四筵厅胡同	四员厅	总督衙门口	官园胡同
	金斗胡同		翠花胡同	
	南城根胡同	新城南街		
南关厢	葱市口			

明清通州的行政地位在州县之间徘徊，但新旧城及其关厢地带的街巷胡同已有102条，远远多于京郊其他州县治所，这也是它作为漕运枢纽带动城市发展的独特之处。南北果市、磁器胡同、杀猪胡同、大小烧酒胡同、白酱胡同、厨子营、豆腐巷、粮食市口、窑厂、砖厂、竹子厂、牛作坊、葱市口等，表现了居民的职业或经济特点；周禅林胡同、悟仙观胡同、大寺小胡同、关帝庙胡同、奎星楼胡同、城隍庙胡同、药王庙口等，反映了人们的精神信仰；回回大胡同、回回二条胡同、回回三条胡同、马家胡同、熊家胡同、蔡老叔胡同等，显

示了街巷命名时期的民族或居民姓氏；通州卫、司空分署街、帅府街、营房口、总督衙门口等，是通州军事和行政地位的象征。

  通州现当代命名与更名的街巷，有两条最具时代性。位于新城南门以北、西仓以南的南大街，旧城与北运河平行的东关大街，1946年为纪念七七事变中牺牲的抗日将领佟麟阁、赵登禹，分别更名为佟麟阁街、赵登禹大街。到1981年，出于不以人名为地名的考虑，二者分别改称新华南街、东关大街。1985年10月纪念抗日战争胜利四十周年时，它们又恢复了佟麟阁街、赵登禹大街之名。地名的演变过程，往往也是社会政治的写照。

第四节　五行八作

北京城在它的帝都时代就已聚集了数十万人，他们谋生的职业与经济活动多种多样。经济活动发生在市场、作坊、店铺、货场、街巷、胡同、田园、聚落里，某些行业的属性、生产交易的物品种类、著名的字号或手艺人，往往成为所在地方的命名依据，地名语词因此能够显示其地、其人在某个历史时期的若干经济特征。明清时期奠定了北京内外城地名分布的基本格局，地名语词反映出来的各行各业的情形也以这两个朝代为主。所谓五行八作、三十六行、七十二行、三百六十行，都是对经济类型的比喻而不是统计出来的实际数量。

一、正阳门外聚集世间百业

消费型城市的众多行业，集中在商业、手工业领域。以此为名的街巷胡同，能够反映不同等级的市场、作坊的分布，尤其是平民阶级的谋生手段和活动场所。观察一下前门大街（正阳门大街）两侧的街巷胡同，就会清楚地看到：西侧从廊房头条到甘井胡同这十几条东西向的街巷，它们最东端都有极为短小的一段，分别被南北向延伸、与前门大街平行的珠宝市街——粮食店街所穿越，而珠宝市街、粮食店街与前门大街之间的间隔显得非常局促。由粮食店街向南延伸，与前门大街平行的铺陈市胡同，也分割了九弯胡同、鹞儿胡同、赵锥子胡同的东端很短的一段（图15）。

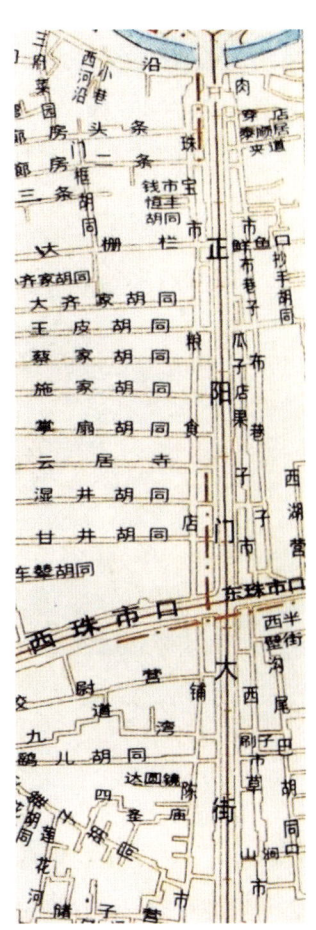

图15　清代前门大街两侧胡同（选自侯仁之主编《北京历史地图集》，北京出版社，1988）

在前门大街东侧，南北向的肉市街、果子胡同、布巷子胡同、西草市街，分割了鲜鱼口街、大江胡同、珠市口东大街的西端一小段，它们与前门大街之间同样显得过度接近。从清末的北京地图上看，珠宝市街、前门大街、肉市街三条街道合起来的宽度，与正阳门内千步廊的宽度相近。嘉庆年间《唐土名胜图会》所绘正阳门外正阳桥上的五牌楼，是由相连的五个牌楼构成的一组街道装饰，牌楼之下的五条通道完全显露在大街上，画面表现的应当是街道通行的理想状态。但在清末的照片上，两侧第一、第五通道的全部以及第二、第四通道的一部分，已被街道两旁的房屋遮住。这一张图画与一张照片，反映了前门大街因为被商业店铺挤占而逐渐变窄的历史，这段历史的起源却要追溯到几百年前的明代（图16）。

图16　清末正阳门外五牌楼
（选自傅公钺编《北京老城门》，北京美术摄影出版社，2002）

明代前期的正阳门大街，原本就像《唐土名胜图会》描述的那样宽敞，大致与千步廊的宽度相近。到了明朝后期，在大街的石道两旁，有些商贩用芦苇编织的席箔搭棚，临街做起了买卖。这样的临时性商铺越来越多，一点点地形成了对大街的蚕食。崇祯年间，工部主事高承埏《鸿一亭笔记》记载：正阳门前搭盖棚房作为集市店铺，这件事情由来已久。崇祯七年（1634）上元节夜晚，成国公朱纯臣家在放灯时发生火灾。管理南城的官府以防火为名，打算借此拆除所有侵占官街的民居和堵塞正阳门大街的棚房，后来被西城巡城御史金光宸上书劝阻。从沿街百姓的生存考虑，不能粗暴地毁掉他们赖以活命的基础，也说明街衢被占已是无法强行制止的普遍现象。当代北京不少街道两旁也曾被简易商贸大棚挤占，在度过了全民下海经商的阶段之后，管理部门逐渐拆除简易大棚，人们也开始注重城市整洁优美，古今之间情形极为相似。

清初实行旗民分置之后，朝廷不准内城旗人经商，前门大街成为北京最繁华的商业中心。诗人吴伟业《读史偶述》之十六写道："布棚摊子满前门，旧物官窑无一存。王府近来新发出，剔红香盒豆青盆。"其中的"布棚摊子满前门"，正是明代沿街商户挤占街道的继续。魏祝亭《天涯闻见录》说，乾隆四十五年五月十一日（1780年6月13日），正阳门外火灾烧毁房屋四千一百零七间，并且延烧到了城楼和牌坊。在受灾的房屋中，应有不少属于街道两旁的店铺。原来临时性的棚房，这时已改建为比较坚固的砖瓦房。尽量靠近前门外大街的这些店铺，与原来的胡同之间保留着一定间隔，由此空出了一条南北向的天然通道，把数条横向胡同串联起来。这样，与前门大街平行，东边的多家店铺隔出了以肉市、布市、瓜子店、果子市为名的街巷，西边相应隔出了以珠宝市、粮食店、纸巷子为名的街巷。它们不见于明代嘉靖年间的《京师五城坊巷衚衕集》，而被记录在清末的《京师坊巷志稿》里，恰好反映了前门大街从一条街道变成并排的三条街道的历史过程。清代新增的这些街巷名称，表明前门外汇聚了肉食、布匹、瓜子、水果、珠宝、粮食、纸张等多种行业。

二、六畜兴旺京师无所不有

旧时的蒙学读物《三字经》说："马牛羊，鸡犬豕，此六畜，人所饲。"北京城里与这些家畜有关的地名，所指地域大多是原来的交易市场或饲养场，在个别情况下也含有比喻的成分。经过近现代多次调整后，地名中的这类字眼大为减少。如果追溯这些地名的语源，仍然能够找到以往城市经济生活的一些痕迹。

在历史上的养马厂、马匹交易市场附近，逐渐形成了与"马"有关的一些街巷或区片名称。在今天的中国美术馆东边，清代有马市大街，以街道南口交易驴马的集市得名，今称美术馆东街。元代大都城里的马市所在地，叫作马市街，即今西四东大街。到清代，位于皇城左右的这两条街道，并称东西"马市街"，1965年整顿街巷名称时改为今名。明代修筑外城之后，宣北坊从广渠门到广宁门（今广安门）称为南大街，其中的一段因为有骡马交易市场，命名为骡马市街，位于今宣武门外大街以东。随着交通地位的提高与牲畜交易的兴盛，清代在此设立征收税务的骡马税局，并逐渐改称骡马市大街。广安门外的小马厂一带，元代以来就是养马场所，前往白云观拜谒游览的人们在此驻足拴马，因此有马厂之称。民国年间建起赛马场，这里开始称为小马厂，20世纪50年代还据此命名了新建的居民区。广安门南顺城街东侧的南马道，明清时期有为官员骑马登城修建的坡道。广渠门内大街中段南侧，清代有正蓝旗士兵养马的地方，乾隆年间称为官马圈，1965年改为观马胡同。有的地名从字面上看似乎与马无关，实际上是被地名用字的谐音变换掩盖了本来面目。明代大时雍坊养马胡同，以这里的养马场为名，清代取谐音改"养马"为"羊毛"，字面意义与历史状况已经完全不相符，这就是今西交民巷北侧的羊毛胡同。

北京当代以"牛"为名的街巷，最具知名度的大概是广安门内大街南侧的牛街，这里还有称为牛街头条至牛街六条的胡同。元代之前的北京史，在很大程度上是宣南地区的历史，牛街一带则是唐代幽州城、辽代南京城、金代中都城的一部分。这一带在金朝有称为柳河村、东湖柳村的聚落，元代建立的礼拜寺，是牛街成为回族聚居区的标志。成书于明代嘉靖年间的《京师五城坊巷衚衕集》记载了白纸坊里有礼拜寺。进入清代以后，大批汉人由内城迁往宣南地区，俗称"冈儿上"的礼拜寺一带人烟迅速稠密起来。由于民族习俗的缘故，这里的回族人民有不少从事饲养、贩卖、屠宰牛羊以及生产销售牛羊肉制品的行业，他们所在的地方因此又有"牛街"之称，一直延续到现在。与此相仿，在宣武门内大街北端东侧，明代大时雍坊牛肉胡同是回族在内城的聚集地，当时在今前牛肉湾1号建立了清真寺。清代同音异写为牛肉湾，民国时期分解为前牛肉湾胡同、后牛肉湾胡同。清代还有几个称为"牛圈"的胡同，后来因为感觉字面不雅而相继更名了。

以"羊"为名的街巷胡同，同样与从前的市场、作坊、饲养地相关。清代西城的羊市大街，历史上曾是买卖羊的市场。1965年变为阜成门内大街的东段，即太平桥大街北口至西四北大街南口之间的部分。这条街道南边相邻的街巷，就是明代咸宜坊的羊肉胡同，这个名称一直沿用到今天。西四南大街南口的羊皮市胡同，后海西南侧的羊房胡同，建国门南大街西侧的大羊毛胡同、小羊毛胡同，花市大街以南的南羊市口街，有的是明代形成的街巷，有的是清代的交易市场。在阜成门南大街以东，有明代金城坊羊毛胡同，到清代讹称养马营，此后分为东养马营胡同、西养马营胡同。老舍先生在小说《四世同堂》里描写的"西城护国寺附近的小羊圈"并非虚构，光绪二十五年（1899）他出生在这条胡同的8号院。民国年间，小羊圈胡同取谐音更名为"小杨家胡同"，多少反映了人们对地名语词含义的关注。

以"鸡"为名的街巷比较少见。在崇文门外大街中段西侧，1965年有火鸡胡同并入广兴胡同，但得名原因难以探究。在朝阳门内大街北侧，清代有鸡爪胡同，根据胡同形状与鸡爪子相似而命名，清末民初谐音更改为吉兆胡同，借此寄寓美好的愿望。在西四东大街南侧、西安门大街北侧，清末有买卖家禽的"鸡鸭市"，从市场名称派生为街巷名称。民国年间谐音改称"集雅士"，在字音基本不变的前提下尽量增强文雅色彩。1965年更名为西安门北巷，地名用字的意蕴归于平淡苍白。

"犬"也就是"狗"，在街巷胡同名称自然发展的时期，与此有关的地名并不少见，比如打狗巷、狗尾巴胡同、狗尾胡同之类，大多属于形容和比喻的性质。进入民国以后，人们对地名的字面意义和美学色彩开始讲究起来，或完全更名，或采用谐音，纷纷改掉了感觉不雅的地名用字。"打狗巷"变为"打鼓巷"，"狗尾巴胡同"变为"高柏胡同"或"高义伯胡同"。在北方话的口语中，"尾巴"读作yǐ ba而不念成wěi ba，选择同音或谐音的地名用字时，自然要顺从这样的语音习惯。

"豕"就是"猪"，这是一个平常不大受欢迎的字眼。明清时期的北京不论内外城，带"猪"字的地名并不少见。它们所指的地方，有些是买卖、饲养、加工的场所，有些则是比喻而已。明代的明照坊双碾街，应当是以两座加工米粮的石碾为名，清末称为东马市街或马市大街，民国年间改称猪市大街，这里应当一直是家畜交易市场，但不同时期占主要地位的种类有所变化。1965年整顿地名时，从字面的美感考虑，猪市大街改为东四西大街，但也因此隐藏了街巷发展的一段历史。在语音相对"顽固"的背景下，街巷更名往往通过另选同音或谐音的语词来实现。明代嘉靖年间《京师五城坊巷衚衕集》所载正南坊"猪市口"，不论是用来指代地片还是街巷胡同，都是以其位于生猪交易市场的进出口得名。清代变为同音异写的"珠市口"，陡然增加了地名的"高贵典雅"之气。光绪年间的《京师坊巷志稿》称"珠或作猪"，似乎还有两者通用的迹象，但后来谁也不愿在书写地名时舍弃宝"珠"而选择蠢"猪"了。此外，大栅栏西街南侧的朱茅胡同、广渠门内大街北侧的珠营胡同、西四南大街西侧的朱苇箔胡同、小珠帘胡同，分别是清代的猪毛胡同、猪营儿、猪尾巴胡同、小猪圈的同音或谐音变换。在宣武门西大街北侧，清代有猪尾巴胡同，民国年间谐音为智义伯胡同，1965年又简化为智义胡同，并且分成了东智义胡同、西智义胡同两条巷子，其命名缘由与仁义礼智之类的观念并无关联。

三、铺户作坊多隐能工巧匠

明代北京内外城都有若干街巷胡同以居民的姓氏再加职业或所属

行业命名，这样的居民应当是隐身于铺户作坊里的能工巧匠，至少是具有某些独到之处的市井人物。他们虽然不可能像政治、军事、文化等领域的名人那样引人注目，但有关历史信息被固定在街巷名称的专名部分，像琥珀或化石一样保存了普通民众的城市生活史。

明代内城金台坊在安定门内。豆腐陈胡同，应以陈家的豆腐作坊主为名。"豆腐陈"是职业与姓氏的结合，表明他家的豆腐确有特色。到清代，陈家的豆腐坊可能不再延续，但前代的胡同名称却流传下来，只是在口耳相传的过程中把"豆腐陈"改成了近音异写的"豆腐池"。

明时坊在内城东南角，即今建国门内。姚铸锅胡同，显然是以姓姚的作坊主在此铸造铁锅得名。民国年间取谐音改为尧治国胡同，姚师傅铸造铁锅变为上古的尧帝治理国家，字面虽然趋向雅致，但与原意已经相差很远。1965年又改称治国胡同，更难想象它的命名之源竟是如此平凡。随磨房胡同，应是以随家开设的磨房命名。"随"也是姓氏之一，并不是"隋"的误写。清代取谐音并加以简化，改作水磨胡同。罗纸马胡同，以制作出售丧葬用品纸马的罗家作坊铺户为名。这样的特殊行业与手艺人，自然容易成为一条胡同的标志。清末去掉"罗"字，剩余部分谐音改为芝麻胡同。

咸宜坊在阜成门内。沈箆子胡同，以经营梳头用具箆子的沈家作坊主命名。清末分为南、中、北"箆子胡同"三段，1965年调整为南箆子胡同、北箆子胡同。

仁寿坊在皇城景山以东。汪纸马胡同，与明时坊罗纸马胡同一样，都是以服务于丧葬祭祀的纸马店得名，只是店主姓氏不同而已。清代谐音改为汪芝麻胡同。

靖恭坊位于皇城以北、什刹海东岸。何纸马胡同，以何姓店主及其开办的糊纸马的作坊铺户为名。清末取谐音改称黑芝麻胡同，与前面的罗纸马胡同、汪纸马胡同改称芝麻胡同、汪芝麻胡同一样，反映了人们日渐重视地名字面含义的趋向以及求吉避凶的社会心理。

在明代北京外城，崇北坊位于靠近崇文门的东北一隅。唐刀儿胡同，应以打造刀具的唐姓铁匠作坊主及其职业为名，《京师五城坊巷衚衕集》还记录了地名的儿化音。清代称唐刀胡同，至少在清光绪年间已经分为上唐刀胡同、下唐刀胡同，一直沿用到当代。《京师坊巷志稿》把"唐"写为同音的"糖"，并不可取。

正东坊的主体部分位于天坛以北。金帽儿胡同，应是以制作帽子的金家作坊主及其产品为名。清代去掉儿化韵，以同音异写为巾帽胡同，仍然与原意有较大的关联。唐洗白街，当以唐姓人家的洗衣作坊或职业得名。清代取谐音异写为唐洗布街，又称半步街。民国初年分为两段，并以谐音写为东唐洗泊街、西唐洗泊街。1965年简化为东唐街、西唐街。

宣北坊位于外城靠近宣武门的西北一隅。魏染胡同，以魏家开设染布作坊得名，从业者也是具有独特手艺之人。

宣南坊位于宣北坊以南。包头张家胡同，以纺织头巾的张家为名。清代同音异写并稍作简化，称作包头章胡同，一直沿用至今。

正南坊位于山川坛（先农坛）以北和以西。粉房刘家街，以刘家所设生产粉条的作坊为名。清康熙年间称粉房刘家，后谐音异写为与原意相差甚远的粉房琉璃街，一直沿用至今。赵锥子胡同，因有赵姓以制作锥子为业得名，自明代开始已经数百年未变。

清代在延续或稍微改换明代地名的同时，也出现了新的以居民姓氏与作坊或职业为名的街巷胡同。在大栅栏附近，大李纱帽胡同、小李纱帽胡同，应是以制作纱帽的李家作坊得名，并且派生为两条胡同。1965年取谐音并加以简化，分别更名为大力胡同、小力胡同。在崇文门外，贺粉浆胡同，以从事粉刷墙壁的贺姓人家作坊为名，粉刷匠也是具有独特技术的手艺人。民国时期改称南粉浆胡同，北面的粉线胡同相应改称北粉浆胡同。

四、各擅其技都人无所不为

明代谢肇淛《五杂俎》引长安谚语曰："天无时不风，地无处不尘，物无所不有，人无所不为。"即使是街巷胡同名称在字面上留下的历史痕迹，也足以显示明清时期三百六十行汇聚京师的生动画面。前面说过的正阳门外聚集百业，以六畜为线索列举的经济生活场景，挖掘铺户作坊不知名的能工巧匠，都已展示了北京"物无所不有，人无所不为"的基本状况。下面再从老城区入手，筛选出以生产商贸活动作为命名依据的其他街巷，进一步揭示明清以及民国时期北京社会经济生活的面貌。

1．明清内城东半部

在老城区的内城东半部，安定门一带，明代的东绦胡同是加工丝绦之所；车辕店应是以大车店为名，后来谐音写作车辇店胡同，更突出了原有的命名背景。到清代，这里又有汤锅胡同，以其间有屠宰场得名，民国时期改为汤公胡同。在交道口地区，明代的布粮桥，以交易布匹粮食的集市得名，民国年间谐音演变成东不压桥胡同。棉花胡同、炒豆胡同、剪子巷等以市场或作坊为名，自明代开始已经存在了数百年。在北新桥附近，明代的针匠胡同以居民职业为名，到清代演变为针线胡同，距离原意还不算遥远。清代的弓箭营，以制作弓箭的作坊为名，清末转换为北弓匠营，嗣后又增加了专名"胡同"，变为北弓匠营胡同。在景山一带，清代的碾子胡同以巷子里有碾米磨坊为名；轿子胡同的命名依据可能是轿夫居住地。在东四一带，明代的铁箭营，当以打造箭镞的铁匠作坊为名。清代谐音改称铁匠营，今名铁营胡同。清代的南弓匠营胡同，传说是制作弓箭的匠人聚居之地；烧酒胡同，命名之源是清代的烧酒作坊。

在东华门一带，明代的灯市口大街，是京城正月里放灯期间的闹市。鹁鸽市，是一处交易鸽子的市场，清代分为大鹁鸽市、小鹁鸽市，1965年改为大鹁鸽胡同、小鹁鸽胡同。锡蜡胡同，以制作锡灯和蜡台的作坊得名。清宣统年间，近音异写为锡拉胡同。大纱帽胡同、小纱帽胡同，是出售纱帽的地方。煤炸胡同，以铸铁厂堆积的煤渣得名，清代写作煤渣胡同。南薰坊东江米巷，以出售江米的米市得名，清代谐音为东交民巷。始于清代的弓箭大院，以制作弓箭的作坊得名。在朝阳门内，明代思诚坊炒米胡同，以有众多卖炒米的小吃摊贩得名。清代改称炒面胡同，并分解为前炒面胡同、后炒面胡同。铸锅巷，以当年有铸锅的工匠居住得名，清代取谐音改称竹竿巷，1965年改称竹竿胡同。黄华坊灯草胡同，以出售灯芯草的铺户得名。在建国门附近，明代明时坊赶驴桥，以赶脚的市场得名，清代以制作金银首饰的店铺改名顶银胡同。表背胡同，源于这里居住着许多裱糊字画的手艺人。清代同音异写为裱褙胡同或裱背胡同，宣统年间分解为东裱褙胡同、西裱褙胡同。麻绳胡同，有经营麻绳的作坊或店铺，清代改为麻线胡同。船板胡同，在明代可能的造船之地。属于明代黄华坊的干面胡同，命名可能与从禄米仓运输米面的事务有关。始于清代的鲜鱼巷，以贩卖鲜鱼的市场得名，1965年分为南鲜鱼巷、中鲜鱼巷。

2．明清内城西半部

在老城区的内城西半部，明代张爵《京师五城坊巷衚衕集》有日忠坊水关水车，以胡同北端西海边的抽水车为名，这里就是今天新街口一带位于西海南侧的水车胡同。在福绥境一带，清代的弓匠营、鞍匠营，是制造弓箭与马鞍的场所，今已演变为东弓匠胡同、西弓匠胡同、小弓匠胡同与它们旁边的鞍匠胡同。民国年间产生的葱店胡同，以出售大葱等蔬菜的店铺为名。在厂桥一带，清代的铁匠营，是制造铁器的场所，其后形成前铁匠胡同、后铁匠胡同。烟袋斜街，见于《光绪顺天府志》，应是明代后期至清代在已经萎缩了的积水潭东北岸出现的街巷，相传以一家烟袋店铺的幌子为名。元末《析津志》所称凤池坊"在斜街北"，明代张爵记载的北城日忠坊银锭桥附近的"斜街"，都是今天的鼓楼西大街，与它东南的烟袋斜街没有直接关系。藕芽胡同，可能是民国年间莲藕、豆芽等摊贩的集中地。在丰盛胡同附近，明代咸宜坊千张胡同，以制作豆制品"千张"的作坊为名。清代分为南千张胡同、中千张胡同、北千张胡同三段，民国初年改"张"为"章"，似乎增加了几分文气。1965年，中千章胡同并入北千章胡同。金城坊麻线胡同，应当以制作麻线的作坊为名，清代分解为大麻线胡同、小麻线胡同。跨车胡同，以清代在巷内有车厂得名。在二龙路一带，明代阜财坊铁匠胡同，以铁匠作坊为名，清代演变为东铁匠胡同、中铁匠胡同、西铁匠胡同，民国时期中铁匠胡同改名文昌胡同。棕帽胡同、二条胡同、三条胡同、四条胡同，以棕帽（用棕片篾条编织的雨帽）作坊得名。1965年同音异写为宗帽头条、宗帽二条、宗帽三条、宗帽四条。

3．明清外城东部

在崇文门以南的外城老城区，地名反映的经济行业更加多样。前门附近在明代属正东坊，鲜鱼巷，以买卖鲜鱼的市场得名，清代称鲜鱼口，今名鲜鱼口街。打磨厂，以打磨铜器与石器的作坊为名，今为东打磨厂街、西打磨厂街。冰窖胡同，以冬季储存冰块的窖厂为名，今为冰窖厂胡同、冰窖斜街。席儿胡同，有用芦苇编编织席子的作坊，清代分为大席儿胡同、小席儿胡同，今名大席胡同、小席胡同。清代在前门大街东侧形成的肉市街、布巷子、果子胡同，都是以所买卖的商品为名。戥子市，清末以制作和出售戥子（精确测定金银或药品重量的小秤）闻名，集中了十多家戥子铺或小作坊，也是城市医药、金银首饰业繁荣的间接反映，1965年并入北晓顺胡同。绣花街，是西湖营胡同在清末及民国时期的称谓，有元隆顾绣绸缎商行等20多家经营刺绣丝绸的店铺。

在崇文门外与花市一带，明代崇北坊神木厂大街，是朝廷堆放皇木之地，清代改称花儿市大街，每月逢四（初四、十四、二十四）有出售绢花、绫花、鲜花的花市，今为东花市大街、西花市大街。小市口，是商贩集中设摊的地方，清代称南小市口、北小市口，即今南小市口街、北小市口街。正东坊豆腐巷，以巷内有豆腐作坊得名，今谐音改为豆谷胡同。清代乾隆年间的荷包厂，以制作荷包的作坊得名，清末谐音异写为河泊厂。

在天坛一带，明代正东坊鞭子巷南中街，以卖鞭子的店铺得名，清代分为鞭子巷头条至四条胡同，1965年定名为锦绣头条、锦绣二条、锦绣三条、锦绣四条，此地还分解出锦绣巷、锦绣中巷。清代的东小市，是寅时和卯时（三点到七点）交易旧货的夜市，又因夜间开市、日出收市而俗称"鬼市"，今为东晓市街、西晓市街。清代的刷子市，是制造买卖各类刷子的地方，今名刷子市胡同。

在体育馆路一带，明代崇南坊马尾帽胡同，以用马尾编织帽子的作坊得名，今名东马尾帽胡同、西马尾帽胡同。清乾隆年间的娘娘庙街，光绪年间以巷内有磁器店改称磁器口，今名磁器口大街。民国年间的笔杆胡同、葱店东街、葱店西街，以加工毛笔的作坊、买卖大葱的店铺命名。

在龙潭公园以北，明代崇北坊与崇南坊交界处有蒜市口、抽分厂大街、揽杆市、柴市口、米市口等街巷或地片名称，显示了经济活动的活跃。揽杆市至今仍是汽车站名，通常写作同音的"榄杆市"；蒜市口在1965年并入广渠门内大街，但依然作为地片名称使用，甚至派生了与它相关的商店等名称。清代的元宝市，是生产和出售白事使用的纸制元宝的地方，今名元宝巷。

4．明清外城宣南地区

在宣南地区，清代广安门内的车子营，居民多以拉排子车、人力车为业，今名车子营胡同。清末出现的柿子店，以销售物品为名，后以谐音改为狮子店，今名狮子店胡同，都与原意相差很远。明代宣南坊绳匠胡同，以制绳子的工匠住在此地得名，清朝后期以谐音改为丞相胡同。这里靠近明代的菜市街即清代的菜市口，1965年改称菜市口胡同，现在已发展成宽阔的道路，称为菜市口大街。糖房胡同，清代以制糖的作坊为名。在白纸坊一带，元初设立主管造纸的机构白纸坊，聚集了一些手工造纸的作坊。明代白纸坊有纸房胡同，今名白纸坊胡同，造纸业一直持续到现代。明代宣南坊盆儿胡同，有当地居民以烧制瓷盆为业。近代出现的菜园街、南菜园街、南樱桃园等，以种植蔬菜、果树得名。

在椿树地区，明代宣北坊麻线胡同，以巷内开设麻线作坊得名，今名红线胡同。前铁厂胡同、后铁厂胡同，清代曾在此设置铁砂厂。在陶然亭地区，明代宣南坊果子巷，以巷内出售果品的店铺得名。麻刀巷，以民国年间开设的麻刀（与石灰拌在一起抹墙的碎麻）店为名。

在大栅栏地区，始于清代的胭脂胡同，里面有胭脂粉店铺。排子胡同，有居民以拉排子车为业。珠宝市，今称珠宝市街，是北京最古老的珠宝玉器交易场所，也是熔炼兑换银两的集中地。钱市胡同，在珠宝市街南端路西，是旧时北京的金融交易中心，每天清晨各大钱庄、商号到此兑换银两与制钱，因此称为钱市胡同。

在天桥地区，明代正南坊养羊胡同，以饲养家畜为名，1965年更名正阳胡同。厨子营，是京城厨子集中居住之地，民国时期取谐音改名储子营，今称储子营胡同。千儿胡同，因居民制作蜡扦为业得名，清代同音异写为阡儿胡同。始于清代的小腊竹巷、腊竹胡同、香厂路，分别以居民制作蜡烛芯、晒香为业得名。乾隆年间的穷汉市，清末民国时期称为补拆市、补陈市、铺陈市，是贫穷劳动者等候雇主之处，今名铺陈市胡同。地名语词反映出来的京师众多行业，有些在命名时期是普遍现象，更多的则是以其独特性而引人注目，从不同角度折射出历史上以平民经济生活为主的社会面貌。

第四章

眼底风物

北京地区的山岭、河流、湖泊名称，是社会赋予区域自然地理环境的语言标志，采用的语词能够在一定程度上反映所指地物的若干特征。依托天然山水再加以人工雕琢而成的各类园林，通常选择寄托情怀、表达愿望、描述景色的语词为名。北京周边长城关隘的命名，往往注重体现地理方位、自然特征或某种象征意义。地名群是一种特殊的地名分布形态，为我们准确认识相关自然因素和人文条件，开启了一扇旧时风物尽收眼底的视窗。

第一节　山水园林

一般而言，山水是体现自然地理环境特征的天然要素，园林则是巧妙利用山水形势再加人工雕琢而构成的再造风景。山水的命名通常以反映客观现实的约定俗成为主，园林的命名往往要更多地表达某种主观愿望与思想文化。北京地区历史上曾经使用过许多山水与园林名称，这里从当代地名中选择几例典型加以说明，体会北京地名文化的丰富多彩。

一、清代北京三山五园的命名背景

清代在北京西北郊兴建的三山五园，即玉泉山静明园、香山静宜园、万寿山清漪园（颐和园）、畅春园、圆明园，是中国古典园林史上的巅峰之作。它们的命名语词与园林本身一样具有华丽色彩，山名以反映区域自然特征为主，但乾隆年间有所更改，诸园的命名大致采用文雅语词，其文化渊源出自儒家经典和佛教思想，寄托了命名者的政治理想和精神追求，为今人留下了可资借鉴的命名范例。

1. 源于自然特征的山名及其变迁

被清代皇家园林联系在一起的玉泉山、香山、万寿山，所经历的命名过程既有民众的"约定俗成"，也有官方的"有意为之"。就一般情形而言，山岭、河流的名称往往取自形状、颜色等自然特征，有时也采用文学性的描写或比喻。

形容水质洁白如玉的"玉泉"一词，很早就被作为泉水、山岭、寺院的专名，仅在唐宋文献中就有许多同名异地的称谓，反映了不同地域之间具有的共同特征。至于今北京西北郊的玉泉山，《辽史·地理志》记载："玉河县，本泉山地。刘仁恭于大安山创宫观，师炼丹羽化之术于方士王若讷，因割蓟县分置，以供给之。在京西四十里。"近人陈汉章《辽史索隐》指出，"泉山"上面应当有"玉"

字。这就是说，玉河县本来属于玉泉山一带地方。山水名称是政区名称的重要来源，根据一般规律推断，先有作为泉水的玉泉，再根据泉水名称命名它所在的山岭为玉泉山，从玉泉山上流出、由玉泉以及其他泉水汇成的小河被称为玉河，在玉河所经之地设置的政区随之命名为玉河县，这一连串的派生命名前后相继，作为县名源头的山水名称必定形成于唐末刘仁恭置玉河县之前。到金章宗时期，明昌元年（1190）八月、四年（1193）三月，泰和元年（1201）五月、七年（1207）五月，多次到玉泉山游玩，宛平县境内因此建立了玉泉山行宫，这些在《金史·章宗本纪》里都有明确记载。金末元初的名儒赵著撰于蒙古太宗十二年（1240）的碑记写道："燕城西北三十里有玉泉。泉自山而出，鸣若杂佩，色如素练，泓澄百顷，鉴形万象。及其放乎长川，浑浩流转，莫知其涯。……山有观音阁，玉泉涌出，有玉泉二字刻于洞门。泉极甘洌，供奉御用。"这块碑文见于《元一统志》，赵著以生动的语言写景状物，泉水、山岭、河流的得名缘由跃然纸上。

关于香山的语源，今人有时误以为是出自枫叶的芳香。实际上，香山的红叶不是枫叶而是黄栌，它的命名依据也不是气味的芳香，而是因为山石的形状近似于香炉。辽金时期，香山已是佛教兴盛之地。辽开泰九年（1020），燕京辽西坊的张从信等，在此修建了澄赞舍利塔。保大二年（1122）短暂称帝的耶律淳，死后葬在燕京以西的香山永安陵。《元一统志》记载，金大定二十六年（1186）吏部侍郎李晏撰写的碑记称：西山崇冈叠阜，"中有古道场曰香山。山有大石，状如香炉"。泰和元年（1201），翰林应奉虞良弼也说："都城之乾隅三十里曰香山，亦号小清凉。"乾隅，就是八卦中的乾卦所对应的西北方向。《金史》显示，世宗诏令巨构与其他近臣一起，修建香山行宫以及佛寺。大定二十六年三月香山寺建成，金世宗亲自到场，赐名大永安寺，拨给寺院田地二千亩，栗子树七千株，钱二万贯。章宗明昌四年（1193）三月到香山永安寺及玉泉山，承安三年（1198）七月、泰和六年九月也曾到香山游览。这个源于香炉状的山石并与香烟缭绕的佛寺彼此呼应的名称，一直沿用至今。

万寿山，是清代更改之后的名称。乾隆十五年三月十三日（1750年4月19日），为准备庆贺明年将要到来的皇太后六十寿辰"万寿节"，降旨把瓮山改名万寿山，与此前在山南修建的延寿寺一起，表达对太后万寿无疆的祝愿。同时，把金海（元代的瓮山泊）改名昆明湖。乾隆帝《万寿山昆明湖记》说，更名的宗旨在于"景仰放勋之迹，兼寓习武之意"。换言之，就是表达对尧帝文德遍及四海的景仰，同时含有训练水军不忘武备的思想。"放勋"是上古尧帝的名字，字面上有功勋无所不至之意。"昆"的含义之一是"同"，"昆明"因此寄托了对于文治武功同时大放异彩的希望。《元史》多次提到瓮山与瓮山泊（更名前的昆明湖）："通惠河，其源出于白浮、瓮山诸泉水也。"至元二十八年（1291）郭守敬提出增加大都水源、开凿通惠河改善漕运的计划，"大都运粮河不用一亩泉旧原，别引北山白浮泉水，西折而南，经瓮山泊，自西水门入城，环汇于积水潭，复东折而南，出南水门，合入旧运粮河"。泰定四年（1327）八月，"发卫军八千，修白浮瓮山河堤"。至正十四年（1354）四月，"命各卫军人修白浮、瓮山等处堤堰"。明代亦称瓮山泊为七里泊、西湖、西湖景。清代昆明湖大大拓展了瓮山泊的水域面积，实际上建成了一座供应京城用水的巨大水库。

瓮山，以山石的形状与水瓮相近得名。传说方外修仙之人在山麓凿出一只奇特的石瓮，这个带有神奇色彩的故事进一步强化了瓮山在民间的影响。明代万历年间进士、北京人王嘉谟《蓟丘集》卷三十九《石瓮记》写道：

> 燕之西山有瓮山焉，纯卢土，中多杏楠榆柳之属，余尝游其间。其南岩若洞而圮者，一樵人曰："此少鬲仙室也。"久之，游丁公潭，问于渔父。渔父曰："瓮山，盖市中之异域云。昔吾大父尝闻山中有老父能缮生，久而去之。俄而来云：'山麓魁然而大、凹而秀者，瓮之属也。'因凿之，得

石瓮一，倍于常瓮，华虫雕凿不可辨。中有物数十种，老父悉携以去，置瓮山西，因为谶曰：'石瓮徙，贫帝里。'人不之信也。嘉靖初，瓮不知所存。仆老矣，睹吾里中世变习矣，夫瓮何为？"

这段文字大致可以翻译如下：

北京城西有一座瓮山，纯黑色的土地上，生长着杏、柟（也就是梅）、榆、柳之类的树木，我曾经到那里游览。山的南侧有岩石像倒塌的洞府一样，一位砍柴的樵夫说："这是修道者居住的少扃仙室。"过了很久，我到丁公潭游览，向老渔夫询问此事。渔夫告诉我："瓮山，在城里人看来是非常独特的地方。从前我祖父曾经听说，山里有位老人擅长延年益寿之术，住了好久才离去，但刚过一会儿又转回来说：'山脚下耸起的一大片中间低洼、草木茂盛的土丘，是水瓮一类的东西。'于是老人把土丘凿开，得到一口石瓮。这口石瓮的粗和高，都超过平常所见水瓮的一倍，上面雕刻的花朵、昆虫无法辨识。瓮里有几十种东西，老人把它们全部带走，将石瓮安放在山的西侧，并且编了一句预言：'一旦石瓮被挪动，北京城里就受穷。'当然，人们并不相信他的话。嘉靖初年，石瓮不知去向。我已经老了，眼见家乡世风变坏早就习以为常了，这还用得着以石瓮作为警示吗？"

关于瓮山得名的传说，是民间对明代社会变迁的一种通俗化的表达，石瓮又被人们看作预见世道兴衰的象征。玉泉山、香山、瓮山的命名之源，或出自对山间泉水清澈如玉的形容，或者是对山体轮廓或岩石形状的比拟，都以表现山岭的某种自然地理特征为宗旨。附丽于这些名称之上的传说，是由自然地物引发的社会人文内容，地名语源随之变得更加多姿多彩。

2. 追求清静和畅意蕴的园林命名

清代京西五园的皇家身份，决定了命名者势必选用典雅华丽的语词，以体现某种不同凡俗的文化意蕴，《日下旧闻考》等文献对此多有记载。

康熙年间在明代武清侯李伟别墅故址改建畅春园，皇帝"爰赐嘉名"并作《畅春园记》，阐述了这个名称的象征意义："既成而以畅春为名，非必其特宜于春日也。夫三统之迭建，以子为天之春，丑为地之春，寅为人之春。而《易·文言》称乾元统天，则四德皆元，四时皆春也。先王体之以对时育物，使圆顶方趾之众各得其所，跂行喙息之属咸若其生。光天之下，熙熙焉，皞皞焉。八风罔或弗宜，六气罔或弗达，此其所以为畅春者也。"康熙帝指出，这座园林以"畅春"为名，并不等于只适宜春天休憩。上古三代的正朔各不相同，周代以子月、商代以丑月、夏代以寅月（今农历十月、十二月、正月）为岁首，它们分别是天统、地统、人统的新春之始。《周易》称万物化生于天的元气，这就意味着元、亨、利、贞都属于元气，春、夏、秋、冬皆可视为春天。古代圣王领会了其中的奥秘，遵循四季的自然规律化育万物，使天下众生各得其所。在由此造就的万物争春的世界里，八方来风无不合宜，六气运行无不顺达，这就是以"畅春"作为园林之名的寓意。康熙帝撰文旨在把"畅春"的含义告知臣下与周边之人，这个名称寄托着秉持顺天而治、达到物阜俗淳的思想，其文化渊源出自《周易》与西汉以来"三统"循环的历史观，反映了儒家学说的深刻影响。

始建于康熙四十八年（1709）的圆明园，原是赐予雍亲王胤禛即后来的雍正帝的庄园。雍正帝《圆明园记》写道："至若嘉名之锡以圆明，意旨深远，殊未易窥。尝稽古籍之言，体认圆明之德。夫圆而入神，君子之时中也；明而普照，达人之睿智也。若举斯义以铭户牖，以勖身心，虔体天意，永怀圣诲，含煦品汇，长养元和，不求自安而期万方之宁谧，不图自逸而冀百族之恬熙，庶几世跻春台，人游乐园，廓鸿基于孔固，绥福履于方来，以上达皇考垂祐之深恩，而朕之心至是或可以少慰也夫。"他认为，"圆明"二字寓意深刻，考求古籍知其出自《中庸》所谓"圆而入神，君子之时中也；明而普照，达人之睿智也"。这两句话的意思是：致力于品德圆满完美而臻于精妙之境，是君子合乎时宜的立身准则；创造卓著业绩以惠及天下生民，是出类拔萃之人的明智选择。从这样的政治理想出发，《圆明园记》表达了遵循"圆明"之旨养气修身，以求天下安宁、社会繁荣、江山稳固的意愿。熟悉儒家经典的雍正帝也有很深的佛学素养，雍正十一年（1733）编选的《和硕雍亲王圆明居士语录》及四月八日所撰的自序，都表明他在做藩王时已称作"圆明居士"，含有佛家语"圆明一切智"之意。由此看来，康熙帝为改建的新园赐名时，从园林主人胤禛的别号中派生出"圆明园"是顺理成章的选择，只是雍正帝后来又依据《中庸》做了符合儒家精神的解释而已。

康熙年间创建的静明园位于玉泉山南面，著名的玉泉就在园内。依托玉泉山水，形成了玉泉趵突、溪田课耕、裂帛湖光等十六景。这样看来，"静明"二字应是此地风光静谧、泉水明澈之意，但其中也寄托着与"静宜"类似的哲学思想。

乾隆帝由于不能忘怀山水之乐，自乾隆十年（1745）七月至十一年三月，在康熙帝香山行宫的基础上改建静宜园，以此作为处理朝政之余体会"仁者乐山、智者乐水"之地。他在《静宜园记》里说："名曰静宜，本周子之意，或有合于先天也。"这里的"周子之意"，指北宋理学家周敦颐《太极图说》阐述的关于太极、阴阳、动静的哲学观念："无极而太极。太极动而生阳，动极而静，静而生阴，静极复动。一动一静，互为其根。分阴分阳，两仪立焉。"勤政与休憩也构成了一动一静，乾隆帝因此改建这座园林，并以"静宜"命名。

在"三山五园"中年代最晚的清漪园，始于乾隆十五年（1750）改瓮山为万寿山、修建大报恩延寿寺，到乾隆二十六年最终建成。在这期间，完成了疏导玉泉诸水、拓展昆明湖、整治进京河道的水利工程。经过清淤改造，湖光山色构成园林的主体，清澈广阔的昆明湖水在微风吹拂下泛起阵阵涟漪，这种自然特征应当就是清漪园的命名依据。从词源上追索，《毛诗·伐檀》有"河水清且涟猗"之句，后世逐渐以"清漪"形容水面清澈而有波纹，例如苏轼《渚宫》所谓"台中绛帐谁复见，台下野水浮清漪"之类，这就是"清漪园"得名的文化之源。光绪帝亲政后，十四年二月初一（1888年3月13日）给内阁发布谕旨：自同治年间以来慈禧太后垂帘听政，二十余年"不克稍资颐养"，西苑"殿宇尚多完整，稍加修葺，可以养性怡神。……其清漪园旧名，谨拟改为颐和园"。这个名称源自《周易·颐卦》"由颐厉吉""养正则吉"等卦辞，有颐养天和、开颜解颐之意，显示此园将作为已经归政的太后休憩之地。

"三山五园"的命名过程和选词原则，为今人命名园林或其他地物提供了有益的参考。清代修建每座园林的意图略有不同，乾隆帝《万寿山清漪园记》称："畅春以奉东朝，圆明以恒莅政，清漪、静明一水可通，以为敕几清暇、散志澄怀之所。"这就是说，在乾隆朝，畅春园是奉养太后之处，圆明园是处理政务的所在，泉流相通的清漪园与静明园，是皇帝政务闲暇时游乐休憩的地方。尽管如此，追求清静和畅的意蕴，寄托修身与为政的思想，是皇家园林命名的统一宗旨，由此决定了命名的系统性与选择语词的唯美倾向。"三山"中的玉泉山、香山，地名用字本来就有文学色彩，取之于自然特征的瓮山也在乾隆年间被改为万寿山。"五园"的命名更是"有意为之"的典型，即使与圆明园毗连的长春园、绮春园（后称万春园），点缀在"三山五园"之间的宗室大臣赐园如淑春园、镜春园、近春园、熙春园、鸣鹤园、朗润园、蔚秀园、承泽园，也是按照同样原则选用华丽的语词为名，完全有别于通常不大注意语词含义与褒贬色彩、服从民众自然共识的"约定俗成"。这些皇家园林虽然采用抽象语词命名，但在儒家与佛教经典所代表的传统文化支撑下，并不像当代许多辞藻华丽的居民区名称那样乏味苍白，而是散发着醇美的书卷之气。依托这样的文化背景提炼出来的地名语词，自然具有深湛雅致的蕴藉，这一点尤其值得今人研究借鉴。

二、永定河等河流名称的来龙去脉

1. 从灢水到永定河

永定河是北京地区最大的河流，被誉为"北京的母亲河"。它从山西北部地区发源，经过河北怀来盆地，冲出西山束缚之后进入海河平原，以善淤善决著称，历史上多次发生危及北京城的水灾。清康熙三十七年（1698）对下游河道进行了大规模治理，皇帝赐名"永定河"，寄托了希望河流永久安澜的愿望。在此之前，这条河流还有不少名称。

先秦典籍《山海经·北山经》云：錞于毋逢之山"西望幽都之山，浴水出焉"。《山海经·海内经》又说："北海之内有山，名曰幽都之山，黑水出焉。"按照东晋郭璞的注释，浴水、黑水是同一条河。东汉班固《汉书·地理志》雁门郡阴馆县："累头山，治水所出，东至泉州入海，过郡六，行千一百里。"一般认为，"治水"之"治"应读作"余"，"浴水"应当是与"治水"字形相近引起的讹误。但是，也有古代语言研究者认为，它们都是以不同的汉字记录不断变化的地名语音，这些写法都没有错误。东汉许慎《说文解字》又载："灢，水出雁门阴馆累头山，东入海，或曰治水也。从水，累声。""累（纍）"与"垒"，都有用砖石土块等砌筑的义项，累头山很可能以山顶有凸出的石块堆积或层层叠加的岩石得名。发源于累头山的这条河流，顺理成章地取"累（纍）"字的音与形，再加上标志水体性质的偏旁"氵"，共同构成了河流的专名"灢"，而"灢水"由此成为永定河在历史上使用时间颇为长久的一个名称。在古代文献中，"灢"字往往被写成"灅""灑""漯""濕（湿）"等，通常认为是字形相近造成的讹误。

北魏郦道元《水经注·灢水》云："灢水自南出山，谓之清泉河。""清泉河上承桑干河，东流与潞河合。""灢水又东北流，左会桑干水，县西北上平，洪源七轮，谓之桑干泉，即㶟涫水者也。"由此可知，灅水上游在这个时期有桑干水、桑干河、㶟涫水之类的称谓，俗传以每年桑葚成熟时河水干枯得名"桑干"（"干"旧作"乾"），实际上这是一个想当然的谬误。北朝时期的中国北方在鲜卑族统治之下，今山西朔州洪涛山下的泉水汇集成一条小支河，南流进入灅水上游，因为泉水与河水清澈可鉴，于是以鲜卑语表示"白河"的语词命名，用汉字记录下来就是"桑干"，"㶟涫"则是同一语音的另一种汉字写法，都与望文生义的所谓桑葚成熟时河水干枯之说毫无关系。

到隋唐时期，"桑干河"由支流名称进一步代指整条河流。《隋书·礼仪志》："大业七年，征辽东，炀帝遣诸将，于蓟城南桑干河上，筑社稷二坛。"《旧唐书·韦挺传》：贞观十七年（643）用兵辽东，韦挺负责筹办粮饷，"先出幽州库物，市木造船，运米而进。自桑干河下至卢思台，去幽州八百里"。与此同时，永定河下游至少在唐代已有"卢沟"或"卢沟河"之称。2002年在房山区长阳镇高佃村北、长辛店以南的永定河泄洪区，出土了唐代云麾将军李神德墓志，记载其夫妇二人在开元二十七年（739）十月初一"合葬于幽府城西南叁拾里福禄乡泸沟河西鹿村西北百步平原"（图17）。东汉许慎《说文解字》已载"瀘，水名"；"盧，饭器也"。今简体字分别作"泸"与"卢"。北魏郦道元《水经注·㶟水》指出"或云水黑曰卢"，表明"卢"字的义项已比东汉时增多了。"泸"是"卢"的同音异写，又是早有记载的水名，李神德墓志的书写者难免受其影响，与四川泸水一样采用了带有三点水旁的"泸"，这是以记录语音为主的古代地名书写中普遍存在的现象。"卢沟"本来已经是一个"专名+通名"的完整结构，"沟"则是河流的通名之一，人们却习惯于在相对少见的"沟"字后面再加一个通名"河"或"水"。不过，李神德墓志中的"河西"是用来限定"鹿村"所处地点的方位词，不能与上文连属为"卢沟河"，否则"西"字没有着落，文气也太不顺畅，唐人撰写盖棺论定的墓志应不至于如此草率。因此，永定河下游始称"卢沟"的年代，据此起码可以上溯到唐开元年间，而"卢沟河"的出现则要晚得多。

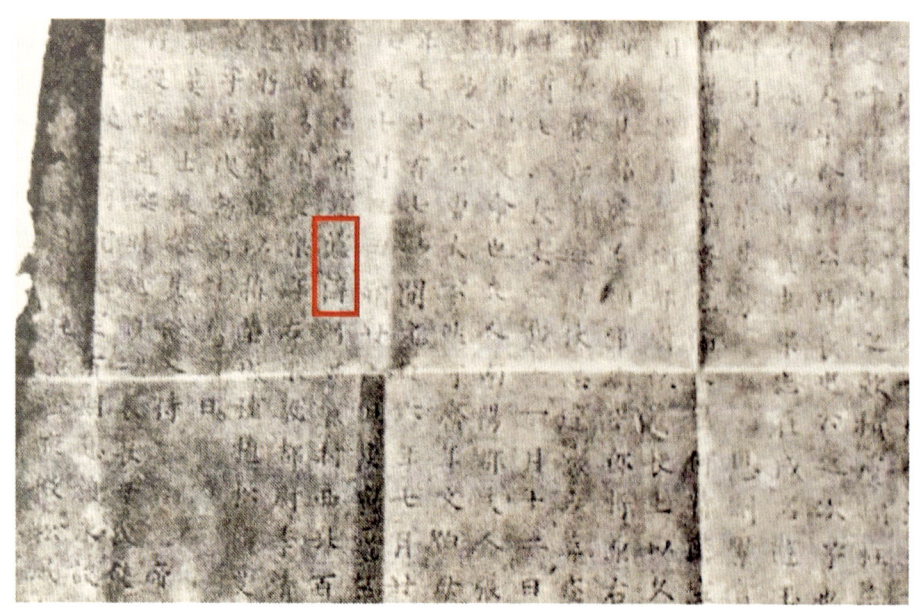

图17　唐李神德墓志镌刻的"泸沟"
（选自《出土文献研究》第九辑，中华书局2010年版，第366页陈康文）

两宋与辽金南北并峙时期，出使到北方的宋朝使者在他们撰写的沿途见闻中，记录了永定河的多个同音异写或近音异写的名称。北宋大中祥符元年（1008）路振出使契丹，他在《乘轺录》中写道，十二月八日自良乡县北行，"三十里，过鹿孤河"。大中祥符五年（1012）王曾出使更名不久的辽国，其《行程录》称"度卢沟河，六十里至幽州"。熙宁八年（1075）沈括出使辽国，其《熙宁使虏图抄》记载，在良乡东北三十里"济桑乾水，水广数百步，燕人谓之卢驹河"。所谓鹿孤河、卢驹河，都是卢沟河的同名异写，反映的只是记录者耳音的差别。南宋乾道六年（1170），范成大出使金国。《范石湖集》卷十二《卢沟》诗自注："此河宋敏求谓之芦菰，即桑乾河也，今呼卢沟。"北宋的宋敏求之说不知出自何典，他没有注意到"沟"字原本是阑入专名部分的地名通名，仅仅从"卢沟"的谐音出发随意写为"芦菰"，与地名的真实语源已是风马牛不相及。后世有人因此以为"卢沟乃芦菰之音转"，更是错上加错的本末倒置，根本不足取法。与范成大同为南宋人的周煇也曾出使金朝，所撰《北辕录》准确解释了"卢沟"的语源："卢沟河即卢龙也。燕人呼水为龙，呼黑为卢，亦谓黑水河。色黑而浊，其急如箭。"把这些记载联系起来看，河流名称中的黑水之意在《山海经》时代就已存在。

金代开始以"桑干河"专指西山以上的河流上游，以"卢沟河"专指冲出西山之后的下游河段，《金史》的《地理志》与《河渠志》的记载就是如此分工。到元明时期，又增加了浑河、小黄河两个称谓，是水流更加浑浊的标志。《元史·河渠志》称："卢沟河，其源出于代地，名曰小黄河，以流浊故也。""浑河，本卢沟水，从大兴县流至东安州武清县，入漷州界。"明代蒋一葵《长安客话》，简要说明了各段河流的关系："浑河即桑干河，从保安旧城过沿河口通石港口，直抵卢沟河。……盖桑干下流为浑河，浑河下流为卢沟，以其浊故呼浑河，以其黑故呼卢沟（燕人谓黑为卢），本一水也。浑河奔腾澎湃，势如殷雷，亦曰小黄河。"浑河既是桑干河的别名，也专指它穿行于怀来盆地至北京西山的河段，冲出西山束缚的河段即称卢沟河。到清代，卢沟河也被称为"无定河"，康熙三十七年（1698）取相反的语义赐名"永定河"，成为这条河流最近三百年来的常用名称。永定河历史上的名称更迭，也是整个流域生态环境变迁的反映。晚近时期汉字简化后，"桑乾河"就写作"桑干河"了。

永定河有多条支流。妫水河，在今北京延庆境内。妫是上古主要姓氏之一，河名应派生于此，即以活动在这个区域的部族姓氏为名。唐代妫州治今河北涿鹿县西南保岱村，天宝年间以怀戎县东部地区置妫川县，治所在今延庆，妫水之名也随之迁移到延庆地区。在门头沟境内，今之清水河被《宛署杂记》称为灵源川，"源经军庄村、清水村，至青白口与浑河合流"。今之清水涧被该书称为清水河，"在县西一百一十里大台村，入浑河"。在北京南部平原地区，凉水河、凤河、龙河、天堂河都曾是永定河下游故道。或以水质清凉为名，或以河道形状等为名，大多定名于明清时期。

2. 从鲍丘水到潮白河及温榆河

《山海经·北次二经》说："湖灌之山，其阳多玉，其阴多碧、多马，湖灌之水出焉，东流注于海。"谭其骧先生《〈山经〉河水下游及其支流考》认为：湖灌水"当即《汉志》《说文》之沽水，《水经》之沽河。盖缓呼之为湖灌，急呼之则为沽。今上游曰白河，下游称北运河"。《水经注》所载"鲍丘水"是潮河的前身，发源于今河北丰宁。下游原本经今顺义东南入河北三河、天津宝坻而独流入海，大约在两汉时期或者更早些，它与白河在潞县（今通州）北相汇，统称潞河，二者又分称东潞河、西潞河。白河下游别称笥沟。辽金时期潮河或称朝鲤河、七度河，白河有白遂河、白屿河等称谓。二者在顺州（今顺义）北牛栏山附近合流，以下通称潮白河。元代以后河名固定下来。白河以河床两岸沙质洁白得名，潮河当从朝鲤河演变而来。明代嘉靖、隆庆年间，潮河、白河在密云城西南不远的河漕庄汇流。自金代至清末，潮白河下游从通州至直沽（今天津）的河段，是京杭大运河北端的漕运通道，这就是北运河。清末，潮白河在顺义东南的李遂店附近夺箭杆河南流，由此远离通州。北运河失去了潮白河的水源，再加上近代铁路运输的兴起，历史上的漕运也随之衰落了。

温榆河在历史上是白河（沽水）的支流，《汉书·地理志》记载，温馀水东南流至路县（今通州）汇入沽水。不同版本的《水经注》有灅馀水、湿馀水等写法。宋辽时期作温渝河、温馀河。元代有榆河、蔺榆河之名。明代文献亦作湿馀河、沙河。清代《嘉庆重修一统志》称："温馀河，自居庸关南流，经昌平州西，又东南经顺义县西南，又东南至通州北入白河。一名湿馀河，亦曰榆河，俗名富河。"《说文解字》证实，与"灅水"之名具有派生关系的"灅馀水"是其本来的写法，"湿"与"温"都是字形相近造成的由来已久的讹误，从

"馀"到"榆"则是同音异写所致，晚近时期又使用了简化字。温榆河的支流孟祖河就是《水经注》的易荆水，蔺沟则是因流经芹城（今秦城）得名的芹城水，当今上游的北沙河、南沙河亦有双塔河、常乐河等称谓，它们都在今昌平境内。

白河的支流在怀柔境内有大水峪河、怀九河，《水经注》称之为高峰水与七度水、黄颁水。顺义境内的箭杆河，《水经注》谓之阳重沟水。此后见于记载的白河支流有黑河、天河、汤河、渣汰沟、琉璃河、白马关河、雁栖河、怀沙河、小中河等。在密云东北部，有几条较大的潮河支流。安达木河，《辽史·兵卫志》有安达马口，二者属于同词异写，都应是辽代的契丹语地名。清水河，《水经注》称作三城水、桑谷水、黄门水。古北口内的小汤河，应是清代或稍早些从汤河派生命名。

与古代鲍丘水关联的洵水、泃水，是平谷境内历史悠久的两条河流。《竹书纪年》载："梁惠成王十六年，齐师及燕战于洵水，齐师遁。"《水经注·鲍丘水》称："洵水又东南迳平谷县故城，东南与泃河会。"但是，它们的命名之源却无从寻找。受到"沮洳"这个联绵词的启发，我们似可做出这样的推测：洵水及其支流泃河，可能在先秦时期同时命名。在山谷或地势平缓的平原浅丘地带，常常存在着流水汇聚、植被腐烂的泥沼，这正是"沮洳"一词的含义所在。实地调查证实，泃河发源的山谷确实是一片低洼潮湿的泥沼地，从这里流出的河水称为"泃河"非常贴切。两条河流从"沮洳"一词中各取一字命名，合起来恰好可以表示这个区域泥沼遍布的地理特征，而"洵水"或许就是"沮水"在战国以前的近音异写。

3. 拒马河与圣水等河流名称

拒马河，即《山海经·北次三经》的伦水，《汉书·地理志》中的涞水。《水经注》巨马河、巨马水二名并用，明清以来大多称为拒马河。按照清初顾祖禹《读史方舆纪要》的说法，东晋刘琨坚守此河以拒十六国后赵石勒，故名"拒马河"。不过，若用"巨马"形容夏季河水汹涌势如奔腾的巨马,也有可能是比较合理的命名之源。

《山海经·北山经》中的绳水,《水经注·圣水》谓之圣水,即今大石河,发源地圣水谷在房山西北部。下游称琉璃河,宋辽金时期有时近音异写为"刘李河"。防水、羊头溪即今丁家洼河,"水出县西北大防山南,而东南流迳羊头阜下,俗谓之羊头溪"。乐水即今马刨泉河,夹河、挟活河、非理沟即今夹括河,桃水即今北拒马河,独树水、甘泉水即今南泉水河、北泉水河,福禄水即今刺猬河,白祀沟水、娄城水,当为今大兴的龙河、天堂河。

三、什刹海等湖泊名称的语源辨析

永定河、潮白河、北运河、大清河、蓟运河五大水系,自西北而东南流注,冲积成北京小平原。在今通州区南部、顺义区东北部、昌平区西部、海淀区中南部和北部、朝阳区中部和北部、大兴区北部等地,曾有不同时期、大小不一的天然淀泊,其中最重要的是古蓟城西郊的大湖(莲花池的前身)、金中都东北郊的白莲潭(后称积水潭、三海)、辽金元时期通州区南部方圆数百里的延芳淀、海淀之西的瓮山泊(西湖)和南北海淀、朝阳区中部的郊亭淀和东北部的金盏儿淀、丰台与大兴境内的南苑诸海子等。这些湖泊大多随着环境变迁逐渐淤塞乃至消失,它们的名称有的比较直白浅近,有的带着较强的文学色彩,都已成为历史的记录。

1. 西湖与莲花池

今北京西站莲花池的前身,是北京蓟城时代的水源供应地。郦道元《水经注·㶟水》描述道:"㶟水又东与洗马沟水合,水上承蓟水,西注大湖。湖有二源,水俱出县西北,平地导源,流结西湖。湖东西二里,南北三里,盖燕之旧池也。绿水澄澹,川亭望远,亦为游瞩之胜所也。湖水东流为洗马沟,侧城南门东注,昔铫期奋戟处也,其水又东入㶟水。"这里的蓟水泛指蓟城郊外的小河,它们向东汇聚为洗马沟水,然后注入"大湖"或"西湖",这就是莲花池的前身。这个湖泊的水源来自西北平地的泉水，湖面宽广，碧波荡漾，视野开阔，成为著名的游览胜地。西湖水顺着靠近蓟城南门的河道向东流，这条河道就是洗马沟，不久即汇入㶟水，其故道就在今右安门外的凉水河一线。"西湖"以其位于蓟城以西得名，"大湖"是对这个东西二里、南北三里的湖泊的形容。清代以来采用的"莲花池"，则是对湖面莲花盛开的直接反映。到金代拓展中都城后，洗马沟（莲花河）上游的一段被圈入城中，在皇城内造就了风景秀丽的同乐园（又称西华潭）。从同乐园南端分出一支清流东入宫墙，在宫城西南一隅开辟了华美的鱼藻池，其遗址即今广安门南、白纸坊西的青年湖一带。

2．延芳淀

通州南部的延芳淀，是在古永定河下游洼地中形成的巨大水泊。《辽史·地理志四》记载，这里曾是皇帝春季围猎之地，统和十一年（993）到十四年（996），辽圣宗数次到延芳淀。正是因为皇帝每年春天带领群臣到延芳淀狩猎，附近居民越来越多，逐渐聚集成较大的村镇，先是在漷阴镇筑城，后来改设漷阴县。延芳淀方圆数百里，春天聚集了成百上千的天鹅和野鸭，夏秋季节遍布莲藕、菱芡。"延芳淀"之名有淀中荷花飘香、传播久远之意，既颇具文采又恰如其分。由于永定河泛滥及湖泊自身的萎缩，延芳淀到元代已分解为马家庄飞放泊、栲栳垡飞放泊、南辛庄飞放泊、柳林海子、延芳淀等几个小湖泊，到清朝中期完全成为平陆。现在只有德仁务、小海子等聚落名称，还依稀显示着这里历史上曾经是广袤水泊的地理景观。

3．金沟淀

在今密云水库一带，辽代曾经有过一处金沟淀。据《续资治通鉴长编》记载，北宋大中祥符六年（1013），王曾出使契丹，在过了檀州（治今密云）以后，"五十里至金沟馆。将至馆，川原平广，谓之金沟淀，国主常于此过冬"。沈括《熙宁使虏图抄》说，熙宁八年

(1075)他出使时经过这里,"自馆少东北行,乍原乍隰,三十余里至中顿"。"隰"指地势低洼的湿地。金沟馆西南川原平广、东北乍原乍隰,这片地方应是河流经过浅盆地时形成的一处低洼、广阔的水泊或草甸,这里的"淀"也许是"草甸"的借代语。辽代的潮里河(朝里河、朝鲤河,今名潮河)、白屿河(白河)流过金沟淀,水势得到了有效缓解。由此看来,密云水库的修建也是对历史自然地理环境的继承和改造。金色夕阳照耀着弯曲如钩的淀泊,这可能是"金沟"二字的语源所在。

4. 海淀与丹棱沜

"淀"是北方常见的湖泊称谓,"海淀"则是从湖泊名称到聚落名称再到政区名称的典型。元代王恽《中堂事记》称,蒙古中统二年(1261)三月五日,他从金中都北门出发,取道昌平南口奔赴内蒙古开平。"六日丁卯午,憩海店,距京城廿里。凡省部未决事务,于此悉行决遣。是晚,宿南口新店,距海店七十里"。作为聚落的"海店",应当是从水体"海淀"派生出来并加以同音异写的结果。在明代,海淀的一部分被称为"丹棱沜"。"沜"读作pàn,指"水边","丹棱沜"应有"红色堤岸环绕的水边"之意,当然也可以指称那片被环绕的水面。按照万历年间王嘉谟《丹棱沜记》的描述,海淀分为南海淀、北海淀两部分,位于瓮山(今万寿山)以东五里。从青龙桥上游流来的河水朝东南方流去,在海淀西侧汇入淀中,再向南绵延五里之远。在海淀旁边,与巴沟相邻的一片地方叫作丹棱沜,面积有百顷之大,其中十亩积水成湖,二十亩在种水稻。驾船可以到达丹棱沜西侧,那里有权贵的园林别墅。丹棱沜水面虽然不大,但忽而积水成溪,忽而隐入地下,有的地方可以行船,有的地方能够垂钓,堪称京都地区的美景、城外居住的胜地。海淀或同音异写为海甸,1935年张恨水审定、马芷庠编辑的《北平旅行指南》称,丹棱沜在西直门外三里许,处于北海甸与南海甸之间,上承万泉庄诸泉,下注高梁河。以南海淀、北海淀为代表的湖泊,为这一带奠定了统称为"海淀"的基础，此后水体逐渐淤塞或消失，在这里形成的聚落则沿用了湖泊之名。

5. 什刹海

金代中都东北郊的白莲潭，到元代修建大都城之后，被圈入皇城的部分改称太液池，皇城外的部分叫作积水潭，亦称玄武池、西海子等。明代积水潭的名称变得比较复杂，增加了莲花池、海子套、后湖、西湖、北湖、北海子、净业湖、什刹海等新名，这是依据地理位置、湖中景物（莲花池）、寺院（净业湖、什刹海）等因素，从不同角度做出的各有侧重的命名。其中，什刹海常被今人曲解为以水体周围有十座寺院而得名，对此不能不加以辨析。

明代德胜门内有寺称作"十刹海"，后起的"什刹海"之"什"与"十"通用。明末刘侗《帝京景物略》称："京师梵宇，莫十刹海若者。……方五十亩，室三十余间，比如号舍，木扉砖牖，佛殿亦分一僧舍，不更广也。其创作者，三藏师。……主十刹海二十年，……今一瓢、一数珠，犹挂庵中也。……万历甲寅，师示寂，荼毗竟。"这段话的意思是说：京师的佛寺没有一座像十刹海这样简约，它占地五十亩，有三十多间房屋，每间如同科举考试的号舍一般狭窄，门窗是寻常的木制砖砌，佛殿也只是用了一间僧房而已，并不比别处宽敞。创建这座寺院的三藏法师，住持十刹海二十年，万历四十二年（1614）圆寂并火葬。他用过的瓢和数珠，一直作为遗物悬挂在寺中。可见，《帝京景物略》之所以记载这座寺院，不是因为它有宏伟壮丽的建筑，而是推崇它与众不同的朴实无华。

作为寺院名称的"十刹海"或"什刹海"，符合绝大多数寺庙以三个字为名的惯例，无需另缀一个"寺"或"庵"之类的通名。当寺院名称"十刹海"取代从前的"西海子"作为水域名称时，尽管同一个"海"字在两个名称中的含义完全不同，但它却使"十刹海"所指地物的转化变得浑然天成，令人往往误以为"十刹海"之"海"原本就是指那片水域，从而掩盖了机缘凑巧的同词异义。佛家通常用"海"比喻世界与真理的广阔无边,"刹"指佛寺或佛塔,但刘侗的描述已表明"十刹海"是一座而不是十座佛寺,里面也没有矗立着十座佛塔,当然更不会有佛寺"十刹海"派生于同名水域的可能。这样,就需要从佛教的义理中去探寻"十刹海"的本意。佛教中有十力、十地、十使、十善、十恶、十诫、十谛等概念,人们究竟选择"十恶"还是"十善",往往取决于"一刹那"间的思想。创始者以"十刹海"为佛寺命名的动机,可能是在形容这里是教导修行者恪守十诫、奉行十善、抑止十恶、培养十力、领悟十谛,避免在一刹那间做出错误选择的智慧之海。以"十刹海"或"什刹海"作为水域的名称,只是一次极为偶然的巧妙借用。在作为建筑实体的佛寺消失之后,它作为水域名称的色彩得到进一步强化。

有人根据《帝京景物略》所载吴县释修懿《十刹海》诗开头的"十刹海非刹"一语,强调"十刹海"只是水域名称而不是佛寺名称,还有的以此作为佛寺之名派生于同名水域的依据,这都属于对古人诗文不甚了了的误读。该诗开头"十刹海非刹,凝然古德风",是极言十刹海不像平常所见的佛寺那样华丽森然,依然保持着古代的淳朴风尚。在描摹了寺院环境与僧人的活动之后又写道:"僧不骄恩帑,佛宁藉像工。平平数椽屋,密密六时功。哀悯西山寺,游观额大雄。"这就是说,什刹海的僧人不以获得朝廷赐予的钱财而骄傲,对佛法的信仰难道是借助塑像的精美体现出来的吗?僧人居住在简陋的屋子里,却能整天研读佛经用功修行。令人悲哀与叹息的是,在西山很多佛寺只能看到奢华的大雄宝殿,反不如在朴素的十刹海能够领略佛教的真谛。"什刹海"从寺院名称变为湖泊名称,其命名背景、变迁过程和语词含义大略如此。

四、北京周边山岭名称的语义考索

山水是人们确定地理方位时普遍使用的参照物,北京西北两面环山,城内外古今也有作为风景点缀的人造山包。它们的名称来源多种多样,同样不失为区域文化的记忆。

1. 太行山与燕山

古代对于北京形胜的描述往往说"左环沧海，右拥太行"。西山是太行山的支脉，从昌平南口经居庸关到延庆岔道城的关沟，是太行山脉与燕山山脉的分界线。太行山见于《山海经·北次三经》，《列子·汤问》篇的著名故事《愚公移山》开头就说："太形、王屋二山，方七百里，高万仞。"至少在西汉永始三年（公元前14年）刘向整理《列子》时，"太行"之"行"读作xíng并与"形"相通，今天通用的háng应是后起的读音。"太"字含义为"极大"，"太行山"具有体形极大的山脉之意。

燕山在西周初年燕国始封之时，指的是今北京房山区琉璃河镇董家林以西的大房山一带山岭，大约在西周晚期燕国灭掉北边的蓟国并以蓟城作为国都，燕山随之被用以指称横亘在今北京以北的燕山山脉。这些"燕"都读作yān。《山海经》说燕山"多婴石"，《水经注·圣水》称之为"燕石"，二者是同一种石头的两个名称。东晋博物学家郭璞注《山海经》说：婴石"言石似玉，有符彩婴带，所谓燕石者"。这就是说，婴石像玉，纹理具有赤、黄、白、黑等光彩，也叫作燕石。以此看来，出产燕石的山岭叫作燕山，燕山之野的封国叫作燕国，它们的语源应有顺理成章的递进关系。从另一个角度看，周初有南北两个燕国。南燕是黄帝后人的姞姓封国，国都在今河南延津县东北四十五里城上村，北燕就是召公奭及其后人的封国。业已发现的彝器表明了南北之间的同源关系，"燕"的语源可能要从上古的部族名称里寻找。从部族名到山水名再到封国名，或许比较接近于地名语源渐进的真实过程。

2. 石景山

石景山，海拔仅仅183米，但它是永定河东岸的孤立山峰，却也不失高耸峻峭之感。石经山云居寺镌刻于金熙宗天眷三年（1140）的《佛说菩萨本行经》题记，称它为"小石经山"。矗立在山上的明万

171

历四十八年（1620）许用宾《重建石景山天主宫碑记》说："神京之西四十里许，山曰石经，又云湿经，亦名石景，惟山雄峙一方，高接云汉，钟灵秀之气，郁造物之英，真为燕都之第一仙山也。"

上述山名中，石经山出现的年代最早，南天门以北的摩崖石刻，至今隐约可辨"石经山"三字。这里从晋唐以来就珍藏石经，清代《日下旧闻考》称："山有石经台、普观洞、普安洞、还源洞、孔雀洞诸胜。孔雀洞……其地当石经台之阴，殆即藏经处也。"乾嘉时期的赵怀玉《游西山记》说："西岩有残石经数版嵌厓间，山名石景，一名石径，因有此经，亦名石经。"山崖摹刻与山洞珍藏，都证明了"石经山"由石经而起且年代久远的史实。"湿经山"无疑是"石"近音异写为"湿"所致，今人或称相传以唐僧师徒在石头上晾晒河水打湿的经书得名，这显然是把《西游记》过通天河的故事挪移到永定河，假借"民间传说"之名胡乱编造的伪词源。

以"石经山"为基础，后世衍生了多个读音相近的名称。《元史》本纪与河渠志记载，大德六年（1302）四月"修卢沟上流石径山河堤"。延祐三年（1316）三月，中书省提出维修浑河堤防，"上自石径山金口，下至武清县界旧堤，长计三百四十八里"。石径山与石经山虽有一字之差，但"经"与"径"是同音异调且字形相近，何况"石径山"颇有白居易诗"远上寒山石径斜"的味道，其美学意境更加引人入胜。清康熙五年（1666）入京的阮旻锡，在《燕山纪游》中称"石径山孤峰特立"；清末的《光绪顺天府志》也说"石径山，一名石景山，又呼石经山"，都显示了"石径山"的影响力。

明代已呈现出多个名称并用的局面，《明实录》记载：正德十二年五月癸未（1517年5月28日），"上微行至石经山、汤峪山、玉泉亭，数日乃还。石经山寺，朱宁所营建也，穷极壮丽，乃邀上幸焉"。万历十六年九月甲子（1588年11月2日），"驾幸石景山欲观浑河"。许用宾的碑文提到了石经山、湿经山、石景山，但题额却用"石景山"，表明它已具有今人所谓"标准名称"的地位。崇祯年间《帝京景物略》有"石景山"条："出阜成门而西二十五里，曰石景山。山故石耳，无景也。土人伐石，岁给都人，石田是耕，不避坚厚，久久，岩若洞若焉。"大意是说，山上原本都是些石头，没什么风景可看。当地人以采石供应京城为业，就像农民耕田一样，只不过石匠耕耘的是又厚又硬的"石田"。历时既久，岩石上就凿出了不少洞穴。即使抛开地名渐变的过程，换一个角度看，"石景"可以象征这里有"石头造就的风景"，与地理环境也并不矛盾。

3．八宝山与老山

八宝山，位于石景山区东部。这座海拔只有103米的山包之所以在当代闻名，基本上是由于八宝山公墓的缘故。明万历年间沈榜《宛署杂记》称："真武庙……一在义井村，一在上下庄。以上离城三十里。"上下庄，即今八宝山西南的上庄、下庄的合称。清康熙三年（1664）《显圣宫香会勒名碑记》称："京都顺天府宛平县西二十里许，旧有八宝山真武庙。"既然是"旧有"，八宝山之名至少在明代后期就已出现，只是它在京西诸山中平淡无奇，明清文献鲜见记载。八宝山娘娘庙遗址留存下来的清同治九年（1870）《重修八宝山碑记》载："京西八宝山……其上有古庙一座，前殿三楹，真武居焉。后殿亦如之，则天仙圣母尊于其中。……细阅旧碑，又略而弗详，止记国朝康熙三年，道人李常明重修。"可见，明代的真武庙、康熙年间的显圣宫、同治年间供奉真武大帝与天仙圣母（碧霞元君）的娘娘庙，实际上是前后相继的同一处庙宇。

至于"八宝山"的语词含义，1991年版《石景山区地名志》说："一般认为，八宝山因产红土、耐火土、青灰、黄浆、白土、马牙石（方解石）、沙石、板石等八种物产而得名。"此后不乏转引抄录者，但这种没有任何文献依据的说法只能视为勉强拼凑的解释。按照地域命名的普遍规律分析，前人只需选取众多特征中的一两个为依据，根本无须等到把上述八种建材类的物产都凑齐了，才把它褒扬为"八宝山"。这个名称的来源，更应从道教的思想观念中去寻找。道教徒有炼丹的传统，正如葛洪《抱朴子·论仙》所说的那样，"长斋久洁，躬亲炉火，夙兴夜寐，以飞八石"。所谓"八石"，就是他们炼丹时所用的云母、硝石等八种矿石药物。八宝山上不论是明代的真武庙还是清代的娘娘庙，所供奉的真武大帝、碧霞元君都属于道教的神明。山上的物产大体也是以各类矿石或石材为主，将它们与道教的"八石"联系在一起并誉之为"八宝"，进而把道教庙宇所在的山岭命名为"八宝山"，应当是顺理成章的选择。

老山，位于八宝山以西。明代沈榜《宛署杂记》说："鳌山寺，在八角庄。"八角庄即今石景山区老山西南的八角村。鳌山寺的命名依据显然是因为地处鳌山，鳌山则以山包形状与传说中的巨鳌（体形巨大的龟或鳖）相似得名，"老山"就是鳌山的谐音异写。卢师山，位于八宝山、老山西北。沈榜写道："京西乡旧传，隋末有沙门曰卢师，居此山，能驯服大青、小青二龙，故名。"这个山名出于民间传说，《大明一统志》等也有类似记载。

4. 北京周围其他山岭

山名的语源除了描摹山岭形状、显示地理特征之外，往往与历史故事或神话传说有关。

大翮山、小翮山，即今延庆西北的海坨山。上谷郡人王次仲是把篆书变为隶书的文字变革者，《水经注·漯水》等记载，他拒绝秦始皇征召，被囚车押送途中"化为大鸟，出在车外，翻飞而去，落二翮于斯山，故其峰峦有大翮、小翮之名矣"。"翮"指鸟的翅膀或羽毛的茎状部分，两座相邻的山岭一大一小，形态都像一片羽毛，因此才有大翮山、小翮山之称，这是民间根据两个地名的语义充分发挥想象力的约定俗成。

黍谷山，在怀柔、密云交界地带，亦名燕谷山。西汉末期刘向《别录》引《方士传》："邹衍在燕，有谷，地美而寒，不生五谷。邹子居之，吹律而温气至，而生黍谷，今名黍谷。"邹衍是战国末期的哲学家，他吹奏音乐使谷地由寒变暖直至可种黍稷的传说，可能是古人培育耐寒早熟的作物品种所留下的痕迹。

牧牛山，即今延庆东部的卧牛山。《水经注》记载了当地老人之言："山下亦有百泉竞发，有一神牛驳身，自山而降，下饮泉竭，故山得其名。"一头花色斑驳的神牛把泉水喝干，自然是民间的传说。

北魏时期的幽州军都县观石山，在今昌平、海淀境内，有观览岩石风景之意。昌平东贯市、西贯市之"贯市"，是从"观石"谐音而来。金章宗到观石山游览建亭，因名驻跸山，后世在石崖镌刻了"驻跸"二字。

阳台山，即今海淀区大觉寺所在的山岭，上有辽咸雍四年（1068）《阳台山清水院藏经记》碑，碑文称"阳台山者，蓟壤之名峰；清水院者，幽都之盛概"，都说明以形容山顶高耸如台、阳光照耀得名的"阳台山"是正确写法，清代文献中的"旸台山"则是它的同音异写。

画眉山，位于香山北面、温泉镇东南约2公里。明末《帝京景物略》说："西堂村而北，曰画眉山。产石，墨色，浮质而腻理，入金宫为眉石，亦曰黛石也。"山名"画眉"来自所产之石的用途，类似于今天化妆用的眉笔，与同名的鸟类无关。

5．景山和仰山

故宫北面的景山，明清时被视为对应着五行之"土"的北京五镇之一。元代这里是后宫延春阁所在，明代把修造宫殿的建筑废料以及开挖筒子河与南海的泥土堆成山包，有试图镇住前朝王气之意。作为全城的最高点，这里是观景之山，皇帝每年重阳节到此登高远眺。作为全城的中心点，它又是宫廷平面布局的倚靠，是景慕紫禁城之山。大概是因为堆山的河底淤泥呈灰黑色，景山俗称煤山。张次溪《燕京访古录》说："辽金时曾于此地堆积煤炭，故有煤山炭海之称。"以这里与辽南京、金中都的相互关联衡量，此说应是民间演义之词。

仰山，原是明代《宛署杂记》记载的一个村落，今在故址西北的北五环路上有仰山桥。北京举办2008年夏季奥运会之前，有关部门邀集多位学者，征询对于奥林匹克公园主峰的命名意见。此峰高48

米，主要利用鸟巢、水立方等建筑工程开挖的土方堆积而成。本书作者应邀与会，力主采用"仰山"一名，并且做出如下解释：其一，奥林匹克公园主峰位于仰山村西侧，原有聚落名称所指代的地域及其社会影响，为公众将来准确定位和迅速记忆主峰奠定了良好基础，依据旧有名称派生或移植是切实可行的命名方式。其二，村名"仰山"有仰望远处的西部群山之意，公园主峰若命名为"仰山"，意味着它是可以在仰山村旁就近仰望之山，从前"远而虚"的仰山由此变得"近而实"，既有利于公园主峰名称的传播，也使至少在明代就已产生的"仰山"之名及其代表的历史文化通过另一种方式得以延续，在保护历史地名和地域文化方面具有显著意义。其三，奥林匹克公园的建设使传统的北京城市中轴线在当代继续向北延长，公园主峰正处在这条延长线最北的端点上。放眼中轴线上最为精华的明清皇城区，辉煌的紫禁城之北是人工造就的"景山"，它与奥运会场馆之北同样由人工造就的"仰山"恰好南北对称、古今呼应，足以成为北京在不同发展阶段的显著标志。其四，就语词的性质和含义而言，景山、仰山的专名"景"和"仰"并无差别，它们又可以构成"景仰"这个古已有之的词语。二者所指的地物处在一条线上，而且在语词方面堪称珠联璧合，几乎是地域命名中可遇而不可求的天然组对，即使是妙手偶得也不过如此。其五，从历史文化渊源着眼，"景山"和"仰山"沟通了古代和当代，与《诗经·小雅·车辖》"高山仰止，景行行止"的意蕴暗合。优秀的传统文化既是这两个地名的支撑，又通过地名得到了进一步弘扬。基于上述考虑，奥林匹克公园的主峰宜采用"仰山"之名。2008年2月初，经过网站公示与行政部门审批等程序，"仰山"正式成为奥林匹克公园主峰的名称。经过十多年的检验，当年的工作依然不失其典型意义。

第二节　京师门户

　　千古不易的山川形胜，始终是人类军事活动的依托和制约。大自然造就的地理环境，限定了交通道路的选线和布局。山川阻隔是冷兵器时代的天然军事屏障，交通道路可以穿越的险要山谷、水路渡口容易成为关隘要塞。幽州时代的北京是中原政权经营北方的军事重镇，自身又是需要外围关隘和据点保护的区域中心城市。自辽金时期成为陪都或首都，这种需求变得尤其强烈。辽、金、元、清是来自塞北的统治者建立的政权，长城以外原本就是他们的根据地。唯有夹在中间的明朝，前期屡屡受到塞外蒙古各部袭扰，后期面临着崛起于东北的满洲军队进攻，长城一线的关口因此成为控扼京师的门户。

一、北京地区长城修筑史略

　　在人们长期积累的印象中，提起大运河就想到隋炀帝，说到长城就离不开秦始皇。根据司马迁《史记》记载，战国时期的燕、赵、秦三国，在北部边境修筑了防御东胡和匈奴的长城。秦始皇平定六国后，派遣大将蒙恬筑长城，"因地形用制险塞，起临洮，至辽东，延袤万余里"。但是，燕、秦时期的长城大致在今内蒙古多伦、河北围场、内蒙古赤峰与敖汉一线，与今天的北京地区无关。

1．北齐是北京地区修筑长城的开端

　　一般说来，北京地区的长城始建于北朝晚期的北齐，稍后的北周和隋唐加以修缮利用，到明朝又进行规模空前的改建完善，这才形成了今天万里长城北京段的基本面貌。

　　《北齐书·文宣帝纪》称：天保六年（555）"发夫一百八十万人筑长城，自幽州北夏口至恒州九百余里"。次年十二月之前完成了全部修筑计划，"自西河总秦戍筑长城，东至于海，前后所筑东西凡三千余里。率十里一戍，其要害置州镇，凡二十五所"。幽州北夏口

就是今北京昌平南口,恒州即今山西大同,总秦戍在大同西北。尽管我们无法非常清楚地知道北齐长城经行的具体路线,但从大致走向等方面推断,这道自山西大同西北至渤海沿岸的长城,应当是历史上在今天的北京地区修筑长城的开端。《北齐书·斛律羡传》记载,天统元年(565),为防备北方来自匈奴的军事威胁,"自库堆戍东距于海,随山屈曲二千余里。其间二百里中凡有险要,或斩山筑城,或断谷起障,并置立戍逻五十余所"。从大致路线与前后之间继承关系来看,这次只是对天保年间的长城做了修缮。在此之后,北周整修过北齐长城。当代考古学者在北京昌平、门头沟、延庆、怀柔、密云、平谷的高山峻岭,发现了不少倾圮严重、墙体低矮的北朝石垒城垣与城堡。昌平区流村、高崖口、老峪沟至门头沟区大村一带,有长约30公里的北齐长城遗址,至今保存着高1.5米、宽2米的墙基,还有敌台、烽火台的石瓦砾。此外,在北京东北的温榆河南岸,通州城西与城南一直延伸到天津武清西南,北齐曾经修筑土质长城。北宋出使契丹的王曾、沈括,清初顾炎武、顾祖禹等,或亲眼所见,或征引文献,都记录了平原地区土长城的线索。

隋开皇初年,燕蓟一带屡遭突厥侵犯。幽州总管周摇整修关塞、加强戒备,依靠燕山天险与人工设施相结合的防线,保护了边民的安全。继隋而起的唐朝国力强盛,总体上无须仰仗长城作为军事屏障,但也有少量的建设或应用。此后的辽、金、元各朝,长城以北本来就是统治者的发祥之地和战略后方,根本无须依赖长城防线,直到明代才发生重大转折。

2. 明代大规模修筑长城布防蓟镇

明朝军队在洪武元年(1368)占领元大都之后,大将军徐达就奉命修筑长城,部署北方的军事防线。元顺帝虽然逃回了漠北,但蒙古各部的军事力量并未受到太大损失,政治机构仍然保持完整,不断为收复失地而起兵南犯。朱元璋把朱棣等几个儿子封为镇守边塞的藩王,驻守在全长一万二千多里的长城沿线。从洪武到嘉靖年间,逐渐形成了九个军事重镇，称为"九镇"或"九边"。其中，蓟镇是北京最直接的北部防线，东起山海关，西至灰岭口（今昌平以北15公里上口村北）或镇边城（今河北省怀来县东南），设于嘉靖二十七年（1548）。居庸关外的宣府、大同两镇，是北京的西北屏障。宣府镇设于永乐七年（1409），东起居庸关以北的四海冶（今延庆四海），西至大同东北的平远堡，北京地区的长城有一部分属于宣府所辖。北方游牧民族一般选择攻大同、入宣府、破居庸、进北京的用兵策略，攻入大同之敌往往南下趋雁门、越太行，从侧翼进兵北京；突破宣府之敌则势必向南夺取紫荆关、向东过保定再转而直扑北京。所以，蓟镇的军事地位极为关键，边墙也修得比其他地方高大雄伟。为了加强对京师和昌平皇帝陵的防务，嘉靖年间又从蓟镇划出昌平镇（东起慕田峪，西至紫荆关）、真保镇（北起紫荆关，南至固关）。

《明史·兵志》说："元人北归，屡谋兴复。永乐迁都北平，三面近塞。正统以后，敌患日多。故终明之世，边防甚重。"修筑长城与加强九边防御，在明朝二百多年间始终是军事重心所在。《明史·华云龙传》记载，洪武三年（1370）淮安侯华云龙奏报："北平边塞，东自永平、蓟州，西至灰岭下，隘口一百二十一，相去可二千二百里。其王平口至官坐岭，隘口九，相去五百余里。俱冲要，宜设兵。紫荆关及芦花山岭尤要害，宜设千户守御所。"朝廷采纳了他的建议，其中作为长城防务紧要之处的灰岭，在今北京昌平区境内，王平口在今门头沟区境内。

另据《明史·兵志》记载，洪武二十年（1387），李文忠、冯胜等占领了元上都与大宁等塞外战略要地，大宁都指挥司及其左、中、右诸卫所辖地域与宣府、辽东连成一片，其位置接近秦汉、北朝旧长城，幽燕地区因此出现了内外两条防线，蓟镇变为有"外边"保护的"内边"。但是，朱棣即位后，逐渐放弃了大宁、东胜等战略要地，把这里赐给内附的蒙古兀良哈部，由此隔断了辽东与宣府、大同之间的联络，燕山长城就被推到了守卫北京的第一线。

永乐年间非常重视加强边备，明成祖在给总兵官郑亨的敕书中，要求"各处烟墩，务增筑高厚，上贮五月粮及柴薪药弩。墩傍开井，井外围墙与墩平，外望如一"。北京地区的明代长城，大部分是在北齐长城的基础上增筑，也有一些新修的地段。至今仍然可以看到，在西起密云古北口潮河关西2公里野猪岭、东至司马台以北的下窝铺这段明长城以南，有长约20公里的北齐长城遗迹，城墙已经塌陷，局部地段残存着墙基和毛石堆。明长城的建筑规模无可比拟，覆盖了此前各朝长城的大多数地段。嘉靖《蓟州志》记载，成化十二年（1476）总兵官李铭"修边备，峻处削偏坡，漫处砮砖石，总二千余里"。弘治十一年（1498），巡抚洪钟整饬蓟州边备，"建议增筑塞垣。自山海关西北至密云古北口、黄花城，直抵居庸关，延亘千余里，缮复城堡二百七十所，悉城缘边诸县，因奏减秋防六千人"。六千防守人员的减少，是长城沿线修筑城堡的功效之一。为使边墙更加坚固，万历四年（1576），按照蓟镇总督杨兆、巡抚王一鹗、总兵杨四畏的主张，实施给边墙包砖的工程。在旧墙之上修筑的新墙，中间用三合土筑芯，外表用城砖包裹，垛口处用灰浆灌注，坚固程度大大增强。

3. 戚继光蓟镇长城御敌

抗倭名将、蓟镇总兵戚继光（1528—1587），为隆庆、万历年间蓟镇长城的修筑与长城沿线的安宁做出了卓越贡献。《明史·戚继光传》记载，执掌内阁的徐阶、高拱、张居正，督抚大臣谭纶、刘应节等，都给予他大力支持。隆庆二年（1568）戚继光专职训练士兵，次年即巡视边塞、全面规划，提出了创建空心敌台的建议："请跨墙为台，睥睨四达。台高五丈，虚中为三层，台宿百人，铠仗糗粮具备。令戍卒画地受工，先建千二百座。"他从浙江募集的三千士兵在郊外列阵，从早晨至午后站立在大雨中岿然不动，以严明的纪律与勇敢的作风强烈震慑了懒散庸懦的边军，迅速扭转了军队的精神面貌。在他的严厉督促下，隆庆五年（1571）秋，"台功成，精坚雄壮，二千里声势联接"。

戚继光把蓟镇全线划分为三协守、十二路，统一编派各种兵力，形成一个节制分明、各负其责、分段防守的有机整体。他创立车营，以配备火器的车辆结成方阵，骑兵与手持拒马器的步兵处在其中。敌人来袭时先以火器射击，再近些则以步兵阻止，敌人溃退则放出骑兵追击。辎重营紧随其后，勇敢的南方士兵充当先锋。"节制精明，器械犀利，蓟门军容遂为诸边冠。"戚继光在蓟镇屡挫敌寇，蒙古各部慑于戚家军的威名，始终不敢轻易进犯。这位"一年三百六十日，多是横戈马上行"的杰出将领，一直受到后人敬仰。

二、著名关隘及其名称语源

北京市境内的长城关隘多达七十余座，在当代军事条件下，它们已经失去了以往的防御功能，许多著名关隘被开发为旅游点。平谷、密云、怀柔、昌平、延庆、门头沟六区，都有比较著名的关隘。

1. 古北口与司马台

密云的长城关隘众多，司马台、金山岭、古北口、墙子路、鹿皮关、白马关等最著名。唐代檀州密云郡有"北口守捉"，《新唐书·地理志》明确指出"北口，长城口也"。因北朝修筑长城而形成的这个关口，既是密云郡的北口，更是幽州城通往塞外的北口，到了更晚的五代时期已被叫作"古北口"。

古北口地处卧虎山、盘龙山之间，潮河水穿过山谷南流，两岸悬崖耸立，堪称北京的东北大门。明代蒋一葵《长安客话》说："本朝都燕，地切穹庐，山海、居庸东西两关屹若门户，而古北口控两关中，崖壁崎峭，道路扼隘，距都城不二百里，尤为锁钥重地。"洪武十一年（1378）徐达修建古北口关城，周长两千多米，设东、北、南三门。关城在山顶之上随势起伏，至今保存完好。明代唐顺之《荆川集·古北口作》描写道："诸城皆在山之坳，此城冠山如鸟巢。到此令人思猛士，天山万里鸣弓弰。"关城以北五里是正关——铁门关，以名称比喻关门像铁一样坚固。铁门关以西的潮河之上有水门关，潮河川口有潮河关，铁门关以南有潮河营城，命名都与潮河相关。它们既与东西两侧的长城呼应，自身又构成了一个坚固的防御体系。

司马台长城以险峻闻名，全长19公里，是明代司马台关（汤河口关）东西两侧的长城。现存三十四座敌楼，保留了明代万历年间戚继光督建的原貌。以大小金山敌台得名的金山岭长城，在长约10公里的沿线分布着六十七座敌楼、二座烽火台、五处关隘。考古工作者在此发现了两块隆庆四年（1570）石碑，上面有戚继光、谭纶、刘应节以及戚继光之弟戚继美的名字，证明这里应是长城蓟镇防线的指挥机关所在地。墙子岭关亦称墙子路关，在今墙子路村东三里关上村，建于洪武年间。今存部分北墙，门额汉白玉石匾有万历四十五年（1617）刻写的"墙子雄关"四字。鹿皮关、白马关亦建于万历年间，两地都有北宋名将杨六郎抗辽的传说。

2．慕田峪与撞道口

怀柔境内的长城关隘以慕田峪、黄花城、撞道口最著名。慕田峪长城东连古北口，西接八达岭，明永乐二年（1404）设关。城墙以花岗岩条石砌成，有牛角边、慕田峪正关台、正北楼、擦边过、箭扣、天梯、鹰飞倒仰、十八磴、鹞子峪城堡等险关要塞，至今尚存垛墙、警门、古兵站、铁炮、石雷、古石臼、古石碾等。长城内侧出入关口的道路两边，有守关将领、巡查官员留下的"天设金汤""天限华夷""秦皇旧址""名关"等摩崖石刻。

慕田峪是摩天峪的谐音异写，以山势高耸、地形险峻得名。其间一段长城称作"鹰飞倒仰"，意思是老鹰到此也要翻身仰飞才能通过，与摩天峪的命名异曲同工。黄花城以山野景物为名，位于古北口、居庸关、四海冶之间，号称京师北门、极为紧要之区。头道关的砖券拱门洞、二道关的门洞和城堡尚存，关之西有撞道口、鹞子峪、西水峪等六座城堡，附近山石上有明代镌刻的"金汤"二字。

撞道口建于永乐二年（1404），应以此地扼守冲要之地的道路得名。关门砖砌券拱门洞尚存，南北两侧有万历五年（1577）题写的石匾"撞道口"与"镇虏关"。

3．居庸关与八达岭

昌平的居庸关与延庆的八达岭，是古代北京西北的重要屏障。《水经注·湿馀水》记载："湿馀水（即灢馀水）出上谷居庸关东。关在沮阳城东南六十里居庸界，故关名矣。其水导源关山，南流历故关下，……南则绝谷，垒石为关垣，崇墉峻壁，非轻功可举……"据此看来，北魏之前的居庸关应在今八达岭。结合相关史料，大约在北齐至元代，居庸关移到延庆东南十七里的上关城，明初又移到上关城南八里的长坡店，即今居庸关所在地。以上三者再加上昌平南口（下口）城，由此到延庆八达岭脚下的岔道城，长约四十里的山谷之所以称为关沟，就是由于其间有控扼天险的居庸关。

对于居庸关的语源问题，当代曾经流传因为秦始皇征发修长城的"居庸徒"到此而得名的谬说。事实上，战国末期吕不韦召集门客编纂的《吕氏春秋·有始览》已经指出："何谓九塞？大汾、冥阨、荆阮、方城、殽、井陉、令疵、句注、居庸。"居庸塞就是居庸关，"塞"是天然的险要屏障，"关"指守卫险要的处所，在这个意义上二者并无太大区别。显然，在秦国的势力尚未到达居庸塞时，这里早已是天下闻名的关口，否则秦始皇平定六国之前编纂的《吕氏春秋》也不会把它列入天下"九塞"之一。这就证明，居庸关的得名与秦始皇毫无关系。元代王恽《中堂事纪》说：中统二年（1261）三月七日卯刻"出居庸关，世传始皇北筑时居庸徒于此，故名"。王恽记载的传说自然与史实不符，今人所谓"取'徙居庸徒'之意得名"更是逻辑不通。即使这些被征发到居庸关修长城的人被称作"居庸徒"，也应当是由于他们的目的地是早已存在的"居庸关"才得到这样一个泛称，而不是先把他们叫作"居庸徒"，然后才据此命名了"居庸关"。

抛开"徙居庸徒"之类文理不通、本末倒置的臆说，我们可以从先秦古籍中找到确切的解释。《周礼·夏官·司勋》说："司勋，掌六乡赏地之法，以等其功。王功曰勋，国功曰功，民功曰庸，事功曰劳，治功曰力，战功曰多。"周代由司勋负责按照功绩的等级和类型决定赏赐田地的数量，"庸"是对民众有好处的一类功劳的统称，就像上古时代教给民众种庄稼的后稷所建立的功劳一样。《国语·晋语》记载，晋卿韩厥年老力衰，打算让长子无忌继任。无忌向国君推辞说："臣闻之曰：无功庸者，不敢居高位。"表示自己没有建立对国家、对百姓有益的功劳，所以不能担当如此之高的官位。由此引申开来，"居庸"就是"处在能够建立庸功的位置"之意，或者解释为"担当建立庸功的职责"。"居庸关"之名意味着这里是镇守者能够为民众建立功业的关口，或者说这里是肩负着为百姓建功立业职责的人镇守的关口。这样的解释既符合古代礼制的要求以及相关史实，地名语义也体现了对镇守关塞者的期望和赞美，进而显示了居庸关在军事上的重要地位。

  八达岭关城在明弘治十八年（1505）重修，与昌平的南口相对应，亦称北口关城，南门题额"居庸外镇"，北门题额"北门锁钥"。八达岭的语源，或以为出于蒙古语，或以为来自民间传说，或以为依据谐音，但都过于勉强。明代蒋一葵《长安客话·边镇杂记》称："四海冶西至岔道一百四十里，出居庸关，北往延庆州，西往宣镇，路从此分，故名八达岭，是关山最高者。"海拔1015米的八达岭，是居庸关的前哨与最高点，周围的关城都在它的脚下，因此在明代就有"居庸之险不在关城而在八达岭"的说法。此外，昌平的长峪城、白羊城以及延庆的四海冶，也是著名的长城关隘。

4．将军关与沿河城

  在北京段长城的最东端，平谷的长城关隘有将军关、黄松峪关、彰作里关等，始建于明永乐二年（1404），隆庆三年（1569）在戚继光主持下重修。将军关位于平谷东北22公里将军关村西北，靠近长城处有一块6米高的巨石，被称为"将军石"，关口即以此为名，明代设都司驻守。如今城楼、墩堡、营寨早已拆毁，将军石尚存。黄松峪关、彰作里关的建筑也已不存。

北京段长城的最西端在门头沟，明代关隘以沿河城、方良口最著名。沿河城建于万历六年（1578），以接近浑河（永定河）得名。关城周长约1182米，东西北三面呈直线，南墙为弧形，用条石和巨型河卵石砌筑，东西墙上分别开辟万安门和永胜门。附近的敌台与烽火台，至今保存良好。方良口在门头沟区房良村，山崖上刻有"方良口"，应是与村落近音异写。地处两条北去的宽阔峡谷交点上，峡谷中的古道可通车骑。东北可通长峪城，西北可达镇边城，东去为白羊城。沿河城守卫着门头沟境内的永定河谷，是北京西北的一道军事屏障。

三、长城沿线历代重要战事

居庸关与古北口等关隘在交通和军事上的重要地位，使它们成为历史上的兵家必争之地。控制了这些"一夫当关、万夫莫开"的险要所在，占据了进可攻、退可守的有利形势，往往就能左右战役全局的走向。围绕这些险关要隘发生的战事，是中国军事史的重要组成部分，也增强了相关地名附带的历史文化内容。

1. 居庸关内外的古代战事

东汉元初五年（118）十月，鲜卑侵入上谷郡，攻打居庸关，东汉征发缘边诸郡步骑两万人，屯列在冲要地段加强防备。建光元年（121）八月，鲜卑将领其至鞬率军再次进攻居庸关，随后击败了云中郡太守成严率领的汉军，直到幽州广阳、渔阳、涿郡的军队前来解救，鲜卑军队才退去。汉献帝初平四年（193）十月，幽州牧刘虞率领十万人讨伐驻扎在蓟城东南小城的公孙瓒，却被公孙瓒募集的数百勇士顺风纵火击败。全面溃退的刘虞及其部众向北奔逃到居庸县城（今延庆稍东），三天后公孙瓒攻陷城池，刘虞及其妻子被押回蓟城。

北魏孝昌元年（525），杜洛周在上谷起兵，围困燕州（治所在今河北涿鹿）。为阻止杜洛周南进，幽州都督元谭在居庸关屯兵防守。唐乾宁元年（894）十二月，幽州节度使李匡筹发兵出居庸关，被晋王李克用的精锐骑兵击败，幽州守将投降。唐朝灭亡后，李克用仍然沿用唐朝天祐年号。天祐十年（913），晋军占据古北口，后梁居庸关使胡令圭等投降。十四年（917）三月，周德威在居庸关西战败，被契丹围困在幽州，直至七月才被李嗣源、李存审率领的援军解救。

金天辅六年（1122），完颜阿骨打率兵伐辽，以娄室为左翼、婆卢火为右翼，进攻居庸关。辽军本来有重兵守卫居庸关，却在紧要关头突然遭遇了崖石崩裂、压死戍卒的天灾。惊慌的辽军不战而溃，金兵得以穿过居庸关，从南门攻入了燕京即辽南京。在城里主持辽国政事的萧妃，带领部下经古北口逃到塞外。到金朝末年，居庸关又成为蒙古军队经常进攻的目标。大安三年（1211）九月，蒙古军队逼近居庸关，金军守将完颜福寿望风而逃。居庸关失守后，中都迅速戒严。至宁元年（1213），成吉思汗的军队在怀来打败了完颜纲、术虎高琪率领的金军，追击到八达岭一带。金兵退保居庸关，凭险据守。蒙古军改变了进攻方向，先后取涿鹿、紫荆关、涿州、易州，从内向外攻破了居庸关。另据《元史·札巴儿火者传》记载：金人依仗居庸关抵御蒙古军队的进攻，并布置了百余里的铁蒺藜防线。曾经出使金朝的札八儿向成吉思汗建议：居庸关以北黑树林中有只能通行一人的小道，如果悄悄从这里进兵，只需一天即可越过险关。成吉思汗命令札八儿为前导，傍晚进入山谷，黎明时分就已到达关南的平地，随后迅速扑向昌平南口。从天而降的金鼓之声惊醒了金朝军队的睡梦，居庸关被蒙古军队攻破，不久促使金朝从中都迁都汴京（今河南开封）。这次奇袭抄了居庸关守军的后路，应当是至宁元年战役的一部分。

明末崇祯十七年（1644）二月，李自成领导的农民军攻克宣府之后，由延庆境内的柳沟迫近居庸关。守关的总兵官唐通、太监杜之秩开关迎降，李自成由此率军攻入昌平和北京，结束了明朝的统治。

2．古北口等地的古代战事

古北口也是历史上战事颇多的长城关隘之一。五代后梁乾化三年（913），李存勖率领的晋军攻取幽州，大将刘光濬攻克了古北口。

契丹神册六年（921）十一月，耶律阿保机率军自古北口入边，抢掠幽州南北十余州县，十二月又自古北口退出。会同七年（944）、九年（946）南伐，都是从古北口出入。北宋宣和七年（1125）十二月，金将蒲苋在古北口打败了三千宋兵，交付宋朝不久的燕山府重新归属于金人。到金朝末年，古北口又成为防御蒙古军队的重要隘口。至宁元年（1213），蒙古军穿过古北口，进而占领涿州与居庸关。贞祐二年（1214）增援征伐金中都的蒙古军队，也是经由古北口南进。元朝致和元年（1328）发生了帝位之争，上都军队进攻大都，古北口是双方激烈争夺、几次易手的隘口。

明朝的北边先是面临着来自蒙古各部的威胁，继而多次遭到清兵进攻。仅就今北京市范围内的长城沿线而言，嘉靖二年（1523），蒙古鞑靼部小王子先后进犯沙河堡与密云石塘岭。二十二年（1543）十月，朵颜进攻慕田峪。二十三年（1544），俺答进犯怀柔大水谷。二十九年（1550）八月，发生了震惊朝野的"庚戌之变"。这一年是农历庚戌年，俺答攻蓟州塞，十四日至古北口，以数千骑兵攻击边墙守军，另遣精锐骑兵循潮河川南下，由石匣营到密云，继而围掠怀柔、顺义，直入通州白河以东二十里扎营，分头到昌平、三河以及明朝皇陵抢掠。京师戒严，派遣文武大臣各九人，分别守卫京城九门。二十日，俺答自通州渡过白河向西，直逼北京东直门，前锋七百骑兵驻扎在安定门外教场。二十一日，继续逼近都城，分头到西山、黄村、沙河、大小榆河掳掠。二十二日，转到良乡以西掳掠，如入无人之境。整整八天之后，俺答军队才从容地整顿辎重，取道白羊口退兵，在昌平以北与仇鸾率领的明军遭遇，杀伤千余人。随后，俺答骑兵夺路从潮河川由古北口退出，北京的戒严才告结束。三十三年（1554）秋，蒙古巴图尔十余万骑兵进攻蓟镇边墙，时任总督蓟辽保定军务重任的杨博，身披铠甲驻守在古北口城上，敌寇进攻四昼夜也未得逞。四十二年（1563）十月，敌寇穿过墙子岭、磨刀峪倒塌的边墙缺口，在顺义、三河、通州、香河一带掳掠。明军按照大学士徐阶的谋略，首先在顺义加强防御，另外派奇兵在古北口设伏。当敌寇北走古北口时，明军颇有斩获。崇祯九年（1636）七月，清兵攻居庸关。十一年（1638）九月，清兵穿过密云东北墙子岭口毁坏的边墙，分四路而入，打败了明朝总督吴阿衡的六千军队之后，推进到墙子岭以西的黑峪关、曹家寨、古北口，墙子岭以东的将军石、黄岩口，在通州打败刘宇亮率领的明军。十二年（1639）三月，清兵再次毁边墙而入，沿着太行山东麓与大运河南下。十五年（1642）十一月，清兵大举入塞，在密云击败明军，随后进入蓟州屠戮百姓。

3．1933年长城抗战中的古北口战役

一个民族的伟大精神，往往在抵御外侮、挽救危亡的历史关头显现出来。1933年3月至5月，中国军队在古北口一带抗击日本侵略者的壮举，充分体现了中国人民像长城一样威武不屈的民族魂魄。

1931年"九一八事变"后，日本侵占了我国东三省，长城成为敌我对峙的最前线。1933年1月1日，日军进攻山海关，东北军五十七军军长何柱国率部顽强抵抗，长城抗战由此爆发。日军相继占领山海关、承德，分兵南下，觊觎京津。为阻止日军，中国军队分守独石口、古北口、喜峰口、冷口等长城关隘。3月11日拂晓，日军在飞机大炮掩护下向古北口发动进攻，中国军队奋起抵抗，开始了长城抗战的古北口战役。10时许，古北口以东的将军楼阵地失守，日军占领古北口正关，乘胜攻击中央军十七军二十五师龙王峪阵地。该师师长关麟征重伤、团长王润波阵亡。七十三团团长杜聿明代理师长指挥战斗，以劣势装备连续击退日军三次进攻，后因电信中断、后援不继、伤亡惨重，被迫转移到南天门阵地。一四五团的一个哨卡没有及时接到撤退命令，七名士兵在一个小山头上扼守着日军必经之路，先后毙伤日军100多名。在日军飞机大炮的反复轰击下，小山头几乎被削平，七名中国士兵全部战死，为主力转移争取了时间。他们血战到底的英勇精神赢得了敌人的敬佩，战斗结束后，日军把他们合葬在一起，坟前木牌上题写"支那七勇士之墓"。

刚刚赶到前线的十七军二师，接替严重减员的二十五师防守南天

门阵地，八十三师稍后赶到。4月16日至18日，日军出动数十架飞机轰炸石匣城和密云县城，21日起大举进攻南天门。二师苦战五昼夜，八十三师接防后又激战三昼夜，阵地完全被日军炮火摧毁，却没有一兵一卒的援军。5月10日，补充力量后的日军发动全线总攻，十七军将士奋力苦战，新开岭、石匣相继失守，15日密云县城被日军占领。古北口战役至此结束，我军毙伤日军5000多人，却付出了伤亡8000多人的代价。

长城抗战虽然以失败告终，但是，中国军队在古北口等地有力地打击了日本侵略者，保卫了平津和华北的安全。广大将士同仇敌忾、英勇杀敌，表现了强烈的爱国主义精神和威武不屈的民族气节，在中华民族抵御外侮的史册上写下了壮烈的篇章。

长城内外的中国人民，在漫长的岁月中分别发展了以农耕和游牧为主要特征的古代文明。这道雄伟的城墙，是中原政权为防御北方游牧民族的侵扰而修建的防御工程，旨在竖起一道保卫国家安全和人民生活的屏障。在使用刀枪弓箭等冷兵器作战的时代，高大坚固的长城具有易守难攻的优势，对于阻挡来自北方的骑兵尤其有效，为保护中原地区的农业文明、维护关内的和平局面，确实发挥了御敌于国门之外的积极作用。随着清朝的建立，蒙古高原、东北平原与中原大地连成一体，长城的军事功能逐渐衰退，变为一道体现古代人民高度智慧、见证时代风云变幻、凝聚民族精神力量的历史文化遗产。近现代抵御外侮的战争中，成千上万的先烈把热血洒在了长城内外的崇山峻岭，万里长城因此成为中华民族的文化象征。在抗日救亡的危急关头，《义勇军进行曲》发出了民族的怒吼："起来！不愿做奴隶的人们，把我们的血肉筑成我们新的长城！"

第三节　聚类结群

就像"物以类聚，人以群分"一样，在一个并不十分宽泛的区域范围内，如果有若干个地名集中分布在一起，影响它们命名过程的地理环境与历史背景完全一致，语词结构形式基本相同，地名用字或语词含义具有某种鲜明的共同特征，我们就可以把它们称作一个"地名群"。北京地区存在着不少比较典型的地名群，透过它们的字面意义和共同特征，可以追寻命名之初的区域地理面貌，认识北京城乡发展演变的历史轨迹。

一、"斜街""湖渠"反映多水环境

1. 宣南地区四条斜街

宣南大栅栏地区煤市街以西，有相互毗连的杨梅竹斜街、樱桃斜街、铁树斜街，东南不远还有棕树斜街。从语词方面看，它们都以树木名称为专名、以"斜街"为通名，与周围最常见的"胡同"不同；从地理特点着眼，它们分布集中，呈东北—西南走向，也不同于大致为南北或东西走向的其他街巷胡同。四条街道的专名部分是命名以来不断调整的结果，"斜街"这个通名则反映了宣南地区曾经有过的低洼多水的自然环境。

四条"斜街"里，杨梅竹斜街产生的年代最早。明朝嘉靖年间的《京师五城坊巷衚衕集》已经记载，正西坊有街巷称为"斜街"。当时这里是一条由东北流向西南的水沟，居民在两侧修建房屋，自然要顺着水沟延伸的方向排列。此后民居不断增多，逐渐淤塞的水沟变为街巷。由于这时其他斜街尚未形成，"斜街"这个在宣南独一无二的名称无须加上限制性的专名，也可以明白它所指的是哪条街道。到清朝乾隆年间，《宸垣识略》已称之为"杨梅竹斜街"，至于是否根据街道旁或居民院落里的杨、梅、竹三种植物命名，现在却不易推

断了。

　　同样在乾隆年间，另外三条"斜街"也已经被命名。《宸垣识略》记载：襄陵、三原、延定、肇庆会馆在"李铁锅斜街"，应当是因为铸铁锅的李姓工匠住在这里得名。不过，乾隆三十五年（1770）朱筠撰写的蒋秦树墓志铭说："余家在日南坊李铁拐斜街之北，君居在南。"这就表明，民间工匠"李铁锅"被人们通过谐音转换，变成了传说中的八仙之一"李铁拐"。将近二百年以后的1965年，李铁拐斜街改为铁树斜街。《宸垣识略》还显示，明代的杨毡胡同，到乾隆年间改称樱桃斜街。明清时期玉极庵所在的王广福斜街，至1965年改名棕树斜街。这样，棕树、铁树、樱桃、杨梅竹四条"斜街"，就构成了一个以植物名称为名的系列。

　　说到几条"斜街"产生的原因，有人提出，元大都建成后，金中都旧城依然是观光区，新旧城之间因此走出了若干斜路，以后又沿着这些斜路建造宅舍店铺，形成日渐繁华的斜街。但是，从古代的地理环境与中国传统文化的特点分析，在影响斜街形成的因素中，河沟众多的自然条件的制约作用，应比在新旧都城之间"抄近道儿"更为关键。我国古典哲学崇尚"中和"的思想，影响到街巷布局和建筑设计，就是尽量追求道路走向与房屋朝向的端正。如果选择了弯曲的道路与偏斜的方向，通常都是在环境制约下不得已而为之。大栅栏地区的小河沟，既有天然的河流支汊，也有人工的引水沟渠，房屋布局只能顺着河沟两岸延展。当河沟自然淤塞或被有意填平之后，就成为走向偏斜的道路。北京外城地区历史上的河沟远比现在多，即使到了清朝乾隆年间，辽金旧城一带地势低洼的梁家园仍然有水可以泛舟，清厂的龙王庙门外则有巨大的水潭。樱桃斜街和李铁拐斜街南侧，就有因水潭得名的韩家潭，位置在今韩家胡同一带。乾隆年间编纂的《日下旧闻考》说："计新城未筑时，无地无水。"这样的地理形势，自然促使人们行路时避开积水洼地、选房基时趋向河沟两岸相对干爽的高阜地带。明代大栅栏地区只有一条"斜街"而到清代增至四条，正是其间河沟逐渐淤塞、人口与建筑不断增多的象征。

2. 南湖渠一带派生地名

朝阳区北四环东路北侧、首都机场路以西的南湖渠一带，有一个直接表现多水环境的地名群。这里集中分布着南湖渠、南湖渠西村、南湖渠西里、南湖渠东村、东湖渠、北湖渠、张家洼子、落田洼、姜庄湖、黄草湾等聚落，随着城市化进展又派生了南湖西园、南湖中园、南湖东园等居民区，南湖南路、南湖北路、湖光中街、湖光北街等街道。

元朝延祐三年（1316）已有湖渠村，位于北小河畔，地势低洼，雨季河水泛滥时往往冲出浅湖或沟渠，因此才以湖渠为名。明代河道南北发展成两个独立的村子，依照地理方位称为南湖渠、北湖渠，为后来派生其他地名奠定了基础。这些渠、湖、洼子、湾等至今有些依然名副其实，有些则成了历史上多水环境的记录。

二、"园""旗"见证明清旧时风景

1. 海淀诸园成群分布

海淀一带在明清时期是人口较少、村落稀疏、旷野宁静的京城郊区，再加上山水秀丽、植被丰茂，自然成为帝王与官僚豪富建造园林的休闲胜地，三山五园就是最高规格的皇家园林。它们有的延续下来，有的早已湮废，但不少名称却转化为地名。以"某某园"为基础派生出地片或街巷、道路、居民区的名称，变成了一种习惯性的命名思维。以北京大学为中心、以"园"为通名的地名群，颇有接续传统文化的味道。

在这个区域里，圆明园于清咸丰十年（1860）被英法联军焚烧劫掠后，已成为残破的遗址公园，附近的圆明园东路、圆明园西路，还在提醒着国人的历史记忆。由此向西南，经过一亩园、达园，就是北京大学西面的颐和园。明清时期在校区范围内建设了九座园林：勺园、淑春园、鸣鹤园、蔚秀园、承泽园、朗润园、镜春园、治贝子园、畅春园，大都在1860年被焚毁。1920年以后，燕京大学以上述园林名称为校园各分区命名，并建立了以燕南园、燕东园为名的住宅区。1952年以后，在中关村建起中关园，延续了以"园"为名的传统。古典园林的幽美风韵与大学校园的文化气息相交融，即使仅就地名而论也有珠联璧合之效。

海淀一带湖泽广布、宛如江南的山光水色，元朝初年就已被文人吟咏赞叹。明代达官显贵在此修建园林，最著名的就是清华园，又称李戚畹园。"清华"即风景清美华丽。"戚畹"意思是"外戚亲贵"，这里指万历皇帝的外祖父、武清侯李伟。这个"清华园"与清华大学据以命名的那个"清华园"无关，大致在今六郎庄至西苑之间的一带地方。万历四十四年（1616），文学家袁中道（字小修）在《珂雪斋游居柿录》中描写道："西直门北十余里，地名海淀，李戚畹园在焉。亭台楼阁，直入云霄，奇花异草，怪石美箭俱备。引玉泉流水入于清渠，可数里，泛大楼船其中，宛似江南。"

在李伟的清华园东面，是米万钟（字友石）的"勺园"，故址在今北京大学西门内。小修之兄袁宏道（字中郎）致好友丘长孺的信中说，吴县有"太湖一勺水可游，洞庭一块石可登"。勺园的命名与此具有同样的意趣，有形容园林清秀小巧之意。袁中道《珂雪斋游居柿录》评价勺园："京师为园，所艰者水耳，此处独饶水。楼阁皆凌水，一如画舫。莲花最盛，芳艳消魂。"得天独厚的充足水源，造就了当年的西郊盛景。而今似乎只有校园内的勺园餐厅，还在孤独地指示着已经逝去的园林。

2．八旗营房变为普通村落

北京西郊古典园林的建设在清代达到巅峰，在颐和园、圆明园等海淀诸园以及香山的外围，有圆明园八旗护军营、负责静宜园（香山）日常守卫的左右翼健锐营维护着皇家园林的安全。朝廷把部分八旗士兵安置在远离繁华都市的西郊军营，也是为了防止他们被京城的舒适安逸消磨斗志，失掉入关前金戈铁马的雄风。以这些军营为基础发展起来的居民点，命名时延续了所属旗籍与军营的称谓，在地图上相应地形成了一群带有八旗或军营痕迹的聚落名称。

香山公园东南的"厢红旗"，原是清代健锐营右翼镶红旗的营地，成为村落后承袭了所属旗名,并以笔画较少的同音字"厢"来代替"镶"。厢红旗东北有"红旗村",清代是健锐营右翼正红旗的营房,曾名"正红旗下营",1949 年以后的命名虽被赋予了新的含义,但与正红旗的历史关联依然显而易见。由此向北至北京植物园南门一线,在西五环路以西形成了以香山街道为中心、以"旗""营"为通名的聚落地名群(图 18)。它们或起源于健锐营左翼正白、正蓝、镶白、镶黄旗的军营,或起源于健锐营右翼正黄、正红、镶红、镶蓝旗的军营,依次是:厢蓝旗、厢红旗、红旗村、南正黄旗、北正黄旗、新营、厢黄南营、厢黄北营、厢黄西营、正白旗、厢白旗、正蓝旗。转

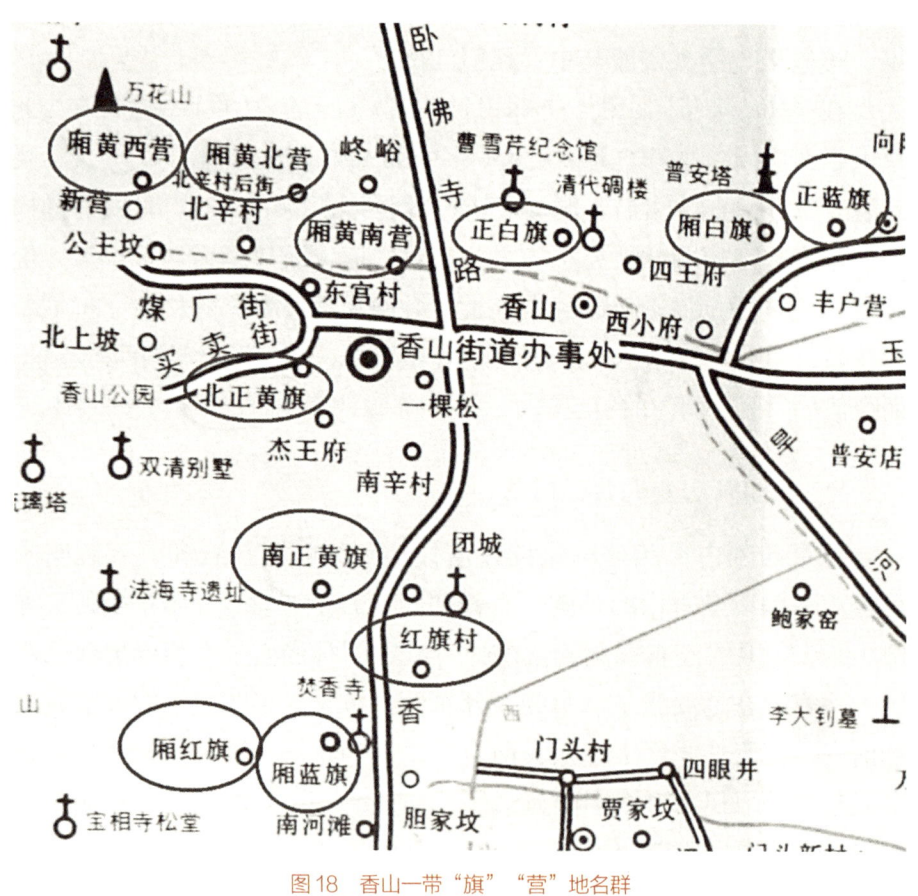

图 18 香山一带"旗""营"地名群
(据《北京市海淀区地名志》北京出版社 1992 年版附图改绘)

到北五环路北侧，颐和园与圆明园以北，自西向东有：厢红旗、正红旗、正黄旗、河北新营、河南新营、哨子营、厢黄旗、正白旗，直至圆明园遗址东北角的厢白旗。由北五环路上的厢白旗桥南折，圆明园东路东侧有厢白小营，清华大学以南有蓝旗营。这些地名的语源，都出自清代圆明园八旗护军营地的名称。

此外，在颐和园东南、京密引水渠西侧的蓝靛厂一带，由营房转变而来的自然村已经再变为城市区片：老营房，是清代圆明园护军镶蓝旗营房的故地；火器营，是乾隆三十五年（1770）所建外火器营的营房旧址；厢红旗，曾是外火器营镶红旗营房的所在地；船营，位于火器营以北，是乾隆十五年（1750）在昆明湖指导香山健锐营士兵学习水战的福建水兵的居住地。这几处军营与圆明园周围的护军营以及香山健锐营形成掎角之势，东西南北遥相呼应，呈环状拱卫着皇家园林。清代的军营虽已消失，由此产生的成群结队的地名，依然在指示着当年西郊军队的大致布局。

三、"坟"之荒凉与"陵"之威赫

1. 北京西郊的"坟"字群

旧时北京城外的乡村地区远比城里荒凉，城里人家的坟墓也在郊外，通常还要派人或委托当地村民守护。老舍先生《四世同堂》写道："北平虽然作了几百年的'帝王之都'，它的四郊却并没有受过多少好处。一出城，都市立刻变成了田野。城外几乎没有什么好的道路，更没有什么工厂，而只有些菜园与不十分肥美的田；田亩中夹着许多没有树木的坟地。……赶到大局已定，皇帝便会把他们的田墓用御笔一圈，圈给那开国的元勋；于是，他们丢失了自家的坟墓与产业，而给别人作看守坟陵的奴隶。"小说中的祁老人就是在德胜门外土城西边买了一块坟地，交给原来的主人常二爷继续耕种，每年多少收纳一些杂粮，常二爷则顺便替祁家看守坟茔。豪门大户的墓地自然比祁家大得多，王公贵族的墓地通常有固定的若干守陵民户，在此基础上往往发展成为一个个聚落。

北京郊区以"×家坟"或"×王坟"为名的村落，据以命名的坟地大都属于明清时期。这类地名在朝阳区北部和西南部虽有不少，但最典型的区域是在昔日城墙与西郊园林之间、今海淀区的西南一隅。从海淀区、石景山区、丰台区交界的永定路地区开始，在永定河引水渠以南，有铁家坟、甄家坟、九家坟、吴家坟、东黄家坟、黄家坟，渠北有善家坟、郑王坟、柴家坟、十王坟、杜家坟、佟家坟、马家坟、高家坟，由此转向西北的香山一带，有牛碌坟、瑞王坟、礼王坟、胆家坟、贾家坟、老公坟。此外，有些聚落的名称经过改换地名用字，掩盖了源于看坟人家聚集成村的痕迹，就像四季青镇"丰户营"原名"坟户营"一样。在十几平方公里的范围内，这些地名集中连片分布，形成了以某某"坟"为特征的聚落地名群，记录着这里从前人烟稀疏、坟墓众多的面貌。这个地名群之所以出现，除了四野空旷、地价便宜之外，以堪舆家的眼光来看，靠近聚集了京城风水的西山，面对着永定河及其大小支流，堪称合乎理想的阴宅吉地，这也是古代京城文化的表现形态之一。

2. 十三陵地区的"陵"字群

"陵"的本义是高耸的土山，后来成为帝王坟墓的专有名称。明代十三陵在北京昌平，其中，长、献、景、裕、茂、泰、康、永、昭、定、庆、德十二座陵墓在长陵镇，思陵在长陵镇南侧的十三陵镇。明代设立管理各陵的神宫监，如长陵神宫监、献陵神宫监等，清顺治元年（1644）各陵设司香官和陵户。在此基础上发展起来的聚落，分别以所在陵墓的管理机构命名，如长陵监、献陵监，大约在清末或民国时期改为长陵村、献陵村。明代为生产皇陵祭祀所用果品，在今十三陵镇设立了长陵园、康陵园等，后来也变成了聚落名称。它们构成了一个密度很高的"陵"字地名群（图19），标志着原始居民的来源与职业特点，今天则成为区域历史文化的一种标记。

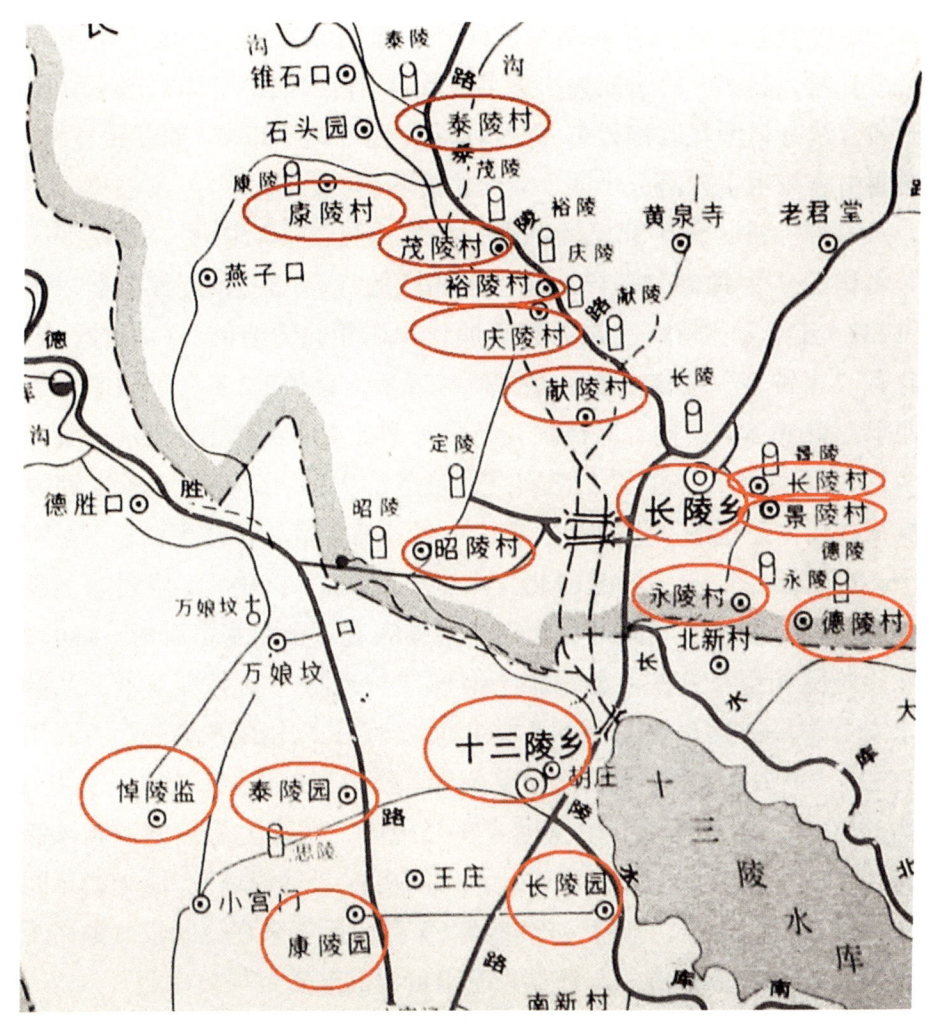

图19 十三陵地区"陵"字地名群
（据《北京市昌平县地名志》北京出版社1997年版附图改绘）

四、"寺""庙"成群聚集帝京西郊

从西直门到海淀园林区之间，是人口稀疏而离城不算太远的区域。这里有不少以"寺""庙""庵"等为通名的地名，它们的语源大都来自元明清时期建立的庙宇，明代太监修建的寺庙影响尤其显著。这些宗教建筑很容易成为所在区域的地理标志，随后发展起来的聚落往往以此作为命名的依据，并且派生出桥梁、居民区等类型的地名。

定慧桥，是西四环北路与西四环中路的分界点。得名于桥东的定慧寺村，村名（后来成为小区名）又源于村西的定慧寺。这座寺庙原名善法寺，明代改称云惠寺，清康熙四十一年（1702）赐名定慧寺，继而由它派生了村落、小区、立交桥的名称。

大钟寺桥，位于北三环西路，与作为村落、居民区、批发市场等名称的"大钟寺"一样，派生于相同的寺庙之名。清雍正十一年（1733）建立觉生寺，寺内悬挂着明代永乐年间铸造的一口大钟，因此有"大钟寺"之称。永乐大钟高6.75米，直径3.3米，钟唇厚18.5厘米，重46.5吨。内外共铸汉文经咒16种，梵文咒语100多种，文字多达23万多个，是世界上铭文字数最多的大钟。寺庙以永乐大钟为象征，通俗易记的"大钟寺"远比本名"觉生寺"传播广泛。

玲珑园，位于玉渊潭西北、八里庄西侧，是1988年修建的一座小型公园。在它的北面是玲珑路，东侧隔着京密引水渠有南玲珑巷、北玲珑巷相望。这些名称都源于俗称"玲珑塔"的慈寿寺塔，又名永安万寿塔。这里原是明朝正德年间太监谷大用的墓地，万历四年（1576）明神宗之母李太后修建慈寿寺。塔的形制仿照辽代天宁寺塔，高约50米，为八角十三层密檐式实心砖塔，檐椽上悬挂的铜制风铎有三千多个，清风吹来泠泠作响，民间俗称"玲珑塔"。清光绪年间大火烧毁寺内建筑，唯有玲珑塔得以保存。近年来在公园以北命名了地铁10号线的慈寿寺站与跨越京密引水渠的慈寿寺桥。

以定慧桥、四季青桥、大钟寺桥、西直门为顶点的四边形区域，面积将近20平方公里，其中在现代地名里留下痕迹的历史时期的宗教建筑，从西南到东北依次有：定慧寺、云净寺、慈寿寺、老爷庙、马神庙、摩诃庵、白塔庵、昌运宫、云会寺、正福寺、石佛寺、三义庙、万寿寺、法华寺、五塔寺、慈献寺、娘娘庙、大慧寺、净土寺、皂君庙、大钟寺、老虎庙、白塔庵。其西南边缘还有行集寺、玉极庵，东北边缘有保福寺。当年的建筑或依然完好，或残破不堪，或难寻旧踪。通过挖掘地名包含的信息，能够找到区域历史文化发展演变的一些可靠线索。

卧佛寺，位于北京西山。始建于唐贞观年间（627—649），本名兜率寺，供奉檀香木佛一尊。自元延祐七年（1320）三月英宗即位，到次年改元后的至治元年（1321），冶炼铜50万斤铸造卧佛，寺院先后更名为昭孝寺、洪庆寺，元明两代多次重修。明崇祯年间（1628—1644）改称永安寺，清雍正十二年（1734）重修后改名十方普觉寺。元代所铸巨大的铜卧佛在我国独一无二，铸成后一直保存完好，寺院因此以"卧佛寺"之名广为人知。当代派生命名的卧佛寺站、卧佛寺路，都源于这个远比钦定寺院名称影响广泛的通俗称谓。

卧佛寺附近有碧云寺、静福寺等，再向西南大约6公里，是位于石景山区的"西山八大处"——长安寺、灵光寺、三山庵、大悲寺、龙泉庵、香界寺、宝珠洞、证果寺，八大处以东还有清凉寺、姚家寺、洪福寺、弘德寺、福惠寺、宝相寺、昌化寺、嘉禧寺，西南则是法海寺、龙泉寺等，这一带是西山最为密集的寺庙分布区。这些寺庙名称有的已经成为一个区域的标志，有的派生出其他类型的地名。它们共同构成的西山"寺庙"地名群，既是佛教影响北京社会生活的见证，也表明古语"天下名山僧占多"并非虚言。

五、文雅村名记录御苑开垦过程

永定门外的南苑地区，曾是元明清三朝的皇家御苑。在大兴区红星、西红门、金星、瀛海庄、旧宫、亦庄、鹿圈、太和等镇以及团河农场，集中分布着一批地名用字相当文雅的聚落，与北方通常所见根据姓氏或方位为名的村庄迥然不同（图20）。

这个以文雅语词命名的聚落地名群包括：大有庄、积庆庄、隆盛庄、南义盛庄、五福堂、万聚庄、西广德庄、富家庄、玉善庄、有余庄、瀛海庄、四义庄、信义庄、大三槐堂、小三槐堂、笃庆堂、中立堂、同心庄、怡乐庄、大兴庄、忠兴庄、裕德庄、东广德庄、仁义堂、富源庄、宝善庄、清合庄、隆盛场、天恩庄、来顺庄、大生庄、宁海庄、老三余庄、寿宝庄、积德堂、建新庄、新三余庄、振亚庄、志远庄、太和庄、东合盛、宏农庄、千顷堂、瑞合庄、四海庄、海宴庄、四合庄、同义庄、德茂庄、和义庄、西毓顺庄。这些地名或者来

199

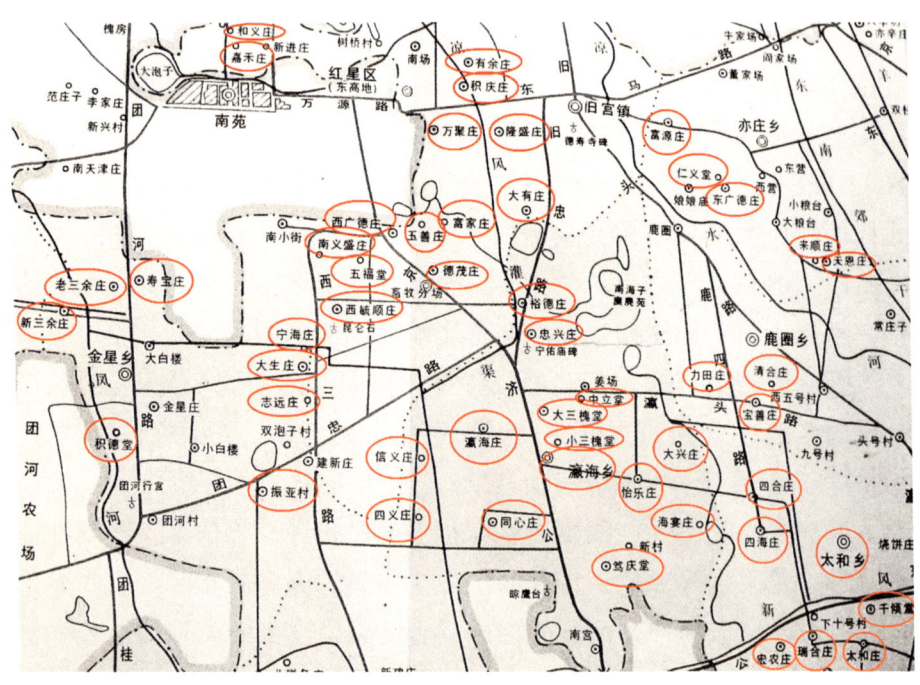

图 20 南苑地区文雅语词地名群
（据《北京市大兴县地名志》北京出版社 1992 年版附图改绘）

源于京城商家买卖铺户的字号，或者表达对发财致富、福寿平安的期望。还有一些聚落以头号村、二号村、五号村、西五号村、下十号村等表示前后顺序的数字为名，隐约透露出命名过程的仓促。

原来，元朝居住在大都的蒙古族，一直保持着冬春之交到郊外纵马架鹰、行围射猎的传统习俗，这种活动叫作"飞放"。大都周围设置了多处"飞放泊"，也就是由湖泊、草地以及众多动物构成的皇家猎场，其中的"下马飞放泊"即今南苑地区。明代称这里为"南海子"，清代称"南苑"，一直是皇家苑囿。自明代开始就有人试图将南苑的草地开垦成农田，但在国家政策制约下，这里始终保持着人烟较少、水泊众多的环境特征。清光绪二十六年七月二十日（1900 年 8 月 14 日）八国联军侵入北京，南苑的行宫、庙宇被毁，包括我国特有珍稀动物麋鹿（俗称"四不像"）在内的鸟兽惨遭屠杀劫掠。在付出巨额的庚子赔款之后，清政府无力经营南海子，昔日的皇家园囿变为荒草离离、狐兔出没之地。

  为了弥补国库空虚，光绪二十八年六月二十三日（1902年7月27日），下令设立南苑督办垦务局，出售"龙票"拍卖荒地。名义上"八旗内务府以及顺直绅商仕民人等"都有资格招佃认垦，实际上却是宫廷太监、各类官僚、京城富商蜂拥而至，雇用河北、山东的大批贫民耕种，南海子相继出现数十座庄园。到1949年之前，南苑已开垦出大约二十万亩土地，延续了六七百年的昔日皇家苑囿，迅速变成了农耕区。南苑行宫、庙宇的命名本来就富有文采，新庄园主为所在聚落命名时不免竞相效仿。这样的聚落集中分布在旧时苑墙范围内，构成了一个具有共同语源、共同特征的"文雅"地名群，记录了一个区域环境急剧变迁的时代。

六、"七十二营"永志乡关何在

  元明改朝换代之际的战争以及朱棣发动的靖难之役，造成了北方人烟稀少的局面。洪武年间已经着手通过移民充实北平府的人口。永乐年间迁都之后，为促进首都周围的恢复和发展，更是多次从当时人口比较稠密的山西向包括北京在内的华北地区移民，《明实录》等文献记载了移民的数量与大致分布的地域。河北、北京一带的民谣说："问我祖先来何处？山西洪洞大槐树。""问我故乡叫什么？大槐树下老鸹窝。"这些民谣流传了数百年，是明代山西移民在洪洞县集中后再向太行山以东进发的反映。

  在南海子的东南方向，大兴区东南隅采育一带，密密麻麻地分布着一个以"营"为通名的聚落群（图21），这就是民间所谓凤河两岸"七十二连营"。这里的"七十二"并非确指，只是形容其数量之多。它们当中的石州营、孝义营、霍州营、解州营、赵县营、沁水营、长子营、下长子营、河津营、潞城营、上黎城、北蒲州营、南蒲州营、车固营、屯留营、下黎城、大同营、山西营、东潞州、绛县营（后改"周营"）等聚落，其专名都是明代山西省的州县名称；留民营、延寿营等聚落名称虽然不带山西州县名，但它们也是明初山西移民来此屯

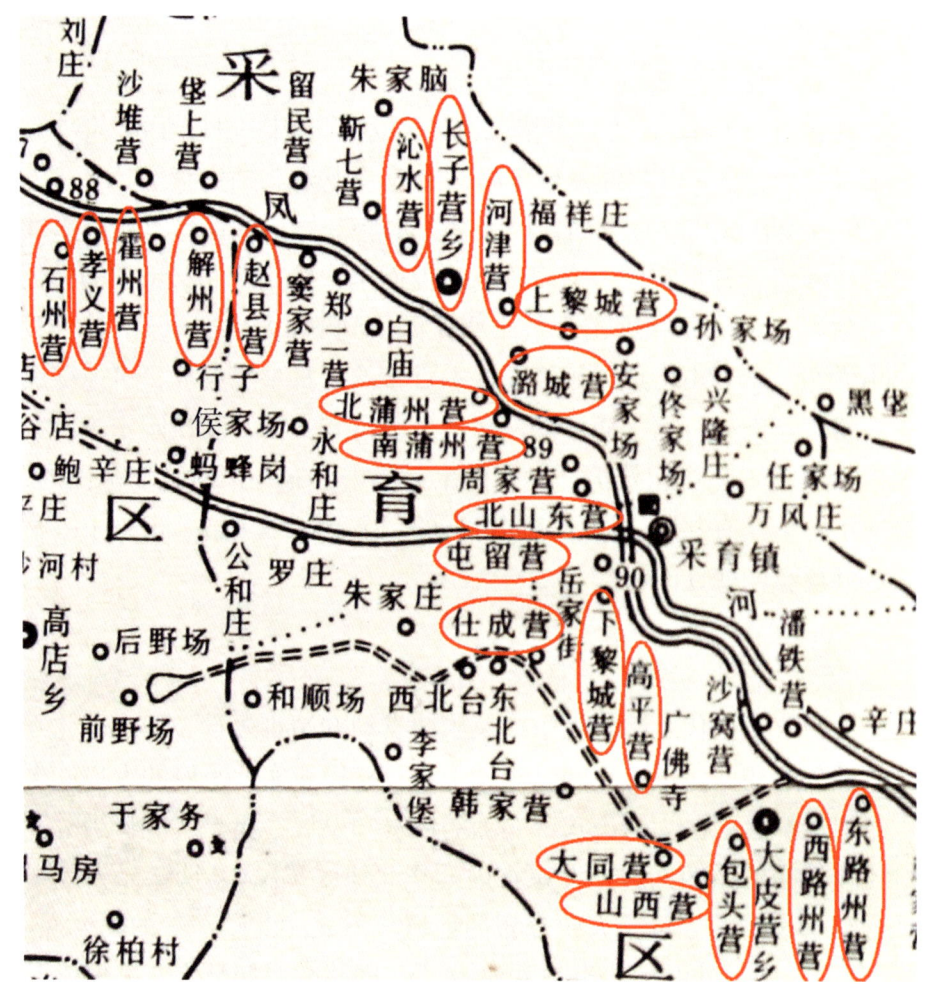

图 21　大兴采育山西移民聚落地名群
（据《北京市大兴县地名志》北京出版社 1992 年版附图改绘）

垦的产物。

这些聚落集中在凤河沿岸不足 15 公里长的范围内，被官府强迫背井离乡的移民，以原来所属州县的名称作为新聚落的专名，寄托了对故土无尽的思念。在同样的背景下，顺义区西北部相互毗邻的高丽营镇、赵全营镇，有夏县营、河津营、红铜营、忻州营、稷山营、东降州营、西降州营 7 个以明代山西州县为专名的聚落，"红铜""降州"是"洪洞""绛州"的同音异写。这些聚落初创时期的居民来源，被牢牢地刻在了"地名"这个历史文化的纪念碑上。

第五章

文脉所系

文脉是蕴含在区域文化前后相继过程中的无形源流，北京不同时代的地名数以万计，把它们所保存的历史信息连缀起来，就构成了代表城乡文化发展轨迹的一条条无形的文脉。为了在梳理文脉的基础上保护和传承优秀的地名文化遗产，古代的地名需要正本清源，近现代的地名更改应当加以科学总结。挖掘古今文献对地名的记载和探究，则是不可或缺的学术前提。

第一节　正本清源

从理论上讲，每个地名语词都应具有真实的来源及其产生之后的发展过程，这就是地名的"语源"或"词源"。但是，由于文献记载的缺失或错误，能够确切知道语词源流的地名仅是这个庞大家族中的一部分，因此需要进行追根寻源与正本清源。除了真实的词源之外，人们根据语音的相似，既不考虑语音的历史发展，也不考虑词义的演变过程，而去牵强附会地推测词源，这就形成了所谓俗词源。地名的俗词源产生于民众的约定俗成，尽管可能于史无征，却颇具民间文学或民俗学价值。更需要辨析和清理的地名词源，是大多出于今人之手，既不反映历史事实又有别于俗词源的那些伪词源。

一、从牛栏庄到六郎庄的转变

六郎庄原是颐和园东南的一个聚落，随着郊区城市化的推进，早已成了区片、道路、车站的名称。从"六郎庄"的语词很容易联想到民间广为流传的北宋杨家将的故事，它是清代民间有意附会的结果。

牛栏庄在明代是顺天府宛平县的一个村落，《明太宗实录》记载：永乐四年八月癸卯（1406年9月28日）北京行部奏报："宛平、昌平二县，西湖景东牛栏庄及清龙、华家、瓮山三闸水，冲决堤岸百六十丈。"西湖景，亦作西湖、瓮山泊，清代改建后更名昆明湖。奏疏里说牛栏庄位于西湖景以东，正是今天的六郎庄所在地，其形成年代当然应在永乐四年之前。作于嘉靖三十九年（1560）的张爵《京师五城坊巷衚衕集》，里面同样有牛栏庄。万历二十一年（1593）刊刻、宛平知县沈榜依据实地调查与衙署档册文件编纂的《宛署杂记》，也记载了这个村落："县之西北，出西直门一里曰高郎桥，又五里曰篱笆房、曰苇孤村，又二十里曰鞑子营、又十里曰北海店，其旁曰小南村、曰八沟村、曰牛栏庄、曰中务村、曰北务村。"与当代地名相对照，这些地名没有太大变化，郎、店、八、务以近音或同音字改写为梁、淀、巴、坞；苇孤村今作魏公村；北海店即北海淀，在今北京大学一带；小南村今称小南庄。"牛栏庄"在民众约定俗成中自然定名，从周围的篱笆房、八沟、海淀等名称所显示的地理环境看，它应当是村落形成早期居民在此喂养耕牛的记录。

依照谐音改换地名用字、以传说北宋名将杨六郎曾驻扎此地得名的"六郎庄"，自清朝前期一直使用到今天。译自内务府满文奏销档的《内务府奏曹寅家人呈报修建西花园工程用银摺》显示，康熙五十一年十一月十四日（1712年12月11日），内务府总管赫奕、署内务府总管马齐，根据江宁织造曹寅家人陈佐的呈文，奏报了曹家使用的银两数额："六郎庄真武庙，配殿六间，和尚住房八间，用银一千四百三十五两二钱。在六郎庄修造园户住房三十间，用银一千两。"这是目前见到的记载"六郎庄"一名最早的文献，这个名称出现的年份无疑应当更早些。类似的谐音更名，仅在海淀区范围内就有不少：华家屯改称挂甲屯，有杨六郎在此挂甲的故事；百望山改称"望儿山"，传说是佘太君登高远望、期盼失落番邦的儿子杨四郎归来之处；山下的两个小村东百望、西百望，也随之改称东北望、西北望（今东北旺、西北旺）；关于亮甲店、韩家川、南羊坊等地命名缘由的解释，也都带上了杨家将传说的色彩。

北京地区的"六郎庄"一类地名，大都产生于民族矛盾尖锐的清朝初期。虽然历史上的杨家将从未到过这里，但这样的地名更改以及附会于这些地名的传说，寄托了对统治者的反抗情绪，其知识来源则是戏曲、评话等民间艺术形式。余嘉锡先生1945年在《杨家将故事考信录》中指出："自教育不兴，人多不识字，真能读书者尤少。乡曲陋儒，几不知历史为何物。贩夫走卒、纤儿村妇之流，茶余酒后，促膝抵掌，侈口而谈史事，听其所言，大率荒谬无稽，不出于小说，必出于戏剧，而以戏剧之所常演者为尤多。"关于杨家将事迹传播的社会背景，按照余嘉锡先生的解说，南宋以来在民间形成的以抵抗侵略、恢复故土为主调的杨家将故事，人物和情节在传播过程中逐渐丰富，流传范围也越来越广。将演义故事或神话传说附会于某些地名，本来就是各地普遍存在的历史文化现象。金朝的女真贵族、元朝的蒙古贵族对我国北方乃至全体汉族人民的统治，业已刺激了杨家将故事在民间的演义与流布。清朝初年汉族人民在满洲贵族压迫下的境遇，与他们在元朝时期的情形极为相似，这就使杨家将的故事具备了进一步传播的社会基础，在杨六郎不曾到过的北京地区出现了"六郎庄"等地名，就是汉族人民在特定历史阶段心理状态的写照。这样的地名来自与历史事实并不相符的俗词源，是人民群众集体认同的结果。它们与丰富生动的传说相结合，保留了地名文化的深刻记忆。事实上，杨家将故事在民间的广泛传播远远早于南宋时期。欧阳修在北宋皇祐三年（1051）或稍后些撰写的《供备库副使杨君墓志铭》就已经指出，杨琪的同族前辈杨业和杨延昭"父子皆为名将，其智勇号称无敌。至今天下之士至于里儿野竖，皆能道之"。正是由于北宋以来奠定的民间文化基础与清初汉族人民的社会心理高度契合，海淀一带才出现了"牛栏庄"改为"六郎庄"之类谐音寄意的村落更名。

在牛栏庄谐音变为六郎庄之后，它一度被继续谐音为"柳浪庄"。明代的海淀泉源广布、绿柳如丝，今北京大学一带的清华园、勺园等私家园林尤其著名。侯仁之先生《海淀附近地区的开发过程与地名演变》指出："有些文人来海淀游览风光，即景生情，就地写诗，觉得'牛栏'二字不雅，不能入诗，就擅自改为柳浪庄。可是柳浪庄的名称，在民间并未流行。"清乾隆年间蒙古族人博明《西斋偶得》记载，辛未年即乾隆十六年（1751），听同学王钟英讲述其父王柳溪审理圆明园夜失陈设玉器一案，附体于嫌疑犯的被害者称："八年前方十有五岁，正月初旬，因鬻糕遇长明于柳浪庄。"据此看来，柳浪庄在文人群体中使用，应当是乾隆初期之事。这个名称虽然诗意浓厚却实在脱离百姓，昙花一现之后即归于沉寂。进入21世纪前后，柳浪庄之名又被用来作为派生命名居民区与街巷道路的依据，以隐性的方式在一定程度上复活了。

二、彰义门与广宁门和广安门

1. 彰义门变为广安门的俗称

彰义门是金中都西墙三座城门中最北面的城门，考古发掘证实其旧址在今广安门外大街西端、南北向的小路湾子街的北头。沿着太行山东麓大道北上，在卢沟桥附近转为东北方向进入北京，是历史上久已形成的一条南北交通线。金代修建了卢沟桥之后，从这里到彰义门的道路（与今京石高速公路最北段相仿），更是成为从西南方向进入中都城的必由之路，彰义门就扼守着它的咽喉。《明英宗实录》记载，正统十四年十月十一日（1449年10月27日），在"土木之变"中被俘的明英宗被押到卢沟桥附近的果园，"遣岳谦同房使纳哈出至彰义门外答话"，与守卫在这里的明军沟通。在此期间，彰义门的位置及名称与金代并无不同。

明朝修筑北京外城之后，"彰义门"却成了另一个城门的俗称。《明世宗实录》记载，嘉靖三十二年十月辛丑（1553年12月3日），"新筑京师外城成。上命正阳外门名永定，崇文外门名左安，宣武外门名右安，大通桥门名广渠，彰义街门名广宁"。广宁门处在外城西侧北端、彰义门正东约2100米。彰义街或称彰义门大街，是彰义门与广宁门之间的街道，相当于今天的广安门外大街一线。广宁门与彰义门东西对峙且相距不远，中间又有彰义门大街相连，百姓对新建的广宁门尚未熟悉起来，对历史悠久的彰义门则早已习惯，也就往往把广宁门叫作彰义门。清代乾隆年间的《日下旧闻考》说："今广宁门俗称彰义，特沿金源以来旧名耳。"金源，就是金朝之意。不过，书中接着说"其实金之彰义当在今广宁门外之西南，距右安门外地稍远"，却是因为错把彰义门当作金中都正西门而得出的误判。"彰义门"既是金代的正式名称，也是明代广宁门的俗称，这就使真正的彰义门被人们遗忘。《义和团档案史料》记载，清光绪二十六年五月二十七日（1900年6月23日），御史刘家模奏报："臣闻彰义门、永定门外久有充义和团杀掠行路者。"这里的彰义门，就是采用了民间对广宁门约定俗成的别称。

2. 广宁门与广安门的混用和渐变

"广宁门"是何时何故改称"广安门"的？对于这个问题，从民国时期到今天，大多认为是清代为避讳道光皇帝爱新觉罗旻宁的"寜"字（简化字写作"宁"），把广宁门改称语义相同的广安门。但是，迄今所见持这种观点的论著虽言之凿凿几近异口同声，但没有一人肯说明自己的史料依据何在。此外，道光年间也不曾颁布过为避讳而改名的谕旨等官方文件。

既然如此，"广安门"是如何产生并逐渐取代了"广宁门"呢？根据《清实录》等文献的记载，其间应当存在着这样一个发展过程：道光帝并不主张过分避讳，因此在即位后的最初几年沿用广宁门之名，但在书写时以缺笔表示避讳之意；道光四年（1824）之后，臣下认为终究不够妥当，于是自觉以语义相同的广安门替代广宁门，并成为众人的共识；但是，以广安门替代广宁门毕竟不是朝廷明确颁布的诏令，光绪年间修志时仍然采用广宁门之名；民国年间两个名称混用，最后是广安门真正替代广宁门，成为普遍使用的正式名称。

《清高宗实录》记载，乾隆四十一年（1776）十一月庚辰的谕旨说："避名之典虽历代相沿，实乃文字末节，无关大义"，可以采取缺笔等方式稍作表示而无需避讳某个字。在已经确定的皇家儿孙诸辈名称用字中，"永字，世所习用，而体义亦不宜缺笔。绵字，为民生衣被常称，尤难回避"。因此，乾隆帝提出："与其改众人之名以避一人之名，莫若改一人之名使众无可避，较为妥善。将来继体承绪者，惟当以永作颙，以绵作旻，则系不经用之字，缺笔亦易。而永、绵等字，均可毋庸改避。"道光帝在族谱中属于"绵"字辈，名绵宁。《清宣宗实录》记载，嘉庆二十五年（1820）八月初十，已经即位的绵宁遵照祖父乾隆帝当年的谕旨，把名字改作"旻宁"并提出仅以缺笔表示避讳之意，也就是把"寜"字写为"宁"，并强调"其奉旨以前所刻书籍，俱无庸追改"。不久，肃亲王永锡等上奏：

"临文不讳，圣主不以为嫌。而臣子之心，究多惶悚。……嗣后文移奏牍，恭请避写甯字。"皇帝批复："既知临文不讳，何用琐琐。仍遵前旨，改写一画一撇。"永锡等又奏："前代避讳，原有改用音相近者。"皇帝再次批复："不可为法。"正是因为道光帝并不主张避用"宁"字或改作"甯"字，《清宣宗实录》才会有如下记载。道光元年七月戊辰（1821年8月17日）谕内阁："复据英和奏，亲至广宁门外查看，大道水深四五尺，人马断难行走，不得已暂行还宫。"九月乙亥（1821年10月23日），"赏广宁门外普济堂煮赈小米三百石"。道光三年十月丙申（1823年11月3日），"加赏广宁门外普济堂煮赈小米五百石"。道光朝的奉天广宁县、广东广宁县，在实录中也未见改名。

《清宣宗实录》道光四年（1824）九月壬寅，出现了"赏广安门外普济堂煮赈小米三百石"。由此至道光二十九年（1849），完全相同的记载还有27次，广宁门在其中已不见踪影。在此后的咸丰、同治、光绪三朝实录里，广安门代替了广宁门，但两个广宁县依然存在。由此表明，这只是京城诸臣的共识而不是朝廷统一的诏令。正是因为这个缘故，光绪十二年（1886）成书的《光绪顺天府志》才会这样书写："外城环京城南面，……西为广宁门。""广宁门大街，俗称彰义门大街。义或讹仪。""增寿寺饭厂，顺治七年设，在广宁门大街。"与此同时还有"勉善善堂，嘉庆初年设，在广安门内王子坟口内"；"广仁善堂，光绪六年设，在广安门内烂面胡同"；"资善水局，……在广安门内大街"等采用后起名称的写法。

《清实录》与《光绪顺天府志》都是官修文献，纂修者绝无故意漠视国家法律乃至太岁头上动土的必要。如果广宁门确实在道光帝即位后被朝廷明令改为"广安门"，那么，实录所记载的大臣奏折，断不敢冒着"大不敬"的风险继续使用"广宁门"一名，皇帝的谕旨也不会带头出尔反尔；编纂《光绪顺天府志》的缪荃孙、朱一新等饱学之士，记录了广宁门以及由它派生为名的广宁门大街，却没有谈到因为避讳而改"宁"为"安"之事，也足以证实朝廷不曾发布改名的诏令。刊行于1930年的《燕都丛考》第一编，记载外城各区的界线时已多次使用"广安门大街"之名，而在叙述街市分布时则与"广宁门大街"交替使用。从单一的广宁门之名变为广安门与广宁门混用，是道光年间诸臣主动进行的非正式避讳所致。广安门一名的影响越来越大，民国以后最终取代了广宁门的法定名称地位。尽管如此，如果笼统地说广宁门是为避道光帝的名讳而改称广安门，显然与历史的真实很有些距离。

三、四川营得名与秦良玉无关

四川营胡同位于宣武门外骡马市大街路北，附近有从棉花胡同派生为名的棉花头条等十多条街巷。以北京之外的某地之名作为街巷胡同的专名，比如陕西巷、山西街、安南营之类，通常表示早期居民的来源或者命名时期以这里有某地之人为特征，四川营也不应例外。但是，由于文献失载，许多地名的语源变得难于追索。那些与重要历史事件联系并不紧密的地名，载入文献的机会自然寥寥无几，口耳相传的词源则不免掺杂着程度不等的演义成分。经过记录者和引用者的过度渲染与移花接木，更容易造成真假混杂的局面，关于四川营与棉花胡同的语源也是如此。

明朝嘉靖三十九年（1560）成书的张爵《京师五城坊巷衚衕集》已明确记载，宣武门外的宣北坊有"四川营"这条胡同，它们形成的年代当然要早于这个被记录下来的年份。但是，当今某些出版物却说：四川营是因为崇祯年间的四川石砫宣抚使、女将秦良玉奉诏勤王时在此驻兵而得名，附近的棉花胡同则是秦良玉的"部下和女眷们纺棉织布"的地方。更有甚者居然宣称四川营"因有四川会馆得名"，其本末倒置与过分离谱尤其不值一驳。

《明史·秦良玉传》记载：秦良玉是忠州人，丈夫马千乘蒙冤而死后，代领其石砫宣抚使之职。"为人饶胆智，善骑射，兼通词翰，仪度娴雅。而驭下严峻，每行军发令，戎伍肃然。所部号白杆兵，为远近所惮。"泰昌元年（1620），朝廷征召驰援辽东，秦良玉派遣其兄邦屏、其弟民屏先率数千人前往。天启元年（1621）其兄战死，"良玉自统精卒三千赴之"，"遣使入都，制冬衣一千五百，分给残卒，而身督精兵三千抵榆关。上急公家难，下复私门仇，气甚壮"。"崇祯三年（1630），永平四城失守。良玉与（邦屏之子）翼明奉诏勤王，出家财济饷。庄烈帝优诏褒美，召见平台，赐良玉彩币羊酒，赋四诗旌其功。会四城复，乃命良玉归，而翼明驻近畿"。

上述史料表明，秦良玉是一位治军有方、文武双全的女将，平生两次率军北上。第一次是天启元年率军开赴榆关即山海关前线与满洲军队作战，其间只是派遣使者入北京为士兵置备棉衣，本人及其所部并未到京。第二次是因为崇祯三年永平府（治今河北卢龙）四城失守，秦良玉奉命前来救援，受到皇帝召见与赋诗褒奖，但这也并不等于她曾率部在北京外城驻扎。何况天启、崇祯两朝都在嘉靖之后，至少在此前六十多年，"四川营"就已被记录到《京师五城坊巷衚衕集》，其命名断然与秦良玉的四川白杆军无关。所谓秦良玉的"部下与女眷们"在棉花胡同纺棉织布，更是后人的牵强附会。一支奉诏从三千多里之外火速北上勤王而不是游山玩水的军队，怎么可能允许有女眷跟随？正如杜甫《新婚别》所谓"妇人在军中，兵气恐不扬"，久经战阵的秦良玉岂能做出如此令人匪夷所思的荒唐举动？从常识推断，四川营可能因为嘉靖之前有四川人在此聚居或某支四川军队在此驻扎得名，棉花胡同之名应是其间有弹棉花的作坊或出售棉花的铺户之类的反映，棉花头条等十几条胡同则是据此派生命名。

乾隆年间戴璐《藤阴杂记》说："四川营四川会馆，相传秦良玉勤王至京，驻师于此。后改石芝庵，旋作会馆。"这里的"相传"二字最为关键，表明有此传说但未得实据，是一种比较客观的行文态度。民国年间陈宗蕃《燕都丛考》引张次溪《燕京访古录》（今刊本缺此段）云：四川营"邻巷棉花胡同，闻系少保当年曾在此地施屯田政策，令其军士纺织棉花，地以人传，后人遂以此名之"。这里的"闻系……"也是一种推测语气，他们都承认秦良玉北上勤王的史实，但也大致以民间传说来看待四川营之名与秦良玉的关系,并未像今人那样混淆了传说与史实的界限。

在张爵《京师五城坊巷衚衕集》里,南城宣北坊四川营附近有麻线胡同、魏染胡同、山西营等胡同,它们相当于今天的红线胡同、魏染胡同、山西街。从史料和常理推断,魏染胡同应当是以魏家在此开设染坊得名。但晚近某些著述却不顾史实,把它说成源于天启年间宦官魏忠贤在此居住,原称魏阉胡同,后来谐音改为魏染胡同。且不说此前五六十年已有张爵记录了魏染胡同之名,退一步讲,在魏忠贤一手遮天的年月,谁敢把"九千岁"叫作"魏阉"?在他倒台之后,谁又肯用这个语义令人生厌的"阉"字命名自己居住的胡同呢?所谓谐音改名之说已是不攻自破。

地名词源在文献中的缺失是无可如何的客观事实,关于地名词源的推测必须建立在可靠的文献基础之上。历史上形成的俗词源,是广大群众逐渐积累、共同认可的解释,它们或许是有几分史实依据的传说,也可能是受到某种事物启发而产生的想象,其民间文学与民俗学的价值应予以充分肯定。但是,如果把这些"古已有之"但远非信史的材料作为追根溯源的依据,则难免制造出与史实南辕北辙的伪词源。在民间文学范围内,秦良玉和四川营的故事允许并且应该展开遐想的翅膀。一旦以地名学和历史学的面貌出现,地名词源的探讨就必须遵循通用的学术规范。如果刻意把俗词源指实却又经不起史料的考核检验,那就只能造出与学术毫不搭界的伪词源,今人在这方面的粗枝大叶尤其应该加以警惕。

四、丰台地名探源的典型例证

探源纠谬是发掘地名的历史文化价值、延续区域历史文化脉络的基础,也是准确串联文化记忆链条的前提。十多年前的2009年,我们对丰台区以城镇村落为主的地名逐一进行了语源的追寻和辨析,发现和纠正了1993年版《北京市丰台区地名志》(以下简称《地名志》)存在的不少错误,这里选择比较典型的几例稍作示意。

1. 高立庄本是高丽庄

高立庄位于花乡西南约5公里，《地名志》说："高立庄原名太平庄，地址在今村落东侧。后因瘟疫流行，再加上自然灾害，群众迷信于阴阳宅风水的观点，逐渐搬到村西高地，易名高立庄。"

明代张爵《京师五城坊巷衚衕集》南城白纸坊，记载了"俱坐在新城外"即全部位于南城之外的城郊村落，其中属于"西乡"的依次是：柳巷村、御匠局、管头村、丰台、鸡鹅房、陈留村、高丽庄、纪百户庄。柳巷村即今莲花池以南的柳行村，民国时尚存；御匠局、管头村、丰台、鸡鹅房，相当于今天的东局与西局、东管头与西管头、丰台、鹅凤营。陈留村，即今高立庄东北2.5公里的陈留村；纪百户庄，即今高立庄以南11公里的大庄。张爵的叙述按照一定顺序展开，结合地名及地理方位的古今对照，明代位于陈留村与纪百户庄之间的高丽庄，只能是今天花乡的高立庄，"立"是"丽"的同音异写。

我们注意到，北京顺义西北13.5公里的高丽营，是因为唐代内徙的高丽人在此定居得名。"高丽"是意义固定的专有名词，高丽庄应当与高丽营有相似的命名背景，即以曾经居住着高丽人得名，其形成时间无论如何也不会晚于明代。

元代苏天爵《元故亚中大夫河南府路总管韩公神道碑铭并序》，为我们的判断提供了直接证据。韩永，字贞甫，是居住在大都的高丽人，曾担任宫廷侍卫与河南府路总管等职，"复号至元之二年三月壬申，……韩公以疾终于洛阳官舍，享年五十有二。是岁五月戊申，载其丧归。七月己酉，葬宛平县高丽庄之原"。所谓"复号至元之二年"，是元世祖忽必烈之后再次采用"至元"年号的元顺帝至元二年，即公元1336年。在中国生活多年的高丽人韩永去世后，从洛阳运到"宛平县高丽庄"安葬，大有叶落归根的意味。由此证实，安葬韩永的这个村落至少在元代就已经是高丽人的聚居之地，并且因此得名"高丽庄"。《地名志》关于高立庄语源的叙述，属于误信传说或望文生义。太平庄之名即使曾经存在，也只能是从高丽庄渐变为高立庄过程中的一个短暂插曲。

2．凤凰嘴汇聚凤泉水

凤凰嘴村，位于卢沟桥乡东南2.5公里。考古发掘证实，这里是金代中都城的西南角。《地名志》说："凤凰嘴金代成村。古金中都城西南角设有便门，称凤凰嘴，以后即以凤凰嘴为村名。"

这段解释存在的疑点很多：究竟有哪种文献证明金中都西南角开了一座便门？一座城门的正式名称有没有不叫"××门"却称为"凤凰嘴"之理？考古发掘证明了今天的凤凰嘴一带是金中都的西南角，是否就意味着这个村落一定形成于金代？凤凰嘴村究竟形成于哪个时代？它又为什么称作"凤凰嘴"？如此等等的疑虑，使我们不得不一层层地剥茧抽丝。

纵览已有的研究，没有任何一部文献证明金中都西南角开过一座便门，当然也就不存在它以"凤凰嘴"为名的问题了。考古工作者以凤凰嘴定位他们发现金代城墙的地点，但从未得出金代就有凤凰嘴村的结论，这原本是无须讨论的考古学常识。比如，尽管在周口店发现了几十万年前的北京猿人遗迹，但谁也不会由此认为那里在猿人时代就已经有了一个叫作"周口店"的聚落。《宛署杂记》《宛平县志》《光绪顺天府志》等记载了明清宛平县的众多村落，但从未提到"凤凰嘴"。迄今所见，直至民国《北平市城郊地图》上，才标出了这个名称。考虑到村落由小到大逐渐发展的过程、资料调查与地图制作比较缓慢等因素，凤凰嘴村形成与命名的年代应在清朝后期，只是由于规模太小而未能载入文献之中。

从"凤凰嘴"一词的含义分析，这一带应当有某种总体轮廓像凤凰的地物，而村落恰好位于这只凤凰的嘴部附近，因此才能以"凤凰嘴"作为村名。考察村落的地理环境，可能构成凤凰形态的地物只有河流水系。我们注意到，环绕凤凰嘴村四周的前泥洼、后泥洼、水头庄、柳村、万泉寺等，都是在多水环境中形成的村落（图22），历史上这里的泉水非常丰富。明代《永乐大典》抄本《顺天府志》引《图经志书》:"百泉溪在宛平县西南十里旧城丽泽关南,平地有泉三十余穴,东南流入大兴县境,通柳河村。"《大明一统志》卷一《顺天府》与此略有差异:"平地有泉十余穴,汇而成溪,东南流入柳村河。"除了泉水的数量之外,二者对泉流归宿的交代并无不同,柳河村即今柳村,柳村河则是流经柳村以北的今凉水河上游河段。明代的百泉溪,正处在今天的水头庄、凤凰嘴、柳村一带。凤凰嘴村以西约0.7公里的水头庄,则是凉水河的发源地,而这些泉水至少在清代已有"凤泉"之称。《日下旧闻考》记载:"凉水河在宛平县南,由水头庄泉发源,东流入南苑内。"乾隆三十九年《御制凉水河作》写道:"凉水出凤泉,玉泉个别路。源出京西南,分流东南注。"其自注说:"凉水河出右安门西南凤泉,东流经万泉寺,分为二支。"由此证明,水头庄一带的几十处泉水,最晚在乾隆年间已有"凤泉"之名。

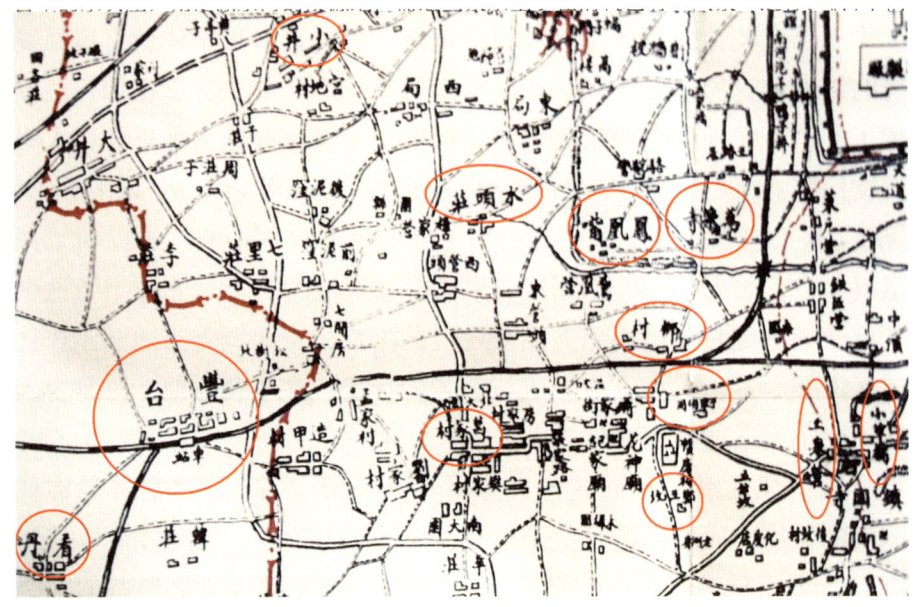

图22　凤凰嘴附近的村落与河流
(据中国地图出版社翻印立生图书社1947年版《北平市城郊地图》改绘)

经过这样一番考证，我们可以归纳出如下结论：从水头庄一带涌出的数十处泉水，在顺着地势向东南汇聚途中流成了一条条小溪。站在远处看来，它们构成的图案如同一只惟妙惟肖的凤凰，每条小溪就像凤凰身上的一根羽毛。作为溪水源头的那几十处清泉，因此获得了"凤泉"这个充满想象力的美妙称呼。众溪归一的位置，也就是凉水河的发端，恰似这只凤凰向东南突出的嘴部，因此得名"凤凰嘴"。在它北侧形成的村落，顺势以这个比喻命名为"凤凰嘴村"。

3. 分钟寺源于坟庄子

分钟寺，或称分中寺，位于南苑乡东北5公里，旁边有1990年建成的分钟寺桥。《地名志》说："原有寺庙名'粉妆寺'。清代皇帝到南苑狩猎，帝后及妃等随行在此休息，梳洗打扮，故名'粉妆寺'，后取其谐音为分中寺，原寺已无。"

这个说法不免令人疑窦丛生：且不说清代的后妃是否会跟随皇帝打猎，即使真的要去，也应该出永定门以后直接向南，穿过大红门进入南苑，区区二十里的路程根本无须在中途休息乃至"梳洗打扮"。分钟寺村位于永定门东南约5公里，由永定门到南苑绝无舍近求远、绕道而行的必要；如果需要更衣，自可在苑内解决，《日下旧闻考》明确记载乾隆三年修建了"大红门内更衣殿，南向，门二层，大殿三间"，准备不可谓不充分。此外，寺名中既无地理特点又无佛家色彩的"粉妆"二字，用语显得过分俗气，不像寺院应有的名称。

遍查常见的文献资料，择要记载北京史迹的清代《日下旧闻考》《光绪顺天府志》等，都没有提到"分钟寺"这座寺院；国家图书馆藏、民国时期对大小寺庙都尽量收录的清单《北京市寺庙调查一览表》，同样不见它的名字；北京市档案馆编辑、1997年由中国档案出版社出版的《北京寺庙历史资料》，著录了京城内外寺庙达1500多座，却也没有关于它的只言片语。这样一来，一个更大的疑问就产生了：历史上真的有过"分钟寺"吗？

谐音改换地名用字，通常会掩盖地名的真实语源，有时甚至引起一连串的误解。我们的研究表明,《地名志》关于"分钟寺"语源的上述说法,就是因为疏于考察地名的谐音改字过程而偏信传闻的一个失误。在《光绪顺天府志》所附《大兴县图》上,北小红门、张家庄以北,四道口、枣林儿以西,标有村落称作"坟庄子"(图23)。

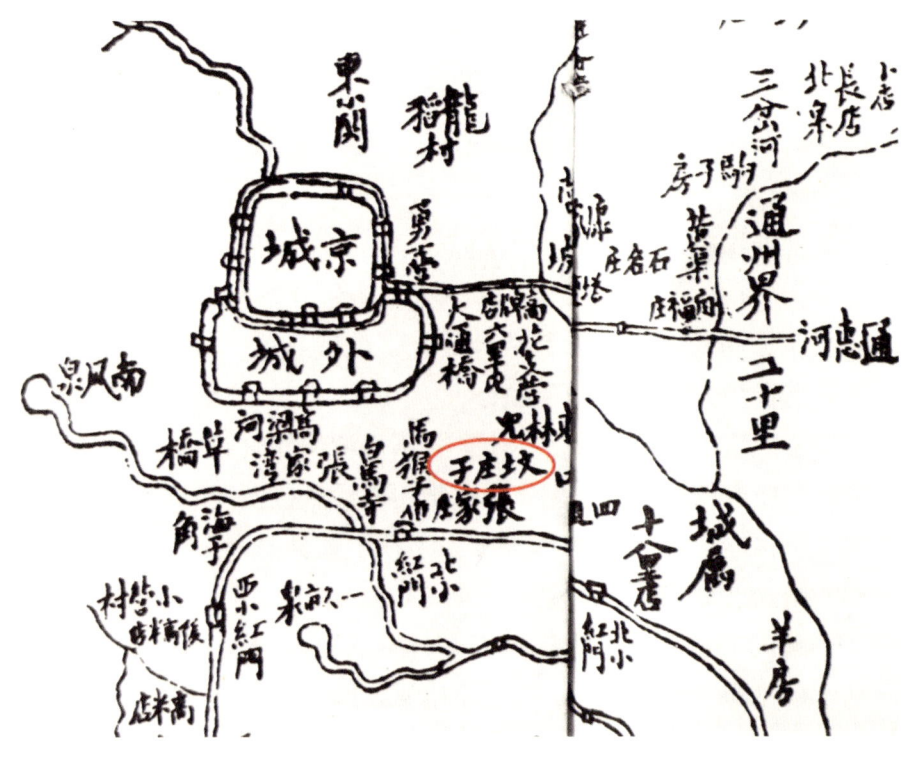

图 23 《光绪顺天府志》大兴县图局部
(据《光绪顺天府志》北京古籍出版社 1987 年版附图改绘)

在北平市政府工务局绘制、1947年刊行的《北平市城郊地图》上,与"坟庄子"处在同一位置上的村落已注记为"分钟寺",与当代地图上的写法完全相同。两相对照,"分钟寺"的语源问题即刻真相大白:

第一,分钟寺之名的出现,是地名用字谐音变换的结果,其间应当存在着语音相同或相近的"坟庄子→粉妆寺→分钟寺",即"fén zhuāng zi→fěn zhuāng sì→fēn zhōng sì"的变化过程,应当属于当地群众的约定俗成。

第二,起源于看坟者居住地的"坟庄子"一名,文辞既不雅观又显得晦气重重,自然会影响本地居民的心理状态。地名用字的谐音变换,反映了他们开始关注地名的语词含义及其感情色彩,所谓"粉妆寺"之说就是在这样的背景下刻意杜撰出来。

第三,谐音变换后的"分钟寺",确实容易误导习惯了"顾名思义"的后来者,以为它派生于某一座寺院的名称,《地名志》就是沿着这样的思路出现了错误的表述。

第四,从《光绪顺天府志》的"坟庄子"到《北平市城郊地图》上的"分钟寺",这个转变过程显然发生在民国年间。

4. 怪村出自怪坨仙坨

怪村,位于王佐镇西南4.7公里,由于地名用字的奇特而引人注目。《地名志》说:"原为仙坨村。村西原有小河从北向南流经,河中生长一种不知其名的紫色草,当地因以为怪,而有怪草之称,遂名怪草村,简称怪村。1948年10月到1958年5月街南属良乡县,街北属房山县。"

这段文字的可疑之处不少,比如:由"仙坨村"到"怪草村"或"怪村"的语音变化极不自然,与地名在民众约定俗成中发生渐变的普遍规律不符。"仙坨"二字大体可以解释为仙人居住的或具有仙气的高丘,不仅毫无贬义,而且带有几分浪漫传奇色彩,根本没有被"怪草"或"怪村"代替的必要。村民即使不认识山坡上或河谷里的某种野草,也没必要大惊小怪乃至把自己的村名都改掉吧?

地名语词通常反映的是自然地理特点、社会人文背景或者某种美好愿望,以一个"怪"字作为专名的村落确实少见,这就更容易引发人们的好奇心,一定要弄清它究竟"怪"在哪里。"怪"字作为姓氏,有传说中的炎帝之臣叫作怪义,但如此冷僻的姓氏在后世其他地方不曾出现,把"怪村"之"怪"解释为姓氏显然不通,怪草之说又不足凭信,这就促使我们在其他方面寻求解答。

第一，《地名志》说怪村"1948年10月到1958年5月街南属良乡县，街北属房山县"。这就提醒我们，怪村在划归丰台区之前，村里东西向的街道曾是房山、良乡二县的分界线。良乡县自西汉设立直至1958年撤销，中间除了北齐时期省入蓟县20年、唐代改称固节县7年之外一直保持稳定。五代后唐长兴三年（932）把治所从今房山区窦店西土城迁到今良乡镇之后，良乡县的治所与辖境不再发生变化，它与房山的分界线自然也应延续旧有的习惯。这个过程意味着，今天的怪村原本是分属良乡县与房山县的两个村落，这段历史显然由来已久，并非仅仅在《地名志》提到的"1948年10月到1958年5月"期间是这样。

第二，清末编纂的《光绪顺天府志》称：良乡县"西北八里南上冈，十二里果各庄，十五里怪坨村，十六里豆各庄"；房山县北四十里有"西王佐、东王佐、张各庄、刘太庄、魏各庄、仙它村、南洛平村、北洛平村"等村落。与当代村落名称及其地理方位相对照，各村基本没有发生变化，唯有清代良乡西北十五里的怪坨村以及房山县魏各庄、南洛平附近的仙它村与今天的怪村位置重合。

第三，"它"在古代汉语中有tuō、tuó两个语音，今天常用的tā音是后起的读法。读作tuó时的"它"等同于"驼"，与同音的"坨"字一样表示耸起的土丘或小山包之类。所以，"仙它村"的读音、含义与"仙坨村"完全相同，二者只有用字的差别，1928年《房山县志》也因此称之为"仙坨村"。

第四，清代以来的其他地方志和地图，也揭示了这两个村落的变迁过程。光绪十五年（1889）《良乡县志》称"怪陀村，距城十五里"，1924年《良乡县志》及其所附《京兆良乡县地图》也是如此。其中的"陀"是"它""坨"的同音异写，自身也有表示地势倾斜的意思。1928年续修《房山县志》称东北二十八里有仙坨村，将卷一的附图与《京兆良乡县地图》叠加在一起，房山县仙坨村处在良乡县怪陀村西北，这就是《地名志》所说怪村曾经"街南属良乡县，街北属房山县"的原因之所在。

第五，康熙三年（1664）刻本《房山县志》记载：县治东北二十八里有"怪陀"。实际上，"怪陀"属于县界南侧的良乡县，县界北侧一街之隔的"仙坨"才属于房山县。这个错误记载表明，两村虽分属两县但过于接近，已经与一个村落没有区别。此外，两村既然在康熙三年就被记入方志，它们的形成和命名至少可以上溯到明朝后期。

经过上述分析，我们可以得出这样的结论：明清时期的良乡县怪坨村与房山县仙坨村，二者仅以一条街道为界，其形态与一个村落无异。它们的地理位置一南一北，地名语词结构相同、含义对称，命名依据可能出自关于"怪"与"仙"的民间传说，也可能是对地物形态"坨"的联想。当两个村落在发展中逐渐接近，直至被视为一个村落时，两个村名共同的"坨"（它、陀）首先被省略，而"怪"字又比语义相近的"仙"读音响亮、富于谐趣、引人注目，于是人们在约定俗成中选择了从"怪坨村"简化而来的"怪村"。1936年《河北省良乡县地方实际情况调查报告书》所附的《良乡县新舆图》仍然注记了怪陀村，以"怪村"取代怪坨村和仙坨村，应是民国后期乃至1949年以后的事情。

5．丰台派生于远风台

关于"丰台"一词的语源，自清代以来一直没有定论。乾隆年间于敏中等编纂《日下旧闻考》，辑录了四种代表性的说法。

第一，朱彝尊怀疑因金中都的丰宜门和拜郊台得名。《日下旧闻》引明末清初周篔《析津日记》："丰台之名，不知所始。询之土人，并无台也。"朱彝尊所加按语说："金时郊台在南城外，丰宜门者金之南门也。丰台疑即拜郊台，因门曰丰宜，故目为丰台云尔。"于敏中等指出："拜郊台今无考，朱彝尊于丰台按下以为疑即拜郊台，亦系约略言之，初无确证也。"这就意味着，原本没有确实可靠的证据，只是笼统的说法而已。

第二，朱昆田怀疑"丰台即远风台之遗址"。元初王恽《秋涧集》有《远风台记》："丰宜门外西南行四五里，有乡曰宜迁。……架屋台上，隶其榜曰远风，以为岁时宾客宴游之所者，韩氏之昆仲总管通甫、判府君美也。"朱彝尊之子朱昆田说："今之丰台，疑即远风台之遗址。"也就是说，"丰台"之名可能是从"远风台"而来。于敏中等认为：朱氏父子的两种说法"似俱涉傅会矣"，即都有牵强附会之嫌。

第三，乾隆帝提出取"蕃庑"与"亭台"为名。乾隆三十九年《御制丰台作》自注说："《日下旧闻》引《析津日记》，谓丰台之名不知所始。朱彝尊按，以丰台疑即拜郊台，因南门曰丰宜，故目为丰台云云。其解未确。考丰台为京师养花之所，元人园亭多在其地。丰盖取蕃庑之义，台则指亭台而言耳。"

第四，钱泳以为从拜郊台、丰宜门、远风台取名。乾隆至道光年间的钱泳在《履园丛话·古迹》中提出："丰台……相传即金时之拜郊台，当时有丰宜门、远风台诸名，故曰丰台也。"

周篔在明末清初已不清楚"丰台"的起源，询问当地人也并没有作为建筑的"台"存在。著名学者朱彝尊对周篔颇为赞赏，由周氏《析津日记》联想到金代的"丰宜门"和"拜郊台"，怀疑拜郊台可能因为距离丰宜门不远而有"丰台"之称。把"拜郊台"称为"郊台"古已有之，朱彝尊自己也在说"金时郊台在南城外"。不过，从地名产生和演变的一般规律来看，若把丰宜门外的拜郊台简称为"丰台"，将两个不同类型的建筑及其名称联系在一起再造新名，难免显得过于生硬和牵强。所以，乾隆帝、于敏中等人认为朱彝尊"其解未确"，或有傅会之嫌。

乾隆帝否定了朱彝尊带有审慎怀疑态度的推测，但他自己的解释也不恰当。明崇祯年间刘侗、于奕正《帝京景物略》卷三"草桥"条，已经指出这里"居人遂花为业，都人卖花担，每辰千百，散入都门"；"草桥去丰台十里，中多亭馆"。清初孙承泽《春明梦馀录》也有类似说法，并被康乾时期的励宗万《京城古迹考》引用，乾隆帝的注释与二者并没有多大差异。由于丰台是京师的鲜花供应基地，周围又有元代的许多园林亭台，乾隆帝接着推断"丰台"一名的由来："丰盖取蕃庑之义，台则指亭台而言耳。""蕃庑"意为滋长茂盛，如此则"丰"取自对花木丰茂的形容，"台"源于以往修建的众多亭台。这个说法综合了丰台的两个特点，对地名用字的解释也不乏渲染与赞美，但强迫属于形容词的"丰"与作为名词的"台"在语义上并列，结果就使得"丰台"二字实在难以通顺地解释，也不符合地名构成的惯例。况且，从乡村聚落发展起来的丰台，当时还不足以纳入国家刻意命名与更名的行政区域之中，地名的产生途径理应是由社会约定俗成，"丰"只能是对"台"的形容而不会是两者并列。人们命名一个地方，只需抓住它的一个特点就够了，根本无需为照顾多种因素而耗费如此曲折的联想。

钱泳记载的"丰台"得名之源仍然离不开金代的拜郊台，却又说"当时有丰宜门、远风台诸名，故曰丰台也"，颇有从这两个名称中各取一字的意味。钱泳将朱彝尊推测的"丰宜门"加"拜郊台"之说改换为"丰宜门"加"远风台"，但他把元代才有的"远风台"误为金代已有之物，这样一来，其立论显然也就站不住脚了。

相对而言，被《日下旧闻考》认为似乎有牵强附会之嫌的朱昆田"远风台"之说，可能是对"丰台"语源最合理的解释。关于这座"远风台"，元初名臣王恽作于至元十五年（1278）四月的《远风台记》（《秋涧集》卷三十七），叙述了它的来龙去脉。远风台的主人是元朝初期的官员韩通甫、韩君美兄弟，王恽首先介绍"远风台"在"丰宜门外西南行四五里，有乡曰宜迁"以及站在台上"千里一瞬，略无限隔"的辽阔视野，继而由宾客感叹和风"涤烦臆，抒滞思，而其来之之远也"，赞扬韩氏的家风与品德，阐发此台以"远风"为名的多重含义，这里略引几句：

> 子知风之来邈，未究夫台之得斯名于士大夫间也。韩氏自鄎城府君以来，孙谋底法、以燕翼子者，义则昭昭矣。通甫君美，遵诲承志，光大先业，欢然若父蓄之敷播，晔然如

棣华之相辉。溯流寻源,其遗风所从来远矣。故贤士大夫莫不重其好贤乐善,登兹台而愿与之游。由是而观,慈祥岂弟之风,又贤于人远甚。况兹墅也,出而入仕,跬步于庙朝之上;退而隐处,偃薄于山林之下。将行义达道,存志俟时,无不安适。其清风穆如、流芳于后人者,又有远而不可极之致。不然,天壤间林泉佳处,第欲畅幽情而涤烦虑,何所往而不可?

这段话的大意是:您只知久远的时代就有这样的风,却没有探究士大夫以"远风"称呼这座台的原因。韩氏家族自其先人由鄚城兴起以来,一切行为都善于为后代子孙深谋远虑,处处要求达到为人处世的崇高标准,他们的仁义之心已经彰显明白了。通甫、君美兄弟,遵循前辈的教诲,秉承先人的遗志,把祖先的事业发扬光大,彼此欢愉就像在父亲开垦的土地上播撒种子,兄弟友爱如同棣树之花交相辉映。追寻这些行为的源流,祖上流传下来的家风由来已久了。因此,贤明的士大夫无不推崇他们尊敬贤才、乐于为善,都愿意登上这座台与他们交往。从这一点来看,他们和蔼安善、和乐平易的风范,又比常人强得太多了。况且,在这座别墅里,如果出世去做官,只要挪动半步就到了朝堂之上;如果不做官而在这里隐居,则能够在靠近山林的地方安卧。如果要传布仁义、通晓大道,保全志趣、等待天时,在这里也无一不安闲自在。他们像清风一样温和的态度在后世留下美名,其中就包含着常人觉得目标高远而不可能达到的境界。假若不是这样的话,天地之间到处都有美好的山林泉水,如果打算抒发郁结隐秘的感情、洗掉心中的烦恼和忧虑,除此之外到哪里去不可以呢?

王恽的文章表明,远风台在金中都时代的丰宜门西南四五里,大约相当于今玉泉营以西、郑王坟到于家胡同一带。元初这里已是一批志趣相投的士大夫在大都城外游乐聚会的重要场所,他们的活动造成了"地以人传"的效果,使这里成为远近闻名的观景胜地与突出的地理标志,从而为后来在附近形成的村落提供了命名的参照物,奠定了地名产生的历史地理基础。按照王恽解释，语词清新隽永的"远风台"一名，包含着来自远方和远古的"和风"、源远流长的"家风"、境界高远的处世"风范"，既受到士大夫阶层的推崇，也在普通民众之间流布。这个名称首先在口语传播中逐渐从简省略了形容词"远"，由"远风台"变成了"风台"。清末缪荃孙从《永乐大典》辑录的《顺天府志》卷十引《析津志》说："韩御史，先世禹城人，因乱及此，城南风台为之别墅，诸老有诗。"这样，至少在元朝末年，"远风台"已经在一定场合下简化为"风台"，为日后命名"丰台"提供了直接的依据。

元末明初，主要存在于口语中的"风台"，在被人们用文字记录下来之时，已经迅速地同音异写为"丰台"。这个名称有期盼丰盈、丰收的意思，比"风台"更符合公众对嘉名的喜好。明代罗玘《锦衣卫千户安君墓志铭》(《圭峰集》卷十四)说：安顺在弘治九年(1496)"正月十八日葬大兴县东湖社丰台村"。钦天监正李华(字季芳，1422—1501)墓志，称其"附(按：应为'祔')葬东湖社丰台村祖茔之次"。嘉靖三十九年(1560)成书的张爵《京师五城坊巷衚衕集》所载南城之外的村落，有"柳巷村、御匠局、管头村、丰台、鸡鹅房"等。这些都证明，至少在明代，已经出现了以"丰台"为名的村落。

至此，我们可以得到这样的认识：元朝至元十五年(1278)之前，韩氏兄弟修建了远风台，由于王恽等人的褒扬而声名远播，成为一个地方的显著标志，进而可以充当命名附近某些地域时的参照物。《析津志》显示，在元朝末年，远风台已经在一定场合被省称为"风台"并载入文献，从而为后来的"丰台"提供了直接的词源。"丰台"的起源经历了"远风台→风台→丰台"的演变过程，明代初期已经出现了以"丰台"为名的村落，其地点应在今天的花乡北部葛家村周围，命名的依据则是它东边已经可以省称为"风台"的远风台；当人们用文字记录"风台"时，往往选择更符合嘉名要求的同音词"丰台"来替代它。明朝后期"丰台"之名开始从单一的村落名称向指代范围更广的区片名称转变。明末以及清代的多种文献关于"丰台"定位的描述出入较大,恰好表明它正在经历着这样的转变过程,但"丰台"的中心区域仍然没有离开传统的花卉种植区。在清末兴修铁路热潮的推动下,长期作为区片名称的"丰台"成为新崛起的城镇、车站的专有名称,其后又成为"丰台区"的命名基础,而"丰台"一名所指的中心区域至此也完成了由东向西的渐进过程,足以成为认识丰台区历史发展与地名变迁的典型例证。

第二节　因势而变

地名是一定社会条件下的产物，必然要受到政治、经济、文化等方面的影响。当这些因素发生变化后，往往随之发生以地名语词为主要标志的新的命名过程，政治方面的作用尤其显著。1911年的辛亥革命带来中华民国的成立，经过南北政治力量的激烈角逐，北洋政府次年定都北京。1928年北伐成功后，国民政府迁都南京，故都北京变为行政院直辖的北平特别市或由河北省管辖的北平市的治所。1937—1945年北平沦陷期间，日伪政权称之为北京，中华民国政府理所当然地不予承认。民国时期北京（北平）街巷的布局和名称基本延续了旧有传统，却也随着政治格局的变幻、城市建设的发展、思想文化的潮流而有所增减更替，清末以来对地名用字的谐音雅化势头至此表现得更为强劲，这些都成了相应时期社会生活的写照与历史变迁的记录。

一、时代变迁推动地名除旧布新

地名语词有时会成为时代政治的风向标，执政者的政治宗旨大多希望借助某些具有象征意义的地名体现出来。因此，一方面要为新的建筑或街巷命名，另一方面则是改变已有地名的某些用字，以消除他们认为不合时宜的思想观念或政治色彩，实现地名的除旧布新。

1. 增辟城门派生街巷新名

城门是最具标志意义的城市建筑之一，也是不少重要街巷命名的依据。明清北京奠定了"里九外七皇城四"的城门格局，到民国时期依然沿用旧称。在此之外，其他城门的名称变更与新城门的开辟，直接影响到相关街巷的命名，突出显示了政治因素对命名过程的制约作用。

明代北京真正意义上的"国门"，是T形的承天门（天安门）广场南端、以国家名称为名的大明门,到清代改称大清门,进入中华民国后改作中华门,位置大约在今天的毛主席纪念堂一带。从中华门到天安门之间的纵向石板大道,两侧曾经分布着以五府六部为代表的国家衙署,堪称最具政治意义的街巷。1928年8月,北平市工务局呈文:

> 惟自天安门至中华门一段,又东西长安门之一段,及长安门外之东西两段,迄无一定之名称,殊多不便。今拟将中间南北方向之正道,即自天安门至中华门之一段,定名为天安道;又长安门间东西方向之一段,定名为中山街;自东长安门直至东单牌楼,统名为东长安街;自西长安门直至西单牌楼,统名为西长安街。(《北平市政府关于改定天安门一带名称案的指令》)

市政府最终将上述四段依次定名为中华道、中山路、东长安街、西长安街。随着1949年以后对天安门广场的大规模改造,中华门以及由此得名的"中华道"不复存在,天安门前的"中山路"也变为东西长安街相互衔接的段落。

新华门一带原是与西长安街平行的皇城南城墙,1913年临时国会决定以中南海为总统府,于是在此"开墙打洞",将墙北数米之远、始于清乾隆年间的宝月楼改建为中南海的正门,两侧新砌八字墙与皇城相接,称为"新华门",具有显示中华民国新兴气象之意。稍后,计划在北京内城南墙的宣武门与正阳门之间开凿新城门。因其大致对应着中南海的新华门,最初设计的名称也叫作新华门,由此通达南北的街道拟称南新华街与北新华街。但是,新城门的开凿几经波折,名称也多次变动,最终定为"和平门"。陈宗蕃所撰《燕都丛考》,对此做出了比较准确的叙述。

陈宗蕃(1879—1954)家住北京地安门内米粮库胡同,初版于1930年,再版于1935年的《燕都丛考》上编,是当时之人记其亲历的当地之事,但某些细节仍然不免略有出入。《燕都丛考》指出:

"民国十五年,于正阳门宣武门之间,复辟一门曰和平门。未几,改为兴华门。十七年,仍复和平之名。"在随后的注释中,陈宗蕃历数和平门的来龙去脉:

>正阳门与宣武门之间,辟一门曰和平门。民国二、三年间,当事者即献斯议于袁项城,以为苟辟此门,北则与总统府新华门相值,南则直达香厂,可以谋市廛之繁盛,宜名曰新华,项城题之。兴工有日,而前门外诸富商,惧斯门果辟,则行人出于他途,市廛必且南徙,乃浼有力者以风水之说进,谓斯门苟辟,将不利于国家,且亦不利于总统。项城惑之,乃寝其议。于是南新华街、北新华街之名虽定,而城垣内外,相距七八里,不能相联。民国十五年,合肥段公执政,鹿君钟麟主内外城警备政,乃毅然举工,未数日而毕。车途毕达,往来称便,乃名之曰和平。次年,张作霖入都,改名曰兴华。又次年,南北统一,国军入燕,爰又复和平之旧名。未二年,已三易门额矣。

陈宗蕃的记载表明,在1913—1914年之间,有人向总统袁世凯提议开辟内城的新城门,通过该城门的道路向北与总统府的新华门相接,向南可以通达香厂一带的新兴商业区,以此促进沿线街市的繁荣,城门应取名为"新华门"。这个提议被袁世凯首肯,但在确定施工日期之后,引起了前门外许多富商的担忧。他们认为,一旦开辟了新华门,北京城里的许多人将不再经由前门出入,商业中心势必从传统的大栅栏一带南迁。因此,富商们请托有地位、有分量的人物,以风水之说向袁世凯进言:如果开辟了这个城门,将破坏京城的风水,对国家和总统都不利。袁世凯被这个说法迷惑,就搁置了开辟城门的提议。这样,当时虽有南新华街、北新华街之名,但二者隔着城墙不能相通。当年的《世界日报》等媒体刊登的新闻比陈宗蕃的事后追忆更加准确,鹿钟麟开凿城门应在1924年11月,根据冯玉祥的主张命名为"和平门",只是尚未立即开通。1926年4月,张作霖的奉军入京,嗣后再度开工,直到1927年1月24日举行开通典礼,并且一度称之为"兴华门"。1928年,国民政府的军队进驻后,又恢复了"和平门"之名。在前后不足两年的时间内,城门的名称已更换了三次。由此可见,准备开凿的"新华门"与"南新华街""北新华街"的命名,是1913—1914年之间的事情,它们都派生于总统府的"新华门"。政治军事形势的变动促使新城门经历了"新华门→和平门→兴华门→和平门"的过程,但最初拟定的"南新华街"与"北新华街"却一直沿用至今,在民国北京地名发展史上写下了重要的一笔。

"建国门"与"复兴门"命名于1945年11月,此前是1939年日伪在内城东西城墙上凿开的两个豁口,分别叫作"启明门"与"长安门"。前者与城门正对着太阳升起的东方相符,后者以其处在长安街延长线上得名,语词本身并无贬义。但是,它们产生于敌伪统治之下,抗战胜利后毫无疑义地必须消除其痕迹。与时代背景相适应,二者分别改称"建国门"与"复兴门",寄托着对战后国家重建、民族复兴的美好愿望。在两座城门内外,随之出现了以建国门内大街、建国门外大街、复兴门内大街、复兴门外大街为名的城市主干路。

2. 政治因素导致街巷更名

1928年北伐成功结束了北洋政府的统治,国民政府迁都南京。新政权对故都地名的改造,根本宗旨在于尽力消除长期浸染的帝制痕迹,同时借助地名语词表达某些新的政治观念。除了北京一律改作北平之外,街巷名称也因此受到广泛影响。

《顺天时报》1928年7月13日(第8694号第7版)以《清查各街巷名称》为题报道,根据市党部指导委员会的要求,"公安局令各署清查各街巷名称,凡带有帝制色彩者,一律汇总呈报更改",其中写道:

> 北平市地方,多有含蓄帝制作用者,如王府大街、内官

监、司礼监、学院、按院等巷，以及大高殿、帝王庙、宗人府等，亟应从新更改地名。至于帝王时代之各种仪典，亦一律不准再用，以期根本铲除帝制之风云云。……即日清查界内街巷，倘有关于帝王字样之巷名，一并查清汇总具报，以便呈局更改，并可将各巷口之木牌坊刷新，以壮观瞻云云。各区署接得此令后，即时召集路段人手清查云。

政治因素推动下的改名势头相当强劲，同年11月1日《顺天时报》（第8803号第7版）以《改正街巷名称》为题继续报道，"含有封建思想者一律打倒，限令各区署调查呈候核办"：

公安局长赵以宽，因查北平市内，各街巷名称，多系含有封建意思者。除已改称外，尚有王府仓、石驸马大街、麻状元胡同、武王侯胡同、二龙坑、郑王府夹道等等，不胜枚举。更有名称古怪恶劣者，亦属复杂众多，亟应更改，俾令其名称适宜，以期除旧革新，实行打倒封建之思想。故于昨日训令各区署长，速将所属境内各街巷名称，何者应行改革，所改何项名称，著即填注名称理由，详细列表送局，以凭参考，并限于五日内呈覆，以期更换云。

在这样的思想指导下，更名者不仅是与帝王或明清机构有关的"含有封建意思者"，带有民族宗教色彩的一些街巷名称也通过谐音转换更改原来的用字。德胜门内大街东侧，明代发祥坊的张皇亲街，改称尚勤胡同。景山后街以北，在明代内官监所在地，清光绪年间有内官监胡同，改称恭俭胡同。复兴门东北，明代金城坊的都城隍庙，清代称城隍庙街，改称成方街。西单北大街东侧，明代安富坊的灵济宫，清代称为临清宫或灵清宫，改称灵境胡同。灵境胡同南侧，清代的新监胡同，改称新建胡同。民国年间这些街巷名称的谐音更改，都是为了去掉旧痕迹，展现新观念。经过这样的用字变换之后，尽管丢失了一些历史信息，却也多少增强了地名语词的积极意义。

表达政治观念的地名语词最容易由于执政者的更迭而被替换，与上述诸例近似的街巷更名在民国年间还有不少。平心而论，这类似乎看起来是在适应时事、实则按执政者意愿更改的地名，既割断了以地名为纽带的区域历史文脉，更因为政治风云的不断变幻而造成新的名实相悖，甚至由于某些人或事的缘故而成为被嘲讽的对象。《顺天时报》1923年4月30日（第6880号第3版）以《象房桥改名国会街》为题报道：

> 宣武门内象房桥，系因前清时在该处豢养御象得名。现在该处国会设立于此，若再沿用旧名，殊属有玷国会尊严。兹为尊重国会起见，特将该巷改为国会街，以资名实相符。故于昨日通令警察厅，转饬该管区署，将该巷旧牌额摘下，另换新牌额云。

但是，就在此文刊出的第二天（5月1日），《顺天时报》（第6881号第7版）接着登载了与之针锋相对的另一则短文《改正街名须名副其实》：

> 象坊桥今易名为国会街，揆以名实之义，不如痛痛快快、直截了当称为猪仔街，或猪坊桥较为妥当。何则？过其处，触于鼻者只有弗弗而来之臭气，闻其声只有豕突之声，听其日日所讲行情，如在猪市。试一往昔之象坊内观之，久不见象，蠢蠢而动，数百之众，十之八九，殆皆猪也。故与其称为国会街，无宁称为猪坊桥较为适切也！

象房桥在明代位于宣武门内象房南侧，清末用以指称内城墙以北、资政院（在象房旧址）以南的胡同。民国年间资政院改为众议院即国会，其西侧的参议院原是清末的法律学堂，象房桥（房或写作坊）就成了两院的代名词。从历史文化角度看，国会所在地称作"象房桥"并无不妥，也谈不到所谓"有玷国会尊严"问题。恰恰是"国会街"的议员们，有不少在街巷改名数月之后变成了被"贿选总统"收买的"猪仔议员"，这篇短文似乎颇有预见性地对当时的政治环境做了绝妙的讽刺。

二、新型市政促使命名新街旧巷

清末民初既是政治史上风起云涌的年代，也是北京从传统帝都走向近代化城市的探索阶段。1914年6月设置的京都市政公所展现了新型市政机构的雏形，创建时由内务总长朱启钤兼任督办，职员也由内务部官员兼任，负责城市规划、工程建设等管理事宜。为改善北京交通，朱启钤倡导实施了改建正阳门，打通东西长安街、南北长街、南北池子，修筑环城铁路等一系列工程，继任者又逐渐将市政管理推行到郊区。建设成绩最容易表现为新道路、新街巷的产生，随之而来的就是对它们的命名。

《顺天时报》1916年11月2日（第4631号第7版）以《规定新街名称》为题报道：

> 市政公所因正阳门迤西开辟之新路，并由北长街路段延长通达南府口之马路，现已观成，自应确定名称，共同遵用。兹经谢静虚督办，将西安门内由北长街南头起点，经过南池子直达南府口新筑之马路，定名为南长街；次由西长安街新财政部署起点，南至化石桥城根新开之马路，定名为北新华街；外城由西河沿中间直对城内化石桥起点，南至虎坊桥新开之马路，定名为南新华街；迤南由虎坊桥经过东砖胡同，至先农坛北门新辟之马路，定名为虎坊路云。

将这则报道与和平门的开辟过程相对照可知，1913—1914年初步拟定的南新华街与北新华街之名，到1916年被正式颁布为官方名称，它们所指代的两段马路也已基本建成。此后又过了10年之久，直至1926年凿开"和平门"，新华街才实现了南北贯通。适应城市建设的需要，在某些街巷刚刚开始改造时，管理者就提前进行了名称设计。《顺天时报》1917年1月21日（第4706号第7版）又以《规定新街名称》为题报道："西长安牌楼迤北新开路及国务院一带地方，开辟新街，筑修马路，刻已开工兴修。故经市政公所，以该处新街宜应规定名称，以利交通，闻张志潭督办现将该街已命名为府右街矣。"张志潭时为内务部次长，兼任京都市政公所督办。北洋时期以中南海为总统府，府右街因处在总统府之右（面南背北，西侧即其右）得名。

北京南城的香厂一带，是朱启钤兼任京都市政公所督办时选定的近代化市政建设试验区。这里地势低洼，住户稀少，瞿兑之发表于《天地》1944年第6期的《记城南》称，"多半是皮子作房，名为香厂，其实是恶臭逼人"。空地很多的区域便于规划，又可以减少地价与拆迁成本。1919年编辑的《京都市政汇览》回顾说：

> 京师市面当元、二年间日见衰敝，公所因之益觉模范市区难置缓图。当查香厂地面虽偏处西南，而自前朝之季已为新正游观之区，一时士女骈集，较之厂甸或且过之，是可验位置之适宜，人心之趋向。遂于民国三年悉心计画，着手进行。计南抵先农坛，北至虎坊桥大街，西达虎坊路，东尽留学路，区为十四路，经纬纵横，各建马路，络绎兴修，以利交通。其区内旧有街道尚未整理者，则分年赓续行之。路旁基地，编列号次，招商租领。凡有建筑，规定年限，限制程式，以示美观。

《京都市政汇览》里的《开辟香厂市场》一节显示，在市政公所统筹下，规划区域按照相关规则招商建设，新辟了万明路、香厂路、保吉路、华严路、仁民路、永安路、阡儿路、虎坊路、大川路、板章路、华仁路、香仁路、仁寿路、留学路等街市，宗旨在于"力求完备,垂示模型,俾市民观感,仿是程式,渐次推行。不数年间,得使首都气象有整齐划一之观,市闾规模具振刷日新之象"。以仁民医院、东方饭店、新世界商场为代表,香厂新市区一时成为城市近代化的样板。区内的街巷有些沿用旧名,更多的则采用新名。《顺天时报》1918年1月28日(第5063号第3版)以《规定香厂地名》为题报道:"市政公所因香厂地方开辟新市场后,所有该处各街巷旧名称,或不适用,或须另定新名,亟应规定,以垂久远。兹已将该处一带街巷名称,核照习惯,通盘修改完毕。故于昨日已将此项新街市图式发交警察厅,赶为制造标识,以示交通区别云。"尽管1928年迁都南京以后陷入萧条状态,但香厂地区在北京城市近代化探索中开风气之先,其街巷规划、命名与管理同样具有引领示范作用。

给某些无名街巷命名,尽量减少街巷在一定范围内的重名,是近代城市发展的客观要求,民国时期的北京(北平)市政管理机构做了有效的尝试。《顺天时报》1921年9月8日(第6317号第7版)以《改定小巷名称》为题报道:

> 外城左一区警察署因查前门外大街路东,由正阳牌楼至鲜鱼口通进肉市,共有小巷四处。因无户口,原未定有名称。现由北首起,顺序名之曰小头条、小二条、小三条、小四条,以资识别。

街巷同名容易导致张冠李戴,如果本地居民要求改名,管理部门通常会予以支持。《京报》1933年1月6日(第6版)以《槐里胡同:西单缴子胡同之新名》为题报道:

> 平市旧有两缴子胡同,一在德胜门大街,一在西单。名既相同,每易混淆,因之时有误递信件等事。刻西单北缴子胡同居民,为便利计,已呈准市府,将该处更名槐里胡同云。

明代北京小时雍坊的馓子王胡同，以制作食品"馓子"的王姓居民为名，清代称作馓子胡同，"馓"或写作同音的"缴"。按照居民意愿更名的槐里胡同，在1965年改称东槐里胡同，依然延续着民国以来的历史文脉。

时代与社会的变迁势必造成某些地名的语义与所指的街巷脱节，某些管理者或居住者因此希望做到"名符其实"。京都市政公所编辑的《市政通告》1917年第2期披露，2月26日京师警察厅函告：位于沙滩马神庙的北京大学此前提出，"本校地处景山之东，而巷名则谓为马神庙。遍考巷内，并无庙宇供有马神。揆诸名实，两有未合"，建议将马神庙改为景山东街。但是，尽管官方批准了"景山东街"作为法定地名，植根于民众之中的"马神庙"却具有不可抗拒的影响力。直到更名12年之后的1929年，《北大日刊》7月6日第一版虽注明地址在"北平景山东街北大学院第二院"，但为本校同仁刊登的广告却称作《马神庙暑期学校招生简章》，报名地址也是"马神庙北大二院南楼"。

《顺天时报》1923年5月17日（第6897号第7版）以《更改街巷名称》为题报道：

> 新街口嘎嘎胡同，在前清时代因驻扎禁卫军，乃更名为禁卫军街。现航空署已移至该巷办公，故此，该署长官以禁卫军街名称不甚适宜，乃于昨日特函知本管区，署拟将该巷名称改为航空署街，以资名实相符云。

该报1928年11月1日（第8803号第7版）又登载短讯《教育部街改称市党部街》：

> 市党部以党部所在之地，而沿用前教育部街之名称，甚不相宜，特函市政府，请将教育部街改称市党部街。闻市政府即将令公安局照办云。

嘎嘎胡同的语源可以追溯到明代发祥坊的噶噶胡同，以比喻街巷形状像陀螺（俗称㪿㪿，同音异写为噶噶、嘎嘎）得名。清宣统年间的禁卫军司令处与民国时期的航空署相继在此，于是两度以机构名称作为街巷的专名，但嘎嘎胡同之名仍然流行于民众中，直至1965年定名为航空胡同。教育部街的前身是明代阜财坊的铁匠胡同，清代俗称穿堂门，民国初年以教育部在此而更名。1928年改为市党部街，1949年后复称教育部街，1965年定名教育街。作为地理实体的街巷往往能够延续久远，来此驻扎的机构则可能像走马灯一样变换不停，如果过度追求名符其实而更改地名，事过境迁之后势必造成新的名实不符，还是以维持地名的相对稳定为宜。

三、谐音改字顺应社会趋雅心理

鲁迅先生1925年所作《华盖集·咬文嚼字》提到："在北京常看见各样好地名：辟才胡同，乃兹府，丞相胡同，协资庙，高义伯胡同，贵人关。但探起底细来，据说原是劈柴胡同，奶子府，绳匠胡同，蝎子庙，狗尾巴胡同，鬼门关。字面虽然改了，涵义还依旧。"追求字面意义的吉祥文雅，是地名应用中普遍存在的社会心理。如果改用一个与原名毫不相干的新名，在短期内未必能够被公众认可或识别。在这种情况下，照顾约定俗成中固定下来的原有读音，把地名语词更换为同音或谐音的其他字眼，就成为回避某些字面意义的普遍方式。由于要与旧名保持读音的相近或"疑似"，构成新名的某些语词难免有强行拼凑的感觉，字面意义自然不够顺畅，仔细追寻起来很容易看出它们的本来面目。尽管如此，这类更名仍然具有不可忽视的社会作用。

1. 见诸报端的谐音改换地名用字

在历史悠久的北京，大多数街巷名称来自日积月累的约定俗成。多种多样的民众生活是街巷命名的无尽源泉，但在命名之初也存在着对语词含义不够讲究的弊端。在清末民初，随着民众文化水平的逐步提高，尤其是部分知识分子的率先提倡，那些看起来语词含义过于鄙俗的地名被陆续更改。地名的口语称说在长期使用中早已根深蒂固，记录同一语音的汉字却可以有多种选择。除了少数另命新名之外，倡导更名者通常以同音或近音的语词替代含义欠佳的字眼，这是推动地名从粗鄙走向文雅的主要途径。

追求美名历来是大众的共同心理，这一点在清朝末年表现得更加突出，民国时期继续得到强化。光绪三十四年三月廿五日（1908年4月25日）《顺天时报》（第1854号第5版）报道："近来北京城各胡同，大半都有新立的牌楼，况且名词都一律更新，如丞相胡同、烂缦胡同、达智桥等名，看似小事，其实有绝大的关系。"这三条胡同原称绳匠胡同、烂面胡同、达子桥，它们的更名实际上是地名用字普遍谐音雅化的先声。再如，今东城区旧鼓楼大街东侧的国祥胡同，在明代是北城金台坊的锅腔胡同，到清末将"锅腔"谐音雅化为"国祥"，蕴含着祝愿国家祥和之意。"锅腔"或称"锅腔子"，是北方对安锅做饭的灶膛的称呼。如果胡同两头出口窄小而中间稍宽，其轮廓即与锅腔相似，以此命名完全符合民间约定俗成的惯例。明代崇南坊也有一条锅腔胡同，位于今崇文门外的广渠门内大街北侧。到清光绪年间分成上锅腔胡同、下锅腔胡同两段，民国年间谐音改为词义色彩大不相同的上国强胡同、中国强胡同。日本学者多田贞一完成于1944年的《北京地名志》说：

> 北京从民国以来，地名的改订大约达到三百以上，其中还有完全没有经过当地人民承认的，这一点在寻问道路的时候就是检验。例如：礼路胡同、寿比胡同、慕义胡同、福绥境等，在群众中还是按照以前的驴肉胡同、臭皮胡同、马尾胡同、苦水井等去叫。……向中国人询问改名的理由，他们的回答，是仅仅因为卑俗。这不外是北京人近来对于雅俗的感觉不同了，但无论如何这总不能说是中国人近来的一般倾向。

通过谐音雅化更改的地名语词，包括尾巴、肉、毛、皮、猪、狗、粪、血、鬼等字眼，还涉及源于鸟兽、虫鱼、人体、服饰、器物、人名等类型的语词。更改后的地名用字，含义一般都比较健康。诸如脏罚库改称永祥里，母猪胡同改为梅竹胡同，鬼门关改为贵门关等等，出发点都是替换那些导致语词含义粗俗不雅的地名用字，同时注意扫除陈旧消极的文化气息。《顺天时报》1918年2月6日（第5072号第7版）以《街巷更改名称》为题报道：

> 内右一区属境内，后水泡子以及前王爷庙、后王爷庙、小东岳庙、狗尾把胡同、下洼子等处街巷，名称粗俗不雅，于市政新街殊不符合。故经警察厅，现已将该六巷另行更定名称，以垂久远而利交通。兹将后水泡子原有之地名改为新平路，前王爷庙街改为宁安里，后王爷庙街改为北安里，小东岳庙改为崇善里，狗尾把胡同改为高义伯胡同，惟下洼子地方之新名称尚未拟定云。

事情的另一面在于，地名的谐音雅化要求尽量迁就原有读音，选用新字组合起来的语词难免有生拉硬凑之嫌。不仅由此淹没了地名的语源，新名称的字面含义也常常令人莫名其妙。这样的新地名很难在短期内被广大民众认可，又因为割断了原有的历史文化脉络而被知识分子诟病。《晨报副刊》1921年10月30日第1版刊登的止水《可怜的好文》有言：

> 北京的街名更奇妙了。《坊巷志》上所载很朴实的旧名，自从设立巡警部以来以至于现在的警察厅，被一班文气攻心的老爷东改西改，改得连车夫都不懂，问路也没人知道。如像烂面胡同改成烂熳胡同，猪尾巴胡同改成知义伯胡同……最可怜是本来有历史有事实的街名，如像奶子府改成乃兹府，蝎子庙改成协资庙……只消轻轻两个文雅字，就把历史

事实扫荡得无影无踪。古话说"文人笔端"是君子所畏；如今这不通的文人笔端，连历史也要骇怕了。好文——好题匾、好写对子的国粹大家，对于这种"文"底感想怎么样？

类似的批评在报端屡见不鲜，主导更名者甚至被直斥为不学无术。从民众约定俗成中产生的许多街巷名称难脱与生俱来的俗气，经过雅化的名称去掉了令人不快的字眼，却也同时失去了地名固有的历史文化价值。盲目冒进则难免过犹不及，任其自然则无法消除弊端。民国年间的地名更改有得有失，给后来者留下了宝贵的历史经验。

2. 刻意回避某些字眼的谐音更名

历史上民间约定俗成的地名，其命名依据往往是随手拈来，起初并不刻意考究相应的字面意义，这就难免使某些写实或比喻性质的命名显得过于俚俗化。随着社会审美意识的增强，它们往往被谐音或同音的其他语词替代，从而达到人们对地名语词含义或心理接受程度等方面的某种预期。这种更名方式古已有之，但在清末民国时期表现得尤其突出。到1965年北京整顿街巷胡同名称时，仍然延续了这样的思路，从而对当代地名的书写形式、文化色彩等产生了重要影响。

少数人有意倡导、多数人群起响应的同音或谐音更名，最根本、最普遍的原因在于回避乃至消除感觉不够文雅或不够吉利的用字。地名中的猪、狗、驴、臭、血、粪等字眼，因此在民国时期或1965年被彻底改换。清代东城的母猪胡同、崇文门外的猪营儿，分别改称北梅竹胡同、珠营胡同。清代西城的猪尾巴胡同、小猪圈、猪尾胡同，分别改为朱苇箔胡同、小珠帘胡同、东智义胡同与西智义胡同。清代西城三条街巷都叫狗尾巴胡同，民国时期改为高柏胡同、寿逾百胡同、高义伯胡同。崇文门外的打狗巷，民国时期改名打鼓巷。阜成门是从城里到西山的必经之地，旅游者通常要在阜成门外的驴市上，租用赶脚的驴代步前往。今礼士路与阜成门外大街相交处，在清代泛称驴市口，以阜成门外大街为界，分称南驴市口、北驴市口，民国年间改为南礼士路、北礼士路。经过这样一番雅化处理，略显粗鄙的"驴市"变成了文质彬彬的"礼士"，颇有几分礼贤下士的意味。这样的改名早有先例可循，在东四南大街东侧，明代思诚坊驴市胡同，清宣统年间改为礼士胡同，处理方式完全一样。

在鼓楼东大街南侧，明代昭回坊臭皮胡同，以熟皮作坊命名。谐音改为寿比胡同之后，大有祝福居民寿比南山之意。佟麟阁路东侧清代有臭水河，谐音为浸水河，后改受水河胡同。新街口北大街西侧的屎壳郎胡同，改名时刻亮胡同。天坛路北侧的粪厂，改称粉厂胡同。珠市口西大街南侧，明代有正南坊牛血胡同，改为留学路之后，语词意义迥然不同。东四西大街南侧，明代有明照坊豹房胡同，清末改名报房胡同，似乎陡增几分安全感。朝阳门南小街西侧，清光绪年间有蝎虎胡同。蝎虎即壁虎，长期被人们误解为"五毒"之一。民国时期谐音改称协和胡同，立即呈现出崭新的文化色彩。

从忌讳心理与普遍感受着眼，鬼、阎王、棺材、纸马等，更是人们刻意回避的字眼。在新街口北大街西侧，清末的油炸果胡同，亦称油炸鬼胡同，民国年间改为有果胡同。东四南大街西侧，清代的鬼门关，民国年间谐音为贵人关，1965年改为桂花胡同。崇文门外大街西侧，明代正东坊的阎王庙街，民国时期谐音改为延旺庙街，1965年再度谐音并简化为远望街，字面意义变得越来越积极健康。鼓楼东大街南侧，明代靖恭坊的何纸马胡同，清代谐音为黑芝麻胡同。东四北大街西侧，明代仁寿坊的汪纸马胡同，清代谐音为汪芝麻胡同。在宣武门外，明代宣南坊的棺材尚家胡同，清代改称官菜园上街。今佟麟阁路西侧，明代阜财坊王恭厂（铸锅厂）所在地，清代有棺材胡同，民国年间谐音改为光彩胡同。安定门内大街以西，明代灵椿坊的千佛寺胡同，清代称灵官庙胡同。建国门内大街北侧，明代明时坊的斧钺司营，清代称为福建司营胡同。二者于1965年取谐音并稍加简化，分别改称灵光胡同、富建胡同，也有去掉旧时痕迹之意。在这类谐音更名中，民众的心理好恶具有决定性的作用。

3．旨在增强文雅色彩的谐音更名

有些地名用字的谐音或近音更改，基本上服从于从众从俗的自然演变。在朝阳门内大街南侧，明代思诚坊铸锅巷，清乾隆年间谐音为竹杆巷胡同，1965年简化为竹杆胡同。民族文化宫西侧，明代金城坊砂锅刘胡同，与铸锅巷一样以居民职业为名，清代分成东西两巷并谐音更名，称为大砂锅琉璃胡同、小砂锅琉璃胡同，民国年间继续谐音简化为大沙果胡同、小沙果胡同。这一类的谐音转换，并未表现出特别的用意。但是，绝大部分的谐音改字着眼于变俗为雅，减少地名语词的粗鄙色彩，这是社会普遍重视地名及其文化象征意义的反映。

明代北京内城的东半部，相当于今东城区崇文门以北地区。明时坊的姚铸锅胡同，民国时期改称尧治国胡同，1965年简化为治国胡同，字面上从通俗走向了文雅。澄清坊的干鱼胡同，清末改为甘雨胡同，有吉祥顺遂、生机勃勃之兆。南薰坊的烧酒胡同，以光禄寺烧酒作坊得名，清宣统年间谐音为韶九胡同。南居贤坊的裤子胡同，民国改作库司胡同。清代的大、小哑巴胡同，清末谐音为大、小雅宝胡同。始于清代、在民国年间更名的街巷还有：小豆腐巷改为多福巷；大觉胡同谐音改称达教胡同；闷葫芦罐谐音改为蒙福禄馆，1965年再改福禄巷；黄土坑改作黄图岗、方家园换作芳嘉园，1965年均加通名"胡同"。

在崇文门外地区，明代崇南坊力士营，以设有壮力士营所得名，清代改称利市营，具有期盼买卖发达的意味，乾隆年间分为东利市营、西利市营，1965年增加通名"胡同"。崇南坊锅腔胡同，清代分为上锅腔胡同、下锅腔胡同，民国改为国强胡同、中国强胡同，1965年又把国强胡同改为上国强胡同，语音基本未变，含义已大不同。正东坊墙缝胡同，清代谐音为翔凤胡同，民国分为南翔凤胡同、北翔凤胡同。正东坊豆腐巷，1965年定名得丰西巷。清代的高井胡同、弥勒庵，1965年谐音改称好景胡同、民乐巷。清代的南缺子胡同，语词含义颇不吉利。民国以谐音改为南缺孜，但又变得令人莫名其妙。1965

年定名群智巷,"群智"的语音与"缺孜"多少保持关联,语义则变得健康起来。

明代北京内城的西半部,相当于今西城区宣武门以北地区。朝天宫西坊井儿胡同,清代称苦水井,民国年间取谐音改为福绥境,具有祝愿此地幸福安好的寓意。河漕西坊观音寺胡同,民国更名为东冠英胡同、国英胡同。咸宜坊大石佛寺,清代因为胡同南侧的大木厂堆积劈柴,改称劈柴胡同。正所谓无巧不成书,1905年5月,从日本留学归来的臧守义,字佑宸,在劈柴胡同开办西城私立第一两等小学堂,即包括初小与高小的新式学校,取其谐音改称辟才胡同。他在校歌里写道:"辟才,辟才,辟才胡同中。苍苍,菁菁,槐柳兼柏松。是何处?私立第一两等。开辟人才,开辟人才,胡同著其名。"谐音更改的胡同名称,表达了兴办学校、培育人才的志向,因此逐渐被社会接受。始于清代的胡同,民国年间谐音或近音更名的有:彭家楼胡同改为棚匠刘胡同,其后又改朋奖胡同,距离最初的命名背景越来越远;墙缝胡同分解为大翔凤胡同、小翔凤胡同;牛犄角胡同改称留题迹胡同;裤子胡同谐音为古直胡同;牛蹄胡同改称留题胡同;擀面杖胡同改为廉让胡同;烧饼胡同谐音为寿屏胡同。

在宣南地区,明代正西坊干井儿胡同,清代改"干"为"甘",称作甘井胡同,地名语词体现出来的感情色彩焕然一新。清代长椿街东侧的四眼井胡同,以覆盖井口的石板有四个井眼得名,1965年取谐音改名思源胡同,字面上饮水思源的意味与原名"四眼井"仍然具有内在关联,是难得一见的巧合。大众喜闻乐见含义健康、文辞雅致的地名,这是任何时代都具有的共同社会心理。

第三节　留住记忆

地名是一座城市、一个聚落、一条街巷、一片区域、一道山川……的文化记忆，随着不同时代的地名层层叠加，这样的记忆不断丰富，这样的文化日趋厚重。前人创造的许多地名至今仍在使用，还有不少虽已不再使用却被载入史册，它们都是宝贵的非物质文化遗产，并且为当代新地名的产生提供了肥沃的文化土壤。留住这样的记忆，就是在维护一条条历史悠久、清晰可见的文脉。延续这样的记忆，有赖于历代文献的记载、古今学者的研究。当代不仅要创造展现时代特点的新地名，而且要注意保护那些使用年代久远的老地名，在地名规划中适当复活那些尽管沉寂已久却颇具文采和地域风格的历史地名。作为全国文化中心的北京，尤其应当如此。

一、正史汇聚历朝地名的基本状况

《汉书》以下多部正史记载了所述朝代政区设置的一般状况，兼及重要的山水关梁等地物名称。除了叙述简要的沿革过程之外，对于地名语音、含义、命名背景的解释往往有限，这些内容更多地出现在解释语词音、形、义的史书训诂之中。

《汉书·地理志》记载的上谷郡、渔阳郡、广阳国下属各县，有许多在今北京地区，平谷、昌平、居庸、军都、渔阳、路县（东汉潞县）等，或者是当代同名政区的源头，或者在历史上产生过重要影响。唐代颜师古注释《汉书》，西汉渔阳郡厗奚县（治今北京密云古北口内潮河西岸）注："孟康曰：厗音题，字或作蹄。"解释了比较少见的"厗"字的读音及其在地名中的同音异写。他还说明了与地名相关的某些历史背景，如"蓟，南通齐赵，勃碣之间一都会也"一句之下有："师古曰：蓟县，燕之所都也。勃，勃海也。碣，碣石也。"这样的内容在其他正史中还有许多。北京成为陪都以至全国首都之后，正史对政区沿革的记载越积越长。尽管修史者在抄录前代资料时不免漏落或错误，却依然不失为追溯地名源头的主要依据。

《辽史·地理志四》，叙述南京析津府所属地域有史以来的政区设置过程，再记辽南京的城门、关口、山川，逐一说明所辖六州十一县的沿革、治所、户口，其中的析津、宛平、昌平、良乡、潞县、玉河、漷阴、顺州、怀柔、檀州、密云、行唐等州县，都在今北京市境内。关于析津县、漷阴县命名原因的解释，前者涉及古代天文学的观念，后者提供了汉代村镇在辽代发展为县城的重要史料，其地在今北京通州区通州镇以南约15公里的大小北关、前后南关一带。再如，檀州行唐县，"本定州行唐县。太祖掠定州，破行唐，尽驱其民，北至檀州，择旷土居之，凡置十寨，仍名行唐县。隶彰愍宫。户三千"。这里记载了一个异地同名的典型事例，也显示了辽代早期多次通过掳掠关内人口以增加劳动力的特点。

《金史·地理志上》，简要记载中都路及其所辖府州县的沿革过程、中都城门的名称。例如："中都路，辽会同元年为南京，开泰元年号燕京。海陵贞元元年定都，以燕乃列国之名，不当为京师号，遂改为中都。府一，领节镇三，刺郡九，县四十九。"金朝海陵王迁都燕京并改称中都，是北京城市发展史上的重大事件，由此完成了从辽代的陪都（南京）向金代北半个中国的都城（中都）的转变，为元明清时期成为统一国家的首都（从元大都到明代以后的北京）拉开了历史大幕，更名的过程也反映了北京城市地位与性质的变化。

《元史·地理志一》，简述大都路及其所辖州县的沿革过程，也有一些涉及政区变化与名称更迭的内容。比如："龙庆州，唐为妫川县。金为缙山县。元至元三年，省入怀来县，五年复置，本属上都路宣德府奉圣州。二十二年，仁宗生于此。延祐三年，割缙山、怀来隶大都，升缙山为龙庆州。"其间既有政区的反复变更，也交代了改名"龙庆"是因为元仁宗出生于此地的历史背景，这里即今北京延庆。

《明史·地理志一》，京师顺天府部分记载今北京地区为主的政区设置、北京城门名称等，叙述州县的沿革过程极为简要，对境内山川、关口等方面的记载却比较详细。民国时期纂修的《清史稿·地理志》顺天府部分，大体记载了清代在上述方面的新变化。历代正史地理志逐渐积累，成为寻找古今政区以及相关地名变迁轨迹的重要线索。其间不免在辗转抄录中出现遗漏甚至错误，这就需要借助于多种文献的相互对照加以考核弥补。

二、地方史志成为地名释义的渊薮

记载某一区域情况的地方史或地方志著作，都有对地名来龙去脉的追索和考辨。介绍山川形胜、城市街巷、乡村聚落、名胜古迹，往往包括地名由来及语词含义。两宋先后与辽（契丹）、金并峙，经行北方异域的使者记载了辽南京、金中都一带的见闻，到南宋时期出现了叶隆礼《契丹国志》与宇文懋昭《大金国志》等综合性的地方史志类著作。尽管二者可能出自后世伪托，但《契丹国志》大量抄录了司马光《资治通鉴》、李焘《续资治通鉴长编》、薛居正《旧五代史》、欧阳修《新五代史》以及徐梦莘《三朝北盟会编》、洪皓《松漠纪闻》等文献，其中有些关于政区设置、城市历史、交通状况的简单描述；《大金国志》描述金中都的建筑格局与城门名称，它们都不失为考订辽金时期历史地名的重要线索。

元、明、清三代出现了官修的大一统志，《大元一统志》仅存数十卷残本，其中的大都路部分与《大明一统志》的京师顺天府部分，有涉及今北京地区的简要记载。清代康熙、乾隆、嘉庆年间三次纂修《大清一统志》，晚出的《嘉庆重修一统志》，记载北京地区的内容已经比较丰富。关于建置沿革的部分有助于清理政区名称演变过程，山川、古迹、苑囿、堤堰、津梁、关隘等部分，显示了地名及其所指地域的基本状况，一些比较著名的建筑成为后来为它们所在的地域命名的历史文化基础。志书往往不免辗转抄录而不加辨析，在《嘉庆重修一统志》关于蓟丘的引文中，明代蒋一葵《长安客话》把蓟门、蓟丘合二为一且定位于德胜门外土城关，清乾隆帝御碑"蓟门烟树"立在元大都西北角城墙遗址之上，进一步加剧了人们对蓟城认识的混乱。

详细记载北京地区地名的方志类文献，是府志、州志、县志。元代熊梦祥撰《析津志》，是迄今所见北京地区最早的地方志，现以北京图书馆善本组辑录的《析津志辑佚》比较常见，遗憾的是这个本子的校勘错漏以及标点谬误举不胜举。尽管辑佚本只是原作的一部分，但其中关于坊巷、市肆、城门、寺观、祠庙、河闸、桥梁、古迹等方面的记载，因其时代较早与相对稀见，对于研究北京地名的发展变迁仍然具有重要参考价值。

明代修志之风甚盛，洪武年间就有《北平图经》以及府州县的"志"或"图志"，唯其已经散佚，仅在后人征引中见其一鳞半爪。清光绪十二年（1886）缪荃孙自《永乐大典》抄出的《顺天府志》辑本，从史料出处着眼，应视为现存最早的明代地方志。流传至今的有万历《顺天府志》以及《房山县志》《怀柔县志》《永宁县志》，嘉靖《通州志略》《隆庆志》，隆庆《昌平州志》，还有嘉靖至万历年间专记北京关塞的《两镇三关通志》《三关志》《西关志》《四镇三关志》《三关图说》《居庸关志》等。万历年间曹学佺《大明一统名胜志》卷一，先述顺天府各州县建置沿革与得名缘由，再讲境内各类名胜时大体也往往从命名依据说起。万历年间蒋一葵《长安客话》、沈榜《宛署杂记》，崇祯年间刘侗、于奕正《帝京景物略》，不少内容与地方志相似，其中也有地名语源的解释或显示命名由来的地理描述。州县志关于境内村落分布的详细记载，是追溯北京地区乡村聚落发展及其名称演变过程的重要线索。

清代是我国纂修地方志的鼎盛时期，根据《中国地方志联合目录》统计，流传至今的北京地区清代方志有33种，除了康熙、光绪两朝的《顺天府志》之外，宛平、昌平、延庆、怀柔、密云、顺义、平谷、通州、潞阴、大兴、房山、良乡等州县，至少有一部清代纂修的方志。延庆多达五部，通州、房山也各有四部。这些方志尤其是州县志，提供了地名语源和演变研究的基本史料。除此之外，清代还有许多不以方志为名但体裁与方志非常接近的著作。它们汇聚各类文献、考证地理沿革、描述地域现状，有助于认识地名的写法、定位和变迁，三部卷帙浩繁的著作尤其具有典型意义。顾祖禹《读史方舆纪要》一百三十卷，参阅极为丰富的史料，系统梳理全国政区沿革，说明各地山川险要、古城址、山岭、河流、湖泊、关口、卫所、津梁、聚落等，尤其是尽可能旁征博引以往发生的历史事件，对与军事相关的史实言之唯恐不周，似有为反清复明提供参考的意味。涉及今北京市辖境的部分，集中在直隶顺天府与延庆府两卷。其间偶尔受到同名异地现象的干扰，把个别历史事件附系于错误的地点，但毕竟瑕不掩瑜。《古今图书集成》是康熙至雍正间编纂的大型类书，全书一万卷，分为六汇编、三十二典、六千一百零九部，其中，"方舆汇编"分为坤舆、职方、山川、边裔四典，职方典与山川典的"顺天府部"，征引地方志、诗文集、类书、地理书等大量文献，汇聚了关于北京及周边地区的历史地理和地名资料，其中包括某些散佚文献的部分内容。《日下旧闻考》汇聚了关于北京历史、地理、城坊、宫殿、官署、苑囿、名胜等方面的材料，为考证地名由来和演变过程提供了重要线索。康熙二十五年（1686）前后，朱彝尊从一千六百多种古籍里选录了关于北京的内容，编为《日下旧闻》四十二卷。乾隆三十九年（1774）开始，增补为《日下旧闻考》一百六十卷，范围涵盖北京城区、郊区与顺天府各州县、遵化直隶州。借助于《日下旧闻考》的征引，我们可以看到某些散佚的地名文献的一鳞半爪，它也因此成了钩稽北京及周边地区地名史料的渊薮之一。稍后，乾隆年间的吴长元根据《日下旧闻》和《日下旧闻考》，删补为《宸垣识略》十六卷。

以顾炎武《昌平山水记》《京东考古录》为代表的地方史著作，将野外考察见闻与史志资料相结合，是清代涉及北京地名研究的另一类文献。《昌平山水记》从德胜门写起，逐一记录了明十三陵的修建始末与清初的状况，对昌平州及其所辖顺义、密云、怀柔三县的山水、关口、堡塞等做了细致入微的考察，也涉及若干地名的由来。比如："天寿山在州北一十八里。永乐五年七月乙卯，皇后徐氏崩，上命礼部尚书赵羾以明地理者廖均卿等往，择地得吉于昌平县东黄土山。及车驾临视，封其山为天寿山，以七年五月己卯作长陵。"从黄土山到天寿山的更名过程，与《明实录》的记载完全对应。《京东考古录》考证了北京到山海关一带的历史地名与历史地理，其中《考蓟》《考金陵》《辨〈一统志〉密云之误》《考卢师山》《考契丹所得十六州》等，探讨了北京地名定位和语源问题。

民国时期编纂的十余部北京地方志，继承了明清以来的传统，增加了反映时代特点的内容。关于乡村聚落的记载和命名缘由的追溯，尤其值得注意。

三、文集笔记不乏地名源流的考证

文集、笔记中的某些篇章，或对北京地名源流做出直接的探讨，或说明相关史实有助于读者做出判断。虽然它们通常只在整部作品中占有很小的比例，却依然值得认真阅读和发现。这类文献不胜枚举，仅以两例稍加说明。

清代学者钱大昕《潜研堂文集》，有《记琉璃厂李公墓志》一文。乾隆三十五年（1770）三月，北京琉璃厂的窑工掘土时偶然发现了一座古墓，清理出刻石《辽故银青崇禄大夫、检校司空、行太子左卫率府率兼御史大夫、上柱国陇西李公墓志铭》。墓主李内贞，字吉美，他和他的子孙都是契丹的官宦，但在正史中没有记载。钱大昕依据墓志铭简述了李内贞的生平，尤其是李氏"保宁十年六月一日薨于卢龙坊私第，年八十，以当年八月八日葬于京东燕下乡海王村"一段，对于北京史以及地名研究具有特殊意义，在辽代史料相对难觅的情况下显得更为重要。正如钱大昕在文章结尾处概括的那样："辽南京城因唐藩镇之旧，唐时悯忠寺在城内东南隅，今之琉璃厂在辽为城东燕下乡，正可互证；而海王村之名，亦好事者所当知也。"这里虽然没有讨论命名之源，却提供了关于一个辽代地名的有力证据。此外，乾隆三十六年（1771），大学士朱筠应琉璃厂官员之请为此事撰碑，同时期的汪启淑《水曹清暇录》转录了这块碑文，其中所载的墓志铭与钱大昕所记内容一致。

《啸亭杂录》是清代乾嘉时期宗室昭梿的一本著名笔记，涉及政治文化、经济军事、典章制度、掌故逸闻、社会生活的众多内容。

《苏州街》一则称："乾隆辛巳，孝圣宪皇后七旬诞辰，纯皇以后素喜江南风景，以年迈不宜远行，因于万寿寺旁造屋，仿江南式样。市廛坊巷，无不毕具，长至数里，以奉銮舆往来游行，俗名曰苏州街云。"今海淀西南的苏州街，即起源于乾隆二十六年（1761）为其母寿辰营造的这条江南风格的街巷。《麻状元》一则写道："本朝顺治壬辰，始许满洲子弟廷试，与民籍另置一榜。头场四书文二道，二场论一道而已。麻文僖公尔吉中廷试首名，人争呼为麻状元。今其宅犹存，人呼为'状元街'云。其后停试，至癸丑复开科，即与民籍贡士同榜，如今制云。"这里记载了顺治九年（1652）科举取士分为满汉两榜、康熙十二年（1673）两榜合一之事。满榜首科状元麻尔吉一般译作麻勒吉，所居之地被称作状元街。麻勒吉改名马中骥之后，麻状元变成了马状元，从状元街派生而来的麻状元胡同随之改作马状元胡同。昭梿简洁的记载，留下了今新街口地区群力胡同在1965年更名之前的历史，这也是笔记类作品值得重视的一个典型例证。

四、明清至民国时期北京地名著作

在现代地名学诞生之前，实际上很难找到纯粹的地名专著，也没有严格意义上的地名学家。记载北京地名的语音、写法、所指地域范围，解释地名的含义与命名缘由，反映地名在上述方面的时代变迁，同时指出此地发生过的重要事件、著名人物等，这样的内容在很长时期只是作为史书、方志、笔记等类著作的组成部分出现。即使是古代或近代地名内容比较集中的文献，自身也带有明显的历史或地理色彩，有些原本就是从地方志中抽出的单行本。这里选择明清至民国时期的几种著作，从地名学角度简要介绍它们的基本内容。

1. 明代北京地名录《京师五城坊巷衚衕集》

北京城区的地名主要经历了元代初步形成、明代确定格局、清代继续丰富、民国有所补充的发展过程，中华人民共和国成立之后又有所增减调整。关于元代大都街巷名称的认识还比较零散，明代北京地名的全貌则依靠《京师五城坊巷衚衕集》而保存下来，"衚衕"后世大多简化为"胡同"。该书是一本类似地名录的薄册子，写于嘉靖三十九年（1560）。作者张爵是锦衣卫的指挥使，他在序言中说，由于职责所在，"予见公署所载五城坊巷必录之，遇时俗相传京师胡同亦书之，取其大小远近，采葺成编，名曰《京师五城坊巷衚衕集》"。书中所记的街巷胡同，自然具有其他文献不能比拟的完整性与可靠性。

从城市管理与日常生活的需要出发，明代的北京城划分为东、西、南、北、中五个部分，即张爵所说的"五城"。崇文门、正阳门、宣武门以南的"南城"亦称"外城"或"新城"，嘉靖三十二年（1553）增筑外城之后才被圈进城区，与称作"内城"的老城区相对而言。各城之下划分为若干个"坊"，每个"坊"之下包括若干条街巷。除了街巷胡同之外，张爵记录的不少行政衙门、军事机构与卫所营房，显示了北京作为帝都的特点。以庙、观、寺、院、庵、堂为名的建筑或街巷，是明代宗教信仰的反映。居民的经济活动或职业特点，公私生产场所或生活设施，是城市地名的又一重要语源。张爵记载的北京城内外地名或机构名称大约1500个，其中约900个与当代北京地名的语源具有清晰的关联。除了部分地名已经完全消失或暂时不可考见之外，地名语词自古至今发生变化的主要形式，大致包括地名用字的数量有所增减，写法被谐音或近音、同音字替代，以原有地名为基础更改若干用字或派生出新的名称等。还有一些地名如枣树胡同、石碑胡同、长安街、隆福寺街等，四百多年来一直没有更改，表现了极强的稳定性。至今已刊行将近460年之久的《京师五城坊巷衚衕集》，是追寻北京地名产生、演变的历史过程，探讨区域地名发展的一般规律及其背景因素的基本文献。

2. 宛平城乡地名集《宛署杂记》

明代的大兴、宛平是京师的两个倚郭县，县的衙署都在京城之内。大兴县署在教忠坊（今东城区交道口街道大兴胡同），宛平县署在积庆坊（今西城区厂桥街道地安门西大街中国妇女报社所在地）。两县辖境大体上将北京城及其郊区分为东、西两部分，东半部隶属大兴县，西半部归宛平县。每个县不仅包括内外城墙围起来的城区，还有城外面积更加广阔的乡村。万历十八年（1590），湖广临湘人沈榜担任顺天府宛平知县，他关心时事、搜求掌故，撰写了《宛署杂记》这部著作并在万历二十一年（1593）刻印出版，留下了关于明代北京的重要资料。

《宛署杂记》问世于张爵《京师五城坊巷衚衕集》33年之后，它不仅反映了几十年间北京城区西半部街巷数目的增减及其名称的变化，而且提供了关于西部乡村聚落的系统记载，成为区域历史地理和地名学研究的宝贵资料。两部著作都记载了京城西半部的街巷胡同，比较其间的异同既可起到互相补充的作用，也有助于认识从张爵到沈榜的三十多年间的变化脉络。《宛署杂记》第五卷的"街道"部分，实际上就是一部宛平县街巷村落的地名录，再加上简要的方位、里距记载，全县街巷村落的地理分布历历在目。这些村落显然并不只是到了明朝才产生和命名，沈榜的可贵之处在于提供了一份完备的清单，使我们知道了那时整体的而不是零碎的情形，也为研究此后的村落发展与地名演变奠定了可靠的文献基础。

《宛署杂记》著录了328个村落，是迄今所见系统记载京郊村落最早的文献。从那时经过清代及民国时期直至现在，北京周围的村落逐渐密集；部分村落所在地变为城市的一部分，它们的名称也已转化为地片名或街巷道路名称，但彼此之间依然不难发现语词上的前后承继关系；对于那些完全更名的村落，通过《宛署杂记》的记载以及其他文献佐证，也有一些可以确定古今地名与地理位置的对应关系。以今天的地名与《宛署杂记》对照，可以看到北京西部地区自明代以来村落发展及其名称演变的历史轨迹。沈榜的记载基本上以方向、道里为序，以交通路线为纲，将宛平县内的村落分几组串联起来；有时以某个重要村落为立足点，依次记载分布在它周围的其他村落。尽管他所说的道里只是两地之间的路程并且不免存在明显误差，在方向上也往往语焉不详，但这些依然有助于判定村落之间的相对位置。今天的村落绝大部分或完全沿用明代的地名，或在明代地名的基础上发生了同音、近音的变换，只有少数地名被完全更改或湮废无闻，由此显示了乡村地名超强的稳定性。此外，派生命名在村落地名的发展中占有很大比例。《宛署杂记》与《京师五城坊巷衚衕集》一样，为把地名作为非物质文化遗产加以保护提供了可靠依据。

3．清末北京地名志《京师坊巷志稿》

清光绪年间朱一新负责编纂《光绪顺天府志·京师志》之《坊巷》卷，《京师坊巷志稿》就是以此为基础稍加增改的单行本。有了张爵与朱一新的著作，我们才能系统了解明嘉靖至清光绪三百多年间的北京街巷变迁。

朱怀新《京师坊巷志稿·跋》回忆，他的哥哥朱一新承担纂修任务后，"昼则步行广衍委巷，就官堆老卒、本巷居民详询之；夜则备录日中所闻见，证诸旧图，参以往籍，考索钩贯，漏三四下不休"。由此可见，朱一新采用了实地调查与文献考证相结合的方式：白天步行踏勘大街小巷，广泛咨询分散驻扎在城内各处"堆拨"中维持治安的巡捕营老兵，仔细访问街巷胡同的居民；晚上则把白天调查的结果加以整理，与从前的地图、书籍相互对照，进行名称、方位等方面的考证，直到深夜仍在勤奋工作。

根据我们的统计，朱一新记载的北京街巷胡同（包括10个坊名、少量的俗称以及同音或近音的异写）为2422条，比张爵记载的1500多条增加了近千条。地名数量的增加，反映了北京街巷在三百年间逐渐密集起来的事实，但单纯的数量对比并不十分严谨。嘉靖年间的地名有一部分流传到清末，还有一部分被变换了地名用字，更有一部分在明代或清光绪以前已被废弃了。这样，上述三百年间新产生的地名肯定在千条以上。

《京师坊巷志稿》不仅增加了清代街巷与地名的发展情况，而且提供了弄清这个变迁过程的许多线索。比如，张爵书中的南城正西坊有井儿胡同、干井儿胡同，朱一新的相应记载则变成了湿井胡同、甘井胡同。显然，这种变化是由"干井儿胡同"的地名用字被同音替代所致。那里的水井可能出水较少、不敷饮用，也许曾在某个旱年干涸过，才使得胡同有了"干井儿"这样的专名，与水井应有的功用相背离。当胡同居民或某些文化人从心理上感觉不妥帖甚至厌恶这个"干"字时，就采用同音的"甘"字来代替它，读音未变不会影响百姓使用，其象征意义则从干旱、干枯转变为甘甜、甘美。井儿胡同改为湿井胡同，则是为了在语词上和"干井胡同"彼此对应、相反相成，改名的时代应该比后者变为"甘井胡同"更早些。钱大昕《潜研堂诗集》卷十《柬习庵》诗云："甘井汲泉宜勿幕，官园种菜只如乡。"自注："习庵寓甘井胡同。""予寓官菜园上街。"由此可见，地名用字由"干"变"甘"的时代，至少应早于钱大昕编成这部诗集的乾隆三十五年（1770）。

4．民国街巷调查汇编《京师街巷记》

民国时期编纂的地名书籍，除了类似地名志或地名录的《北平地名典》（李炳卫编，北平民社，1933）、《北平街巷志》（马芷庠辑，北平经济新闻社，1936）、《北平市自治区坊所属街巷村里名称录》（朱清华编，北平市筹备自治委员会，1932）、《北京街衢坊巷之概略》（伪北京特别市公署编，1937—1945年间）之外，林传甲《京师街巷记》、陈宗蕃《燕都丛考》、多田贞一《北京地名志》的地名学意义比较突出。

林传甲，福建闽侯人，是民国年间著名系列丛书《大中华地理志》的总纂，其中一册是《大中华京师地理志》（京师中国地理学会，1919）。他担任总纂的另一部著作《京师街巷记》（京师琉璃厂武学书馆，1919），则是动员多名学生实地调查北京街巷的记录，其间包含着丰富的地名研究内容。

林传甲撰写的该书"总序"指出："《京师街巷记》二十册，即二十区半日学校学生之记事文，实二十区最新最要之乡土志也。"他管理着北京20个区的55个半日学校的地理教学，学生有5800多人，奉教育部之令在暑假期间调查乡土。"今贫儿努力，各记一章，合全区以成册，合各区以成书。"由此制订了在当时北京的20个区分头调查、积少成多汇聚为一套20册丛书的编纂计划，但如今可以见到的成果只有"内左一区"一册四卷，原来的计划显然没有全面实现。这一册收集了104篇调查记，每篇以一个街巷胡同为题。比如，德全《二眼井记》称："二眼井，一小巷也。居户亦甚少，仅四家耳。东通钱局，西通沟沿头，南通梅竹胡同，北通纱帽翅胡同。巷内有一井而二眼，是巷即以此名之也。井水苦不可饮，汲之者多以之洒地、浣衣，或作盥沐之用。"其余各篇也与此类似，简要说明街巷的位置、命名缘由、现状等问题。林传甲组织多所学校的学生，利用暑假到街巷胡同做实地调查，获得了关于地名、地理、社会生活等方面的丰富信息，这种做法具有广泛的借鉴意义。

5．北京胡同变迁综录《燕都丛考》

陈宗蕃（1879—1954）与林传甲一样，也是福建闽侯人。他在北京居住数十年，学识渊博，见闻广泛，所撰《燕都丛考》详细记述了北京城区的建置沿革、宫殿苑囿、坛庙寺观、街巷胡同、衙署府邸、名人故居、风俗人情等。全书分为三编，1930—1931年间依次刊行，1935年又有第一编的修订版。近年通行的王灿炽、张宗平点校本，由北京古籍出版社1991年出版。全书由正文、附注、按语三部分构成，征引正史野史、地方志书、私家笔记、档案文牍、碑刻资料、会典事例、诗词杂记、专题论文等二百余种，在调查研究的基础上重点记述了北京城区街巷胡同的变迁，对街巷的现状、名称、曾用名、地理位置、沿街重要衙署和古迹、历史掌故、传说轶闻等，都作了尽可能周到的考核，补正旧籍记载的失实之处。点校本增加了校勘记，《前言》认为"《燕都丛考》是迄今所见记述民国时期北京城区街巷胡同变迁最为详尽之书，对研究北京的历史、地理、城市发展以及名胜古迹等均有重要史料价值"。

《燕都丛考》简要的正文，提供了以街巷名称为主体的地名现状；往往超过正文几倍乃至几十倍的附注，最大限度地撷取汇集了古今文献对该条街巷的记载，不仅包含着关于地名读音、用字、含义、位置的考证，而且为后来的研究者提供了顺藤摸瓜的丰富线索，对探讨地名产生演变的过程及其社会背景具有重要作用；部分章节后的按语，或说明某些街巷的相关特征，或比较文献所记街巷与现有街巷之间的增减有无。比如，第二编第五章《内四区各街市》，在以7000多字注释"护国寺街"之后，其按语为："俗称隆福寺为东庙，护国寺为西庙，然西庙实不如东庙之胜。东庙古玩、书画、花鸟、鹰犬之属殆无不备，欧美日本士女亦多往游。西庙则仅有花肆十余家足资游赏，余则零星日用之品、杂耍食摊之类，殊无足观。"在注释"西直门南顺城街"之后的按语是："《顺天府志》此地附近有兴隆街、吉祥胡同、王府夹道、双栅栏、栅栏胡同、四根柏胡同、前中后毛家湾、箭杆胡同、柳树井、大园胡同诸名，今俱不见。又《日下旧闻考》有狮子府，云朝天宫后向存旧殿三重，土人呼为狮子府，盖元天师府也，今废。但今其名亦不见……"如此不遗余力地旁征博引，尽管在阅读上难免有烦琐之感，却为历史、地理、地名研究提供了追寻史源的极大便利。

由于头绪繁多或刻印疏漏等缘故，《燕都丛考》的引文也不乏错误之处。例如，第三编第三章《外二区各街市》关于"琉璃厂"的注释称："《复初斋诗集》自注：'乾隆癸巳，开四库馆，……午后归寓，各以所校阅某书应考某典，详列书目，至琉璃厂书肆访之。是时，江浙书贾奔辏辇下，书坊以五柳居、文粹堂为最。'"这段文字无疑是琉璃厂书业逐渐发达起来的翔实记录，但经过查考，翁方纲的《复初斋诗集》并无此"自注"，它真正的出处来自翁方纲的另一著作《翁氏家事纪略》，被引用的部分也只是并不连续的择要摘录。据此线索去寻找地名史源与相关背景，有时不免劳而无功，但白璧微瑕并不影响《燕都丛考》的总体价值。

6. 短小精悍的《北京地名志》

多田贞一《北京地名志》是新民印书馆东方民俗丛书的一种，刊行于1944年9月，书目文献出版社1986年出版了该书的汉译本。1937年7月29日北平沦陷于日本侵略者之手，伪"北平市地方维持会"10月12日决定，自13日起改"北平"为"北京"，中华民国政府理所当然地不予承认。身为日本人的多田贞一，自然要使用"北京"这个名称。

《北京地名志》这本只有12万字的小册子，在参考明清至民国时期多种文献资料的基础上，辅以多年的调查见闻，简明扼要地涉及了地名研究的许多方面，以学术标准衡量，是那个时期北京地名研究的重要文献。除了卷末的北京内外城说明、主要参考文献、北京地名表之外，全书主体由三部分组成："北京的概观"叙述城和门、内外城、道路的简况，作为全书的铺垫；"北京的地名"讨论了地名的发生、胡同的意义、北京和北平、改名的时期、佳名的采用，在分析北京地名实例的前提下，初步涉及了地名的起源、语义、更改等理论问题；"地名的解释"是全书的核心，在介绍了文献记载的胡同数目、已有的地名研究著作、地名语义与地理形势的关系之后，从地名语源的角度做出了北京地名的分类。依据这个分类，依次展开了"地形与景物、虫鱼鸟兽名""人名及集团名""建筑物名（1．宫殿、官衙、学校，2．工厂、仓库，3．寺庙、邸宅，4．桥梁、牌坊、门）""庙会、店铺及市场名""街巷的形状及区分名""缘语、佳名及其他"6个部分的讨论。在每个类型之下，作者选取若干具有典型意义的地名，指出它们的语义、来源，阐述历史、地理、民俗等方面的相关背景。比如："白纸坊，在外城财政部印刷局的正北侧。明《衙衙集》也有白纸坊之名，乃据元旧称。今天，该地居民还是有半数以上以手工制纸为业。北京市内的所谓豆儿纸，就是此地产的。又，西南有黑纸坊。广渠门内残留有抄纸坊的地名。"在追溯地名产生的历史之外，还记录了该地在民国时期的经济活动。实际上，从那时的财政部印刷局到今天的北京印钞厂，这个传统依然在继续着。

在讨论以人名或集团名称命名的地名时，《北京地名志》提出："如果把这些地名加以精查进行比较研究的话，也许可以判断出各家名姓的地理分布、移动的情况及盛衰兴亡的状况等。例如：马家井、马家庙、马家头条、马家大院、马家楼胡同、马大人胡同、马将军胡同等，就可以在一定程度上窥见马家在北京的势力。马姓像大家知道的那样，几乎全是回教徒。"不论具体的情形究竟如何，这里表现的进行地名群体研究并由此延伸到其他领域的设想，对于区域地名学的拓展不乏启示作用。

《北京地名志》也存在着历史资料及语源辨伪方面的失误，比如："魏染胡同，骡马市大街路北。据传，明宦官魏忠贤曾在此巷居住。魏被诛后，此巷叫魏阉胡同，今为避恶名改为魏染胡同（《琐闻录》）。"关于胡同改名的叙述，与史实大相径庭。事实上，早在明嘉靖三十九年（1560）张爵编辑的《京师五城坊巷衚衕集》里，南城宣北坊就有魏染胡同，既早于魏忠贤入宫的万历年间，更早于他被杀的崇祯年间，根本不存在所谓"今为避恶名改为魏染胡同"之事，多田贞一误把民间传闻当作了真实的史源。尽管如此，《北京地名志》仍然不失为一部有较高学术水准的地名文献。

五、当代北京地名资料与研究著作

从1949年中华人民共和国成立到今天的七十多年，北京地名研究伴随着同一时期地名工作的发展状况起伏波动。最初大多是在报端有一些关于地名由来或演变的介绍，第一次全国地名普查之后，不仅获得了丰富的地名基础资料，而且在1980—1992年出现了一个地名研究的热潮。此后受多种因素的影响归于沉寂，只有从事语言、地理、历史等学科的少数专业人员从本学科的需要与自己的学术兴趣出发，延续着地名学的悠久传统和缓慢成长。近年来，历史地名作为一种非物质文化遗产受到关注，相应的研究也有所增强。除了学术专著之外，发表在学术刊物或收入学术论文集的文章，也讨论了许多方面的地名问题,这里无需逐一介绍。至于那些不辨资料真伪、视传闻为可靠史源、抄袭拼凑、以讹传讹的各类出版物,根本无需予以置评。

1. 地名普查资料及其整理出版

1978年前后开始的第一次全国地名普查,是为实现地名标准化、加强地名管理而进行的一次大规模活动。经过数年努力,收集到大量基础资料。北京市利用这些资料编纂出版了《中华人民共和国地名词典·北京市》,18个区县各有一部地名志、地名录与简单的地名图。在随后建设地理信息系统中的地名数据库时,这些资料成为最基本的数据来源。

《中华人民共和国地名词典·北京市》是按省市自治区分卷的多卷本《中华人民共和国地名词典》中的一部,褚亚平先生主编,收录地名三千余条,包括区县地名、自然地名、水利和电力设施、交通、纪念地、名胜古迹、地域名、简名、旧名等类,商务印书馆1991年出版。区县地名志18部,问世最早的是1991年北京科学技术出版社出版的《石景山区地名志》,亦称《北京市地名志石景山区卷》。此后各卷均由北京出版社出版,统一定名为《北京市××区(县)地名志》,1992年出版东城区、西城区、崇文区、海淀区、房山区、大兴县、通县、密云县八卷,1993年出版宣武区、丰台区、朝阳区、门头沟区、顺义县、怀柔县、延庆县、平谷县八卷,1997年最后出版昌平县卷。各卷收录了本区县境内的政区、街道、聚落、山水、桥梁、纪念地及其他具有地名意义的名称。在当时的具体条件下,由于史料挖掘、解读和相关研究的不足,各卷程度不等地存在着一些缺陷,解释地名语源及其演变过程的错漏尤其普遍和明显。尽管如此,它们既是地名普查成果的总结,又是继续研究区域地名、进行地名管理的基础材料,仍然应当予以重视。

2. 关于胡同问题的几部著作

地名首先是一种语言现象,研究它在语音、用字等方面的变迁,需要语言文字学及相关专业的学者共同参与。胡同是北京街巷与地域文化的象征，关于它的起源、演变与文化特色，一直受到专业研究者和文史爱好者的关注。

张清常先生《胡同及其他》与《北京街巷名称史话》，出版于1990年和1997年。正如两书副标题与自序所显示的那样，其宗旨在于进行"社会语言学的探索"，"以语言为中心，综合社会、历史、地理、文化等等方面，以北京街巷名称为剖析的聚光焦点"，"目的仍然在于探索社会语言学在中国怎么深入研究"。前者是多篇论文的合集，包括《明清以来北京城区街巷名称变革所涉及的一些语言问题》《胡同与水井》《北京街巷名称所反映的北京旧貌》等。《北京街巷名称史话》以极为口语化的方式，讨论了北京及各区县名称的来历及演变、街巷名称的语言结构、地物名称的命名、北京街巷在辽代以来的命名与改变、街巷数目的古今变化等问题，并附有《一条胡同一口井》《"胡同"原是借词新证》《胡同借自蒙古语水井答疑》等12篇文章。作者解释了相关地名的语词含义、形成背景，为观察北京地名的源流及其学术价值提供了社会语言学的视角。与此同时我们也应当看到，地名的起源和演变是多种因素制约下的历史过程，语言的发展只是其中的因素之一。社会语言学的方法和材料对地名研究固然有效，却也需要与其他学科的证据相互参照。就上述两部著作而言，社会语言学的分析是其所长，但过度倚重语言分析则难免失之偏颇。作者多次强调的"胡同"一词是借自蒙古语"水井"的译音以及"一条胡同一口井"之说，虽经新闻媒体的宣传产生了某种社会影响，随后却受到越来越多的质疑。一个基本的原因在于，同一语系的两种拼音文字之间，"对音"可能是屡试不爽的研究方法。但是，阿尔泰语系的蒙古语与汉藏语系的汉语，语音本来就难以一一对应，汉字又长于表意、绌于表音，一个语音在汉字里往往对应着不止一个语词，单纯从语音的相近去推定语义的一致显然未必成立。此外，书中抛开历史文献而只从语言出发所做的某些猜测以及刻意补足所谓元大都"五十坊"之类，多有与史实不符之处，这可能是语言学者的治学习惯使然。

王越先生《胡同与北京城》出版于2011年，讨论了胡同的文化含义、北京胡同的历史演进、北京胡同的地理特色以及胡同人物、胡同与四合院、历史文化街区保护等问题。作者指出："胡同是城市里的小巷，有连接畅通的意思，与水井没有任何关系。古代'巷''衖'不分，都是'巷'字。""南北朝时，衖的发音有南北之分。南方念弄，又叫里弄、弄堂、衖通。……巷的北音读虹……金朝时胡同写作'胡洞'，明朝把加了行的'衚衕'正式定为街巷通名，清末才简写为'胡同'。"1998年韩国发现了元末刊行的原本《老乞大》，这是明成化年间中国使者葛贵修改、朝鲜语言学家崔世珍做出谚解（即《老乞大谚解》）之前的本子。作者据此证实，元刊本中的"胡洞"在明刊本中才改为"衚衕"；"井"与"胡洞"在书中同时出现，说明二者不是同一词素，胡同与井无关；"这胡洞窄，牵著马多时过不去"等对话，证明胡同是小巷。诸如此类的论述，无疑有助于读者更加清晰地认识胡同的形成演变和文化实质。

罗保平先生《北京胡同文化》，出版于2014年。作者讨论了北京街巷胡同的构成、建筑文化、地名文化、商业文化、民俗文化、宗教文化以及胡同文学，其中第四章《久远的记忆——北京胡同的地名文化》，第一节就是《胡同与蒙古语无关》。作者梳理了"胡同水井说"的来龙去脉，依据史料和大量事实论证了胡同不是来自蒙古语的借词，元大都、蒙古语与胡同并不存在必然关系，蒙古语"浩特"与"水井"一样与胡同无关。其中颇多逻辑严密的论辩，例如：语词相借必须具有特定条件与社会基础，"如果元大都的胡同是源于蒙古语'水井'的话，那么在内蒙古地区的城市里，也应该有大量的街巷称为胡同，然事实恰恰相反，在内蒙古地区，以胡同作为街巷通名的街道极为罕见"。呼和浩特等地没有胡同，"正是胡同与蒙古语无关的有力证据"。"既然蒙古人没有将'水井'作为街巷通名的习惯，那么元大都建成之后，蒙古人也不可能用蒙古语中的'水井'来作为大都街巷的通名。蒙古人既然没有将元大都的街巷通名用蒙古语的'水井'相称呼，汉人更没有用蒙古语中的'水井'来称呼大都街巷的理由。""在内蒙古地区，一些村庄和城市被称为'浩特'这是不争的事实，'浩特'与'胡同'的发音确实也有些相近，但这并不能说明胡同就与'浩特'有什么关系，更谈不上胡同源于蒙古语的'浩特'，而恰恰相反，倒说明胡同与'浩特'毫无关系。道理很简单，作为语言习俗，既然蒙古人已经将城市称作'浩特'，那么城市里的街巷就不可能再被称为'浩特'。"以下三节依次说明北京街巷胡同的名称构成、命名依据、文化特点，这些都有助于澄清关于北京胡同问题的种种混乱。

3．研究区域地名的图集与专著

最近七十年来的北京地名研究，在地名起源与变迁过程的考释、历史地名定位与历史遗迹定名、地名的历史地理学研究等领域，都取得了显著进步。

侯仁之先生主编《北京历史地图集》1988年初版了第一集，2013年修订后改称"政区城市卷"。图集在5幅表示当代北京政区、地势、城市的序图之后，安排了72幅大小不等的地图，从原始社会的人类文化遗址开始到民国时期为止，准确表现了北京城及其周围的政区设置、城市面貌、园林景观，对各类地物的位置、名称及其变迁过程做出了精审的考订，卷末附有48页地名索引，著录地名大约1.6万条。这部图集被历史地理学界誉为城市历史地图集的典范，从地名学角度看则是北京地名沿革与历史地名定位研究的集大成之作。丰富的历史文献与必要的野外考察相结合，保证了历史地名定位的准确性。侯仁之先生所撰第一版《后记》，摘录了若干一时尚难解决的问题，其中大多属于历史地名定位与历史遗迹定名的范畴。这些问题包括："（1）两汉昌平县故城在今北京昌平县境还是在河北蔚县境？两汉至东魏间军都故城又是怎样变迁的？（2）北魏良乡县治在今房山县的窦店还是在今大石河西？（3）汉雍奴故城在天津宝坻县秦城还是在武清县兰城、大空城、旧县村？（4）文献中有河北涿县西南松林店为广阳故城之说,实地考察所见,当地确有汉代古城遗址,究是何城?(5)清河镇朱房附近古城、石景山古城、涿县东北古城以及平谷与三河县交界处的城子,各是何城?(6)《水经注》记载有两个厗(傂)奚故城,一在古北口内,一在今密云东南,是否如此?(7)密云县附近有无汉白檀故城?(8)《读史方舆纪要》谓滑盐故城在平谷西北,如何理解?"从提出这些问题至今已有三十多年,后来者的相关探索已取得了若干进展。

尹钧科先生《北京历代建置沿革》出版于1994年,在此基础上重写的《北京建置沿革史》出版于2009年。沿革地理是至少自南宋以来就已经成熟起来的一门学问,在早期的中国历史地理与地名研究中占有主要地位,清代曾出现了大量研究全国政区沿革的著作。尹钧科先生在从事历史地理研究,尤其是参与编绘《北京历史地图集》与北京市地名普查工作的过程中,研究了许多关于建置沿革和地名变迁的问题。经过条分缕析的仔细考辨之后,梳理了北京地区自先秦至当代的政区设置过程,在历史地理学这个古老的领域取得了崭新的进展。这两部著作全面阐述了北京地区历代政区系统的基本结构、设置背景、变迁过程,详细考订了政区治所、辖境以及名称的变化,其资料之翔实、论证之严谨、考辨之细密,深受北京史与历史地理研究者的称道。

尹钧科先生与本书作者合著《北京地名研究》,出版于2009年,是国家社科基金资助项目的最终成果。致力于在区域地名的综合研究方面做出新探索,以北京市辖境内的古今地名为研究对象,从多种角度系统梳理北京地名发展的历史进程,分析专名及通名的命名类型、建立地名分类方案问题;研究北京地名的主要功能、语义特点及其独具特色的国都气象,系统追溯地域、政区、城坊、胡同、村落、山水等名称的演变过程;揭示北京老城区与周边郊区、外围山区地名分布的空间差异和一般规律;辨析北京地名的真、伪、俗词源,透视典型地名群的形成背景与社会意义;总结地名研究与地名管理的已有成果,深入发掘北京地名的历史文化价值,为当代决策提供了可资借鉴的理论依据。

本书作者所著《北京地名发展史》，出版于2010年。上篇《北京地名的时代变迁》以时间为主线，清理北京地名自先秦至当代的发展过程，揭示研究对象的地名学属性及其变迁轨迹。下篇《北京地名的区域发展》以当代行政区域为单位，讨论各区县的地名发展过程与相关背景，揭示地名的地域特点以及自然和人文因素对地名的影响，提出把历史地名作为非物质文化遗产加以保护的主张。关于元大都各坊的数量及其命名的历史文化背景，北京胡同的语源及其变迁，海淀、石景山、丰台、通州、密云、怀柔、昌平、延庆、房山等区县地名语源的考辨等问题的研究，在追溯历史根源、清理变迁过程、匡正以往谬误等方面，都取得了新的进展。这些都有助于展现北京地名文化的历史风貌，为当代地域文化的发展提供具体例证与理论支持。

此外，本书作者出版于2009年的《丰台地名探源》，对丰台区当代地名中的绝大部分进行语源的清理，考辨纠正关于地名语源的已有错误，力争依据史料给出比较合理的解释，向社会传播正确的地名知识，宣传科学的地名文化。出版于2011年的《地名与北京城》，是作者普及北京地名文化的尝试，试图以通俗的表达方式说明北京地名是语言发展的产物、地理环境的标志、社会生活的写照、历史变迁的记录。

六、保护作为文化遗产的历史地名

当我们提到清代以前使用过的地名时，往往很自然地把它们归入"历史地名"的范畴。对于这个概念的理解，大致有两种情形。其一，如同历史地理是指一定区域在历史时期的地理状况一样，广义的历史地名指一定区域在历史上曾经出现过的所有地名，今人通常以清代或民国时期为年代下限。其二，狭义的历史地名，仅指以往曾经出现但目前已不再使用的地名。以现有地名为主要内容的词典或志书，通常把历史地名单独列出或作为附录，所选取的就是这类地名，其下限往往截止到成书之前较近的年份。相对而言，广义的解释涵盖宽泛，在学理上更合乎逻辑，狭义的解释则使其数量不至太多，有利于减轻志书的释文负担及其与叙述现有地名沿革过程的重复。

历史地名的价值主要体现在三个方面。首先，历史地名是探索和认识已经成为过去的那些历史、地理以及社会发展情况的指南，沟通古今的桥梁和纽带。没有这些历史地名，古代的文献无法进行描述和定位，今天也无法借助文字来确定事物的空间分布。其次，历史地名是积聚民族文化、地域文化的载体与传播媒介。依靠这些历史地名包含的信息，我们可以获得国家、民族以及某一特定区域历史发展的线索。在继承发扬民族文化和地域文化的优良传统方面，一个与某种文化现象紧密联系的历史悠久的地名，实际上就是一个品牌、一种风格、一种类型的象征，地名本身具有的号召力和影响力往往出乎人们的预料。最后，历史地名是汲取前人经验做好当代地名工作和地名研究的教材和样板，其命名原则、语词特色、兴衰过程等，都可以给当代研究者和地名管理者以深刻的启迪和有益的借鉴，在地域命名和更名方面尤其如此。

独特的文化和传统，是一个国家或民族赖以生存和延续的必要条件。联合国教科文组织《保护非物质文化遗产公约》定义的非物质文化遗产，第一个方面是"口头传说和表述，包括作为非物质文化遗产媒介的语言"。地名作为专有名词中的一类，充当了人们表达思想和说明事物的媒介，历史地名与这个定义更加接近。一个区域的地名积累既久，在充当交际媒介的同时，自身也成为一种地域性、社会性、民族性、历史性非常突出的文化形态，北京的历史地名尤其具有鲜明的典型性。早在第一次全国地名普查刚刚结束不久，北京市地名办公室张惠岐先生就在《地名知识》1982年第1期发表的《地名标准化要注意历史地名的存废问题》一文中指出："北京的一些历史地名也同其他文物古迹一样，是一份宝贵的历史文化遗产，我们应该以历史唯物主义观点正确对待，应该保留的不要随意更换。"时时处在被"改造"过程中的北京已经失去了大量有形的文化遗产，包括地名在内的无形遗产也在日渐损耗，这个及时的提醒不仅具有突出的现实意义，而且成为把历史地名当作"非物质文化遗产"加以保护的先声。此后出现的不少新开发区域以华丽语词取代原有地域名称,居民小区和建筑群的命名甚至采用了英语谐音的汉字译名,暴露了对区域历史地理的隔膜乃至对本民族语言、历史、文化的冷漠,把历史地名作为非物质文化遗产加以保护和传承变得越发重要。

《保护非物质文化遗产公约》指出:"'保护'指采取措施,确保非物质文化遗产的生命力,包括这种遗产各个方面的确认、立档、研究、保存、保护、宣传、弘扬、传承(主要通过正规和非正规教育)和振兴"。对照这个要求,北京还需加强历史地名的社会调查、整理研究、宣传教育和依法保护的力度,在适当的条件下促成某些历史地名的"复活",这也是满足社会急剧增多的命名需求的途径之一。对于非物质文化遗产的保护而言,一位老人的辞世往往意味着一座活态博物馆的消失。与此相似,一个历史地名的废弃也在某种意义上象征着一条区域历史文化脉络的中断。北京的首都地位及其城乡地名的独特性,要求决策者充分认识地名的历史文化价值,通过卓有成效的工作,制止对已有地名的轻易改弃,在调查研究、价值确认、分级分等的基础上,把北京历史地名作为非物质文化遗产保护起来,这对城市可持续发展与建设丰富多彩的首都文化具有不可估量的作用,也是借助地名留住文化记忆的重要前提。

参考文献

古代文献

《大明会典》。国家图书馆藏明万历十五年内府刻本。
《戴斗夜谈》。杜文澜《古谣谚》本，中华书局，1958。
《嘉庆重修一统志》。中华书局影印本，1986。
《老乞大谚解》。台北联经出版事业公司影印《奎章阁丛书》本，1978。
《礼记》。上海古籍出版社《黄侃手批白文十三经》本，1983。
《吕氏春秋》。中华书局《诸子集成》高诱注本，1954。
《毛诗》。上海古籍出版社《黄侃手批白文十三经》本，1983。
《明实录》。台北中央研究院历史语言研究所影印本，1962。
《朴通事谚解》。台北联经出版事业公司影印《奎章阁丛书》本，1978。
《乾隆京城全图》。北京燕山出版社，1996。
《清实录》。中华书局，1985—1987年影印本。
《山海经》。世界书局景印摛藻堂《四库全书萃要》郭璞注本，1986。
《尚书》。上海古籍出版社《黄侃手批白文十三经》本，1983。
《顺天府志》。北京大学出版社影印缪荃孙《永乐大典》抄本，1983。
《原本老乞大》。《朝鲜时代汉语教科书丛刊》本，中华书局，2005。

《战国策》。岳麓书社，1988。

《周礼》。中华书局影印《十三经注疏》本，1980。

《周易》。中华书局影印《十三经注疏》本，1980。

《庄子》。中华书局《诸子集成》王先谦《庄子集解》本，1954。

《最新详细帝京舆图》。中国画报出版社翻印本。

《左传》。上海古籍出版社《黄侃手批白文十三经》本，1983。

班固：《汉书》。中华书局，1997。

孛兰肹等撰、赵万里校辑：《元一统志》。中华书局，1966。

博明：《西斋偶得》。《西斋杂著二种》本，1934。

戴璐：《藤阴杂记》。北京古籍出版社，1982。

鄂尔泰等：《八旗通志》。东北师范大学出版社，1985。

范成大：《范石湖集》。上海古籍出版社，1981。

范晔：《后汉书》。中华书局，1997。

房玄龄等：《晋书》。中华书局，1997。

冈田玉山等：《唐土名胜图会》。北京古籍出版社，1985。

高天凤等：（乾隆）《通州志》。国家图书馆藏清乾隆四十八年刻本。

顾祖禹：《读史方舆纪要》。中华书局，1955。

何休：《春秋公羊传注疏》。《十三经注疏》本，上海古籍出版社，1997。

黄儒荃：（光绪）《良乡县志》。国家图书馆藏清光绪十五年刻本。

蒋一葵：《长安客话》。北京古籍出版社，1980。

乐史：《太平寰宇记》。影印光绪八年五月金陵书局刊行本。

李百药：《北齐书》。中华书局，1997。

郦道元：《水经注》。上海古籍出版社陈桥驿点校本，1990。

刘侗、于奕正：《帝京景物略》。北京古籍出版社，1980。

刘基：《大明清类天文分野之书》。齐鲁书社《四库全书存目丛书》本，1995。

刘熙：《释名》。上海古籍出版社王先谦《释名疏证补》本，

1984。

刘昫等：《旧唐书》。中华书局，1997。

刘应李等：《大元混一方舆胜览》。四川大学出版社，2003。

路振：《乘轺录》。《宋朝事实类苑》本，上海古籍出版社，1981。

欧阳修：《欧阳修全集》。中华书局，2001。

钱大昕：《潜研堂文集》。上海古籍出版社，1989。

山本赞七郎：《北京名胜》。日本东京印行，1909。

沈榜：《宛署杂记》。北京古籍出版社，1983。

沈括：《梦溪笔谈》。文物出版社《元刊梦溪笔谈》本，1975。

沈括：《熙宁使虏图抄》。《永乐大典》卷一〇八七七，中华书局，1986。

释法云编：《翻译名义集》。安徽教育出版社《中华汉语工具书书库》本，2002。

司马迁：《史记》。中华书局，1997。

宋濂等：《元史》。中华书局，1997。

苏天爵：《滋溪文稿》。商务印书馆影印《文津阁四库全书》本，2005。

孙承泽：《天府广记》。北京古籍出版社，1982。

陶宗仪：《南村辍耕录》。中华书局，1959。

脱脱等：《金史》。中华书局，1997。

脱脱等：《辽史》。中华书局，1997。

王嘉谟：《蓟丘集》。国家图书馆藏明刻本。

王恽：《秋涧集》。商务印书馆影印《文津阁四库全书》本，2005。

吴承恩：《西游记》。人民文学出版社，1980。

吴长元：《宸垣识略》。北京古籍出版社，1981。

熊梦祥：《析津志》。北京古籍出版社《析津志辑佚》本，1983。

薛居正等：《旧五代史》。中华书局，1997。

许慎：《说文解字》。中华书局，1963。

于敏中等：《日下旧闻考》。北京古籍出版社，1985。

元好问：《续夷坚志》。上海古籍出版社，1996。

乐史：《太平寰宇记》。影印光绪八年五月金陵书局刊行本。

张爵：《京师五城坊巷衚衕集》。北京古籍出版社，1982。

张廷玉等：《明史》。中华书局，1997。

昭梿：《啸亭杂录》。中华书局，1980。

周辉：《北辕录》。线装书局《国家图书馆藏古籍珍本游记丛刊》本，2003。

周佳楣、缪荃孙等：《光绪顺天府志》。北京古籍出版社，1987。

朱一新：《京师坊巷志稿》。北京古籍出版社，1982。

晚近论著

北京辽金城垣博物馆编：《北京元代史迹图志》。北京燕山出版社，2009。

北京图书馆金石组等编：《房山石经题记汇编》。书目文献出版社，1987。

北京文物研究所编：《北京考古四十年》。北京燕山出版社，1990。

北平市政府工务局：《北平市城郊地图》。立生图书社1947，中国地图出版社2006年翻印。

昌平县地名志编辑委员会：《北京市昌平县地名志》。北京出版社，1997。

晁继周：《村名中的"各"字溯源》。《百科知识》1986年第2期。

陈康：《新见唐代〈李神德墓志〉考释》。《出土文献研究》第九辑，中华书局，2010。

陈述辑校：《全辽文》。中华书局，1982。

陈宗蕃：《燕都丛考》。北京古籍出版社，1991。

大兴县地名志编辑委员会：《北京市大兴县地名志》。北京出版社，1992。

多田贞一：《北京地名志》。书目文献出版社，1986。

丰台区地名志编辑委员会：《北京市丰台区地名志》。北京出版社，1993。

傅公钺编：《北京老城门》。北京美术摄影出版社，2002。

格拉夫·楚·卡斯特摄、赵省伟编译：《一个德国飞行员镜头下的中国：1933—1936》。台海出版社，2017。

海淀区地名志编辑委员会：《北京市海淀区地名志》。北京出版社，1992。

河北省测绘局编印：《河北省地图集》。1981。

侯仁之主编：《北京历史地图集》。北京出版社，1988。

老舍：《四世同堂》。百花文艺出版社，1985。

林传甲：《京师街巷记》。京师琉璃厂武学书馆，1919。

鲁迅：《咬文嚼字》。《鲁迅全集·华盖集》，人民文学出版社，1981。

罗保平：《北京胡同文化》。北京燕山出版社，2013。

孙冬虎：《北京地名发展史》。北京燕山出版社，2010。

孙冬虎：《地名与北京城》。中国地图出版社，2011。

孙冬虎：《丰台地名探源》。首都师范大学出版社，2009。

王越：《胡同与北京城》。中国地图出版社，2011。

夏商周断代工程专家组：《夏商周断代工程1996—2000年阶段成果报告》（简本）。世界图书出版公司，2000。

尹钧科、董焱：《北京建置沿革史》。人民出版社，2008。

尹钧科、孙冬虎：《北京地名研究》。北京燕山出版社，2008。

余嘉锡：《杨家将故事考信录》。云南人民出版社，2005。

张恨水审定、马芷庠编：《北平旅行指南》。北平经济新闻社，1937年4月第4版。

张惠岐：《地名标准化要注意历史地名的存废问题》。《地名知识》1982年第1期。

赵其昌：《京华集》。文物出版社，2008。

周绍良等主编：《唐代墓志汇编续集》。上海古籍出版社，2001。

后　记

　　这本书稿是在以往研究北京地名问题的基础上，根据丛书的相关要求写成。十九节文字自可独立成篇，按照彼此关联的程度归并为五章。此次尝试旨在通过地名这个媒介或窗口，展现北京的发展历程、城市格局、社会生活，描述区域自然环境和地名分布特点，对某些虽流行于报端或其他出版物却一直以讹传讹的说法予以追根溯源和正本清源，重点挖掘产生这些地名现象的历史背景、地理条件和文化渊源，进而认识地名作为历史文化遗产、指示区域文脉的价值。

　　史料的挖掘和解读是一个永无止境的过程，撰稿与修改也是一个查漏补缺的机会。六郎庄曾经一度写成柳浪庄，有赖于博明《西斋偶得》的记述；关于胡同的起源和演变，韩国发现的《原本老乞大》成为有力证据；广宁门如何渐变为广安门，细读《清实录》等可以找到更清晰的线索与更合理的解释；永定河始称卢沟的年代，近年发现的唐代墓志使之显著提前……如此等等，都是值得高兴的收获。北京地理学会王越先生为我提供了《原本老乞大》等文献，北京出版社乔天一先生为本书做了精心编辑，提出了重要的修改意见，在此一并致以衷心的感谢！

　　自三十八年前的1983年开始，我的两位恩师——河北师范大学地理系许辑五先生，北京师范学院（今首都师范大学）地理系褚亚平先生——相继领我走上历史地理与地名研究之路。亲切教诲言犹在耳，倏忽之间岁月不居，两位恩师俱已仙逝有年。每念及此，顿觉怆然。迄今所成十余习作连同这本浅白的小书，聊作微观历史留下的几行印记，唯叹其无以报师恩于万一云尔！

2021年8月28日识于北京市社会科学院历史所